HEINRICH LANGENBERG · Apokalypse aktuell

Heinrich Langenberg

Apokalypse aktuell

Ein Schlüssel
zum Verständnis der Offenbarung

Neu bearbeitet und ergänzt
von Karl Layer und Erich Lubahn

Neuausgabe 1999

Ernst Franz Verlag · Metzingen/Württ.

CIP-Titelaufnahme der Deutschen Bibliothek

Langenberg, Heinrich:
Apokalypse aktuell : ein Schlüssel zum Verständnis der Offenbarung /
Heinrich Langenberg. Neu bearb. und erg. von Karl Layer und Erich Lubahn. -
Neuaufl. - Metzingen/Württ. : Franz, 1999
ISBN 3-7722-0340-X

Umschlaggestaltung: Grafisches Atelier Arnold, Dettingen
Herstellung: Heinzelmann Druck-Service, Metzingen
Printed in Germany

Einführung

Die Jahrtausendwende läßt viele Menschen erneut nach der Zukunft fragen. Was die Bibel insgesamt von ihr sagt, findet im letzten Buch der Bibel den vervollständigenden Abschluß.

Es gab im Laufe der Zeit viele Versuche, dieses Buch zu verdeutlichen und zu aktualisieren. Aus manchen Auslegungen konnte ich vieles lernen, jedoch ist für mich Heinrich Langenbergs »Schlüssel zum Verständnis der Apokalypse« besonders hervorzuheben. Diese in zwei Teilen aufgelegte Publikation bringt nun der Verlag neu heraus, überarbeitet von Pastor Karl Layer. Darüber freue ich mich. Als Ergänzung dient eine Publikation von mir, die für Teil IV die Grundlage bildet.[1]

Für mich ist der christliche Glaube ohne die Dimension der Apokalyptik undenkbar. Gemeint ist damit eine Beziehung zu dem lebendigen Gott durch den »Blick nach oben« und »nach vorn«, dem Ende und Ziel der Wege Gottes. Darauf gehe ich im letzten Abschnitt des Buches ein.

Von Apokalyptik wird heute in den Massenmedien immer wieder gesprochen. Dies geschieht besonders dann, wenn der Mensch sich seiner Ratlosigkeit angesichts der wachsenden Weltprobleme und -katastrophen bewußt wird. Hier ist die christliche Kirche in besonderer Weise herausgefordert.

Allgemein kann festgestellt werden, daß merkwürdigerweise die Apokalyptik in der Theologie ein wenig bekanntes, ja sogar ein frem-

[1] 1977 im Ernst Franz Verlag als Taschenbuch erschienen mit dem Titel: »Was kommt auf uns zu? Apokalyptik – Endzeitfragen«.

des Thema ist. Typisch ist für die Erklärung der Apokalyptik folgender Satz eines allseits bekannten und anerkannten theologischen Wörterbuchs: »Wie die Apokalyptik am Rande der Theologie steht, so stehen die Kreise, die sie pflegen, auch am Rande der Kirche.«[1] Ferner ist dort zu lesen, daß sie »eine Spekulation« sei, »die – gern in allegorischer Form – den Weltlauf deuten und das Weltende enthüllen will.«[2]

Wer waren die Apokalyptiker, die uns die so wichtige Botschaft zu vermitteln hatten? Ich will versuchen, sie in sieben Punkten zu charakterisieren.

1. *Apokalyptiker waren »entrückt«* (harpatzo = hinwegraffen, hinwegreißen – in einem Augenblick). Zu einer bestimmten Zeit und an einem bestimmten Ort haben sie ein Erlebnis gehabt, das die Dimension des irdischen Lebens sprengt. Sie wurden der irdischen Wirklichkeit entnommen, so daß sie nicht mehr von ihr bestimmt wurden. Sie ließen die (irdische) Welt hinter sich. Das meint Paulus, wenn er von seiner apokalyptischen Erfahrung spricht. Er bezeugt, daß er dem Geschaffenen (toiouton) entrückt (harpagenta) war (2. Kor. 12, 2-4).

2. *Apokalyptiker waren »hingerückt«.* Sie lebten in der himmlischen Wirklichkeit. Das temporäre »Hinaufgenommen sein« (Eph. 4, 10; Offb. 4, 2) ist ihr Kennzeichen. Paulus spricht in diesem Zusammenhang vom »dritten Himmel« (2. Kor. 12, 2 f).

3. *Apokalyptiker schauten die himmlische Wirklichkeit in leiblicher Gestalt* bzw. in geistleiblicher Gestalthaftigkeit. Die himmlische Wirklichkeit hat ihre Entsprechung in der Wirklichkeit unserer Welt. Sie schauten das, was für uns Sterbliche zukünftig ist, als Gegenwart (Jes. 65, 17; Hes. 37, 27; 48, 35; 2. Petr. 3, 13; Hebr. 11, 10. 16; Gal. 4, 26; Offb. 21, 1 ff). In der apokalyptischen Schau wird die Zukunft für Augenblicke vorweggenommen.

4. *Apokalyptiker gehen grundsätzlich von »zwei Äonen« aus*, dem gegenwärtigen und dem zukünftigen. Für den Apokalyptiker ist der eine Äon vergänglich, der andere unzerstörbar. Apokalyptisch wird der eine Äon »Nacht«, der andere »Tag« genannt. Aus diesem Verständnis

1 H. Kraft, »Apokalyptik«, RGG[1], S. 469. Es spricht für sich, daß das Stichwort »Apokalyptik« in vielen biblischen Lexika nicht einmal erwähnt wird, z. B. in »Biblisches Wörterbuch«, 1982 und »Lexikon zur Bibel«, 1969. In letzterem wird lediglich auf die Offenbarung durch Johannes verwiesen.

2 H. Ringgren, ebenda, S. 463 f.

sagt Paulus im Zusammenhang von seelsorgerlichen Ermahnungen: »Die Nacht geht zu Ende, bald ist es Tag« (Röm. 13, 12).[1]

5. *Apokalyptiker sind von ihrer »Entrückung« mit einem Auftrag wieder auf die Erde zurückgekehrt.* Sie brachten eine Botschaft mit, ein apokalyptisches Buch bzw. apokalyptische Bereicherungen ihrer Verkündigung.

6. *Apokalyptiker waren meist selber tief bekümmert über das Zeitgeschehen.* Ihre Botschaft richtete sich an solche, die wie sie in trostloser Lage über die jeweilige historische Situation hinaus eine Zukunftsperspektive ersehnten.

7. *Apokalyptiker sollten und wollten mit ihrer Botschaft den Glauben der Betroffenen stärken*, um dadurch vor Resignation zu bewahren, in hoffnungslos scheinenden Lebenssituationen eine Zukunftsperspektive zu eröffnen und dadurch den Glaubenden zu ermutigen. In diesem Zusammenhang sind die Ermahnungen in den Apokalypsen zu verstehen.[2]

Wie kommen wir nun persönlich zum Verstehen der Apokalyptik, d. h. der Offenbarung? Dazu ist der Glaube erforderlich! Es handelt sich dabei auf keinen Fall um ein abstraktes Fürwahrhalten, sondern darum, daß wir für unser persönliches Leben ein klares Ziel vor Augen haben, um dadurch den Sinn unserer Existenz begreifen zu lernen mit seinen Schwierigkeiten und Nöten. Hierauf gehe ich noch im letzten Teil des Buches gesondert ein. Was aber will ich schon hier einleitend sagen? Der Glaube vermag auf eine klare gedankliche Durchdringung aus dem Blickwinkel der Apokalyptik nicht zu verzichten! Dazu soll das ganze Buch eine Hilfe sein.

Noch etwas will ich einleitend zur Apokalyptik sagen. Sie ist dreidimensional. Was ist nun darunter zu verstehen?

1. Die natürliche Schöpfung und die Welt mit ihrer naturwissenschaftlichen, geschichtlichen und geistigen Erkennbarkeit.

2. Die unsichtbare Finsterniswelt als Herrschaftsgebiet von dunklen Mächten, die die sichtbare Welt zu bestimmen trachten.

1 Zum Begriff »Äonen« siehe H. Langenberg: »Die prophetische Bildsprache der Apokalypse«, S. 227 ff., 3. Auflage 1999.

2 Im Laufe der Kirchengeschichte hat Gott einzelnen Menschen immer wieder einen apokalyptischen Blick geschenkt. Man nennt ihren Blick auch Zentralschau. Ich nenne nur einige Namen wie z. B. Jakob Böhme (1575-1624), Friedrich Christoph Oetinger (1702-1782), Johann Friedrich Oberlin (1740-1826), Michael Hahn (1758-1819). Durch den letztgenannten ist die pietistische Hahnsche Gemeinschaft entstanden.

3. Die unsichtbare Lichtwelt Gottes mit ihren lichten Mächten.[1]

Diese »mehrschichtige Wirklichkeit« ist der Apokalyptik zu eigen. Sie ist es, die die Apokalyptik dem natürlichen Menschen zum Problem werden läßt. Wer die mehrschichtige Wirklichkeit außer acht läßt, dem ist von vornherein die Apokalyptik verdächtig, und Apokalyptiker werden schnell zu Ketzern abgestempelt.[2]

Aus der Dreidimensionalität (s. dazu Phil. 2, 10; Offb. 5, 3. 13) berichten uns die Apokalypsen über die Auseinandersetzung und den Kampf zwischen den Finsternis- und Lichtmächten in der unsichtbaren und in der sichtbaren Weit. Klassisch für viele Abschnitte der Apokalyptik ist der Satz: »Dann brach im Himmel ein Krieg aus. Michael kämpfte mit seinen Engeln gegen den Drachen. Der Drache schlug mit seinen Engeln zurück« (Offb. 12, 7; par: Dan. 10, 13. 21; 12, 1).

Unter Berücksichtigung der genannten Dreidimensionalität des apokalyptisch erweiterten Weltbildes sind bei allen Apokalypsen zwei Dinge charakteristisch:

1. Die Weltreiche kommen und gehen und haben einen unübersehbaren Trend: Sie entfernen sich von Gott und werden zunehmend von antigöttlichen Mächten bestimmt.

2. Das Gottesreich kommt und macht den Weltreichen ein Ende.

Ein weiterer typischer Grundsatz für alle Apokalypsen besteht darin, daß die gegenwärtige unsichtbare und zugleich zukünftige Welt, der »andere Äon«, nicht substanzlos gesehen wird. Wir sind gewohnt, das Materielle vom Immateriellen zu unterscheiden und uns die göttliche Zukunft immateriell zu denken. Kann man aber etwas denken, ohne sich etwas vorzustellen? Die Apokalypsen sprechen vorstellbar von der zukünftigen Welt. Sie benutzen Begriffe, die uns aus unserer Welt verständlich und vorstellbar sind.

Dabei gehen die Apokalyptiker von dem Grundsatz aus, daß alles Sichtbare und Begreifbare »ein Schatten des Zukünftigen« ist (Kol. 2, 17; Hebr. 10, 1). Das Materielle der Welt ist in der zukünftigen Welt nicht immateriell (lat.-fr.: unstofflich, unkörperlich, geistig), sondern

[1] Auf die Dreidimensionalität der biblischen Welt und die dabei notwendige Geisterunterscheidung gehe ich besonders ein in: Erich Lubahn, »Auf der Suche nach der unsichtbaren Wirklichkeit« – die Notwendigkeit der Geisterunterscheidung, S. 77, Christliches Verlagshaus Stuttgart, 1998, 3. Auflage.

[2] Walter Nigg, »Das Buch der Ketzer«, Zürich, 1949 mit späteren Neuauflagen, S. 9.

geistmateriell bzw. geistleiblich. Otto Michel sagt: »Die Abschaffung der Leiblichkeit wäre die Vernichtung der Apokalyptik.«[1]

Alle Apokalyptiker gehen ganz selbstverständlich von der Tatsache aus, daß in der zukünftigen Welt all das existiert, was auch in unserer Schöpfung seine Gestalt hat. Es wird also dort alles mit dem in unserer Welt seine Ähnlichkeit haben. Jedoch wird dort alles so von dem Gegenwärtigen unterschieden sein, wie eben der Schatten von dem Gegenstand, der ihn ermöglicht, anders ist. Demzufolge müssen wir sagen: Dort ist dem Irdischen alles ähnlich, aber in geistleiblicher Gestalt.

Prälat Friedrich Christoph Oetinger (1702-1782) sprach in diesem Zusammenhang von: »Geistleiblichkeit ist das Ziel aller Wege Gottes.«[2]

Die apokalyptischen Reden verdeutlichen dem, der »hören will« (Offb. 2, 7. 11. 17. 29; 3, 6. 13. 22), daß wir in dieser Welt im Vorläufigen leben und das Kommende und Zukünftige das Endgültige ist (s. auch Offb. 21, 4: »das Erste ist vergangen«). Der Mensch lernt, die Gewichte und Schwerpunkte im Leben richtig zu sehen und zu setzen. Dazu soll die Neuauflage von Heinrich Langenbergs Buch eine Hilfe sein.[3]

Dr. Erich Lubahn

1 Otto Michel, »Die hebräischen Wurzeln des Neuen Testaments«, in: Joachim Cochlovius / Peter Zimmerling (Hg.), »Ev. Schriftauslegung«, Wuppertal, 1987, S. 412.

2 Fr. Chr. Oetinger, »Heilige Philosophie«, Ernst Franz Verlag, Band III: »Zeugnisse der Schwabenväter«.

3 Vgl. Erich Lubahn, »Apokalyptik als Thema der Theologie«, in: »Lebendige Hoffnung«, Christliches Verlagshaus Stuttgart, 1996.

Anmerkung: Diese Veröffentlichung wird ideell und finanziell vom »Förderkreis für heilsgeschichtliche Theologie e. V., Waiblingen«, unterstützt.

Vorwort

Ich muß gestehen, daß ich mich in den über vierzig zurückliegenden Jahren Gemeindedienst nie an eine fortlaufende Auslegung der Offenbarung herangewagt habe. Mein Respekt vor diesem letzten Buch der Bibel war zu groß und auch meine daraus erwachsende Unsicherheit. Natürlich habe ich über die Sendschreiben und über einzelne Texte gepredigt. Die sogenannten »Letzten Dinge«, die über das christliche Hoffnungsgut Auskunft geben, waren mir immer wichtig. Aber die Entfaltung einer Gesamtschau der Offenbarung hatte ich mir nicht zugetraut. Auch wollte ich nicht einfach eine der Auslegungen aus der Vielzahl der vorhandenen übernehmen. Zwar hat mir der »endgeschichtliche Schlüssel« vor allen anderen am meisten eingeleuchtet, doch ließen mich die logischen Brüche bei Einzelfragen wieder zurückhaltend werden.

Beeindruckt hat mich neben vielen anderen Auslegungen Heinz Schumacher: »Durch Gottesgerichte zum Gottesreich«. Schon der Titel ist geradezu programmatisch. Beeindruckend ist auch der Kommentar von Adolf Pohl in zwei Bänden aus der Wuppertaler Studienbibelreihe. Sein »christologischer Schlüssel« ist eigentlich selbstverständlich und unverfänglich. Seine außergewöhnlich gründliche Arbeit ist beachtlich. Trotzdem bleiben für mich manche Ergebnisse unbefriedigend.

Nun wurde die Bitte an mich herangetragen, Heinrich Langenbergs »Schlüssel zum Verständnis der Apokalypse« zu bearbeiten. Heinrich Langenberg (1876-1972) ist ein sehr eigenständiger Schriftforscher und besticht durch seine gründliche Kenntnis des Hebräischen und Griechischen. Sein Blick für die Heilsgeschichte befähigt ihn zudem, die großen Linienführungen der Bibel aufzuzeigen. So ist für ihn das letzte Buch der Bibel kein sonderbares Anhängsel, sondern eine zwingend notwendige Vervollständigung. Die Endgeschichte wird eingebunden in die gesamte Heilsgeschichte. Auch gelingt Langenberg die Verknüpfung der zwei Heilslinien: Israel und die Gemeinde Jesu Christi. Er trennt sie nicht, aber er unterscheidet sie und sieht am Ende ihr Zusammenfinden in jeweils verschiedenen, aber doch aufeinander bezogenen Zukunftsaufgaben. Das ist konsequent gedacht und überzeugt durch seine innere Logik.

Die Neuausgabe ist nunmehr in vier Teile gegliedert, wobei es sich anbot, die einleitenden Fragen und grundsätzlichen Gedanken zur Offenbarung als Teil I zu bündeln. Pastor Erich Lubahn hat noch einen ergänzenden IV. Teil angefügt. Wichtig war mir dabei, die Gliederung in eine logische Abfolge zu bringen. Dies erforderte einige thematische Umformulierungen. Inhaltlich wurde nichts verändert.[1] Auf den von Langenberg selbst erarbeiteten Aufbau der Offenbarung[2] weise ich besonders hin. Wortschöpfungen, die betont Langenbergs Sprachstil kennzeichnen, sowie andere zentrale Begriffe, versuche ich in einem besonderen Kapitel zu erklären.[3]

Nun ist es meine Bitte zu Gott, daß die Botschaft des letzten Buches der Bibel durch die wichtige Stimme Heinrich Langenbergs neu zu Gehör gebracht werden kann. Mögen dadurch viele Trost, Wegweisung, Hoffnung und den Blick für Gottes großes Endziel gewinnen!

Karl Layer

[1] Ich habe mir lediglich sprachliche Glättungen und als Sperrdruck erscheinende Hervorhebungen erlaubt. Alle kursiv gedruckten Stellen stammen vom Autor.

[2] Siehe 1/6.

[3] Siehe 1/7.

Inhaltsverzeichnis

[1] Die Textangaben in Teil II und Teil III sind unvollständig, da Langenberg vornehmlich thematisch und heilsgeschichtlich-linear auslegt.

I

GRUNDSÄTZLICHES ZUR OFFENBARUNG[1]

1. Vorwort des Verfassers zu Teil II

ES IST VON ENTSCHEIDENDER Bedeutung, von welcher Voraussetzung und inneren Glaubenshaltung aus wir an das Studium der Apokalypse[2] herangehen. Es ist wohl nicht zuviel gesagt, wenn wir behaupten, daß uns dieses eigenartige, von tiefen Geheimnissen durchzogene Buch nur dann erschlossen wird, wenn unsere innerste Glaubenshaltung ähnlich derjenigen des Schreibers der Apokalypse ist.

Der Apostel Johannes, den wir als den Autor ansehen dürfen, befand sich auf der einsamen Felseninsel Patmos in einer für den Empfang der Offenbarung Jesu Christi besonders geeigneten äußeren Lage und inneren Gemütsverfassung. Er schreibt selber dazu: »Ich, Johannes, euer Bruder und Mitgemeinschafter in der Drangsal und der Königsherrschaft und der Geduld in Jesu Christo, wurde in der Insel, die da heißt Patmos, wegen des Wortes Gottes und des Zeugnisses Jesu« (Kap. 1, 9).

Nach dem Bericht des Irenäus wurde Johannes im Jahre 96 n. Chr. während der Christenverfolgung unter Kaiser Domitian nach Patmos verbannt. Er erkannte darin die Führung Gottes, um hier, herausgerissen aus seiner Arbeit im kleinasiatischen Gemeindekreis um Ephesus herum, in stiller Abgeschiedenheit die als »Wort Gottes und Zeugnis Jesu« bezeichneten Gesichte zu empfangen. Wort Gottes und Zeugnis Jesu bilden den Inhalt des erweiterten prophetischen Gesichtsfeldes in der Apokalypse. Der Ausdruck »das Wort Gottes« umfaßt den ganzen göttlichen Heilsplan, und »das Zeugnis Jesu« bezieht sich auf dessen innersten Kern, den Geist der Weissagung (vgl. Kap. 19, 10).

1 Vgl. dazu: Erich Lubahn, Otto Rodenberg, »Lebendige Hoffnung. Apokalyptik als zentrales Thema der Theologie«, mit Beiträgen von Otto Betz, Joachim Cochlovius, Otto Michel und Dieter Sackmann. Christl. Verlagshaus Stuttgart, 1996, 4. Aufl.
2 Siehe dazu I/7: Erklärung spezieller Begriffe.

Patmos gegenüber auf dem asiatischen Festland lag die Stätte seiner eifrigen Tätigkeit. Die Sorge um die geliebten, nun führerlos gewordenen Gemeinden beschwerte sein Herz. Was wird in dieser so schweren, dunklen Zeit aus der Gemeinde Gottes? Dies war die Frage, die sein Innerstes bewegte. Er war der einzige Überlebende von den Aposteln des Herrn, der das Hirtenamt für die Gesamtgemeinde verwaltete. Noch immer schaute er aus nach der so sehnlich erwarteten Wiederkunft des Herrn. Dabei mußte ihn die überhandnehmende Verderbnis innerhalb der Gemeinden schwer niederdrücken. Menschlich gesehen war die allgemeine Lage nicht hoffnungsvoll. Und gerade in einer solchen Zeit, unter solch deprimierenden Erfahrungen wurde er innerlich zubereitet für den Empfang einer so tiefen und überaus herrlichen Offenbarung, einer weiteren Enthüllung der Geheimnisse in den Heils- und Regierungswegen Gottes.

Johannes nennt dieses Erleben ein Werden (V. 9), und zwar ein »Werden im Geist« (V. 10). Dieses Werden steht im inneren Zusammenhang mit dem Werden der Gesamtgemeinde. Deshalb nennt er sich: »euer Bruder und Mitgemeinschafter in der Drangsal und der Königsherrschaft und der Geduld Jesu«. Drangsal, Königsherrschaft und Geduld Jesu bilden eine wunderbare Einheit in der für den Offenbarungsfortschritt erforderlichen Konzeption.

So ähnlich erging es auch dem Apostel Paulus, dem Vorgänger des Johannes auf dem asiatischen Arbeitsfeld. In den tiefsten Tiefen des Zerbruchsweges erhielten beide Knechte des Herrn die köstlichsten Offenbarungen über die herrlichen Fernziele Gottes in der Berufung der Gemeinde. Paulus mußte erst der Gefangene Christi Jesu für die Nationen werden (vgl. Eph. 3, 1), um mit der Verwaltung des Geheimnisses in bezug auf das Berufungsziel der Gemeinde betraut zu werden. *Es handelt sich bei Paulus und Johannes im Grunde um dasselbe Geheimnis, wie Gott mit der Gemeinde trotz aller satanischen Gegenarbeit und trotz aller menschlichen Unzulänglichkeit dennoch sein Ziel erreicht.* Dieses Ziel ist nach Paulus das Erfülltwerden in die ganze Gottesfülle hinein (Eph. 3, 19) durch die Wirksamkeit der Macht der Stärke Gottes, die er energisch wirksam gemacht hat in dem Christus, ihn auferweckend aus Toten, und ihn setzend zu seiner Rechten in den Himmlischen (Eph. 1, 19. 20).

Bei Johannes ist es ein neues Schauen der Herrlichkeit Jesu Christi. In seinem Evangelium heißt es: »Wir schauten seine Herrlichkeit, eine

Herrlichkeit als des Einziggezeugten vom Vater voller Gnade und Wahrheit« (Joh. 1, 13), und diese Herrlichkeit wurde anschaulich in den Zeichen, die Jesus tat (Joh. 20, 30. 31). In der Apokalypse wurde ihm dann die Enthüllung oder Offenbarung Jesu Christi in seiner Richter- und Königsherrlichkeit gezeigt.

Wenn wir die Apokalypse nicht hätten, würde eine fühlbare Lücke in der Gesamtoffenbarung der Heiligen Schrift vorhanden sein, und weil das inspirierte Gotteswort ein vollkommener, lebendiger Organismus ist, würde eine solche Lücke den ganzen wunderbaren Körper in seinen Lebensfunktionen empfindlich stören. Der lückenlose Aufbau des gesamten göttlichen Schrifttums durch den kontinuierlichen Zusammenhang der fortschreitenden Offenbarung ist deshalb der schlagendste Beweis für die Einzigartigkeit der gottgehauchten Heiligen Schrift.

Diese Lückenlosigkeit entdecken wir, wenn wir beim Forschen in der Schrift die Methode der geraden Linien beobachten (vgl. 2. Tim. 2, 15). So bekommt auch die Gemeindelinie erst durch die Apokalypse ihren völlig befriedigenden Abschluß. Die Gemeinde in der Apokalypse nicht sehen wollen, würde daher bedeuten, dem lebendigen Organismus eins seiner wichtigsten Glieder abzuschneiden.

Auch die Methode der extremen Futuristen unter den Auslegern,[1] das ganze Geschehen in der Apokalypse in den zukünftigen Tag des Herrn, wie sie Kapitel 1, 10 falsch deuten, zu verlegen, kann keineswegs befriedigen, da man dann mit den in den sieben Sendschreiben genannten Gemeinden nichts anzufangen weiß. Zu behaupten, daß es sich bei ihnen um zukünftige, judenchristliche Reichsgemeinden handle, die etwa erst im Tausendjährigen Reich ihren Platz und ihre Mission hätten, ist doch völlig irreführend.

Daher dürfte der Versuch, den Königspriesterdienst der Überwindergemeinde[2] als das große Thema der Apokalypse nachzuweisen, eine glückliche Lösung der Frage sein, was die Gemeinde mit der Apokalypse zu tun habe. Es wird nicht nur die fühlbare Lücke ausgefüllt, sondern es wird uns auch darüber hinaus eine großartige Perspektive über die konkreten Nah- und Fernziele Gottes mit der Gemeinde geschenkt.

[1] Sie sehen die Offenbarung nur als Zukünftiges.

[2] Siehe dazu I/7 und II/1.

Voraussetzung für das rechte Verständnis der Apokalypse ist ein gewisses Vertrautsein mit der eigenartigen Zeichensprache in dieser Buchrolle. Darauf werden wir gleich im Anfang ausdrücklich aufmerksam gemacht, wenn wir lesen: »Offenbarung Jesu Christi, welche Gott ihm gibt, zu zeigen seinen Knechten, was geschehen muß in Schnelligkeit, und er tut es in Zeichen seinem Knecht Johannes kund, indem er es durch seinen Engel sendet« (Kap. 1, 1).

Diese prophetische Zeichen- oder Symbolsprache stammt mit ihrem großen Bilderreichtum aus der alttestamentlichen prophetischen Sprache. Es ist daher unerläßliche Voraussetzung, diese besondere Sprache eingehend zu studieren und dabei die geraden Linien von den prophetischen Schriften bis hindurch zur Apokalypse zu ziehen. Ein praktisches Hilfsmittel ist das vom Verfasser herausgegebene Nachschlagewerk: »Die prophetische Bildsprache der Apokalypse«.[1]

Lassen wir uns nun durch den Geist Gottes leiten und in das große Thema und Anliegen der Buchrolle hineinführen, indem wir gewissenhaft uns an den Wortlaut des Urtextes halten, selbst auf die Gefahr hin, bei der wortgetreuen Wiedergabe die Schönheit der deutschen Sprache nicht genügend zu berücksichtigen. Es geht uns nur um das eine, nachzuweisen, was wirklich geschrieben steht.

2. Vorwort des Verfassers zu Teil III

Beim Auffinden des großen Themas und der Disposition der Apokalypse sind wir in der glücklichen Lage, daß uns der Schreiber klare, leicht erkennbare Anhaltspunkte gibt. Wir sind gut beraten, wenn wir ganz einfach uns durch dieselben leiten lassen, anstatt allerlei künstliche Versuche zu unternehmen, das geheimnisvolle Buch zu entschlüsseln. Es wäre von vornherein ein verfehltes Unternehmen, würden wir beim Studium des Gesamtplanes im Aufbau dieses wunderbaren Kunstwerkes von irgendeiner vorgefaßten Meinung oder einem untergeordneten Teilstück des Ganzen ausgehen.

Gleich das erste Wort: »Apokalypse Jesu Christi«, die Überschrift, zeigt uns das große Thema des Buches an. Jesus Christus ist Gegen-

[1] Dieses Werk wird zum besseren Verständnis der vorliegenden Arbeit dringend empfohlen. Hilfreich ist auch Langenbergs »Biblische Begriffskonkordanz«. Beide Werke sind im Ernst Franz Verlag erschienen.

stand und Inhalt der Apokalypse. Es handelt sich um das große Werden bis zur Weltvollendung, wie es mit der Offenbarung (Enthüllung) Jesu Christi verbunden ist. Die Apokalypse ist kein Orakelbuch, in welchem geschichtliche Ereignisse voraus verkündigt werden, sondern die Knechte Gottes sollen Einblick und Verständnis gewinnen für das Werden alles dessen, was mit Welterneuerung und Weltvollendung zu tun hat, und daß das Geheimnis dieses Werdens in der Enthüllung Jesu Christi selbst liegt. In dem Maße, wie die Enthüllung Jesu Christi entwicklungsmäßig erfolgt, schreitet das Werden bis zu dem am Schluß des Buches gezeigten Ziel voran: dem neuen Himmel und der neuen Erde (Kap. 21, 1). Auf dem Weg bis zu diesem Ziel erkennen wir deutlich drei aufeinanderfolgende Stufen der Offenbarung Jesu Christi:

Die Enthüllung Jesu Christi als Menschensohn in seiner Richterherrlichkeit, wandelnd unter den sieben goldenen Leuchtern;

die Enthüllung Jesu Christi als Löwe und Lamm in Verbindung mit der Lösung des Geheimnisses Gottes in seiner Weltregierung;

die Enthüllung Jesu Christi als Königbräutigam[1] und die Wiederherstellung Israels.

So haben wir nicht nur das Thema, sondern auch die drei großen Teile der Disposition. Es sieht scheinbar alles ganz einfach aus, und doch dürfen wir uns nicht zu der Annahme verleiten lassen, als sei es nun ein ganz Leichtes, von hier aus die vielen Rätsel zu lösen, die das Buch ohne Frage enthält. Wir können auch nicht einfach voraussetzungslos an das Erforschen dieser Schrift in der Erwartung herangehen, daß uns die Rätsel schon gelöst werden, wenn wir uns nur redlich darum bemühen. Es muß mindestens zweierlei vorausgesetzt werden:

eine gewisse Kenntnis des prophetischen Totalbildes[1] und

ein Vertrautsein mit der Methode der geraden Linien.

Letztere ziehen sich durch die ganze Heilige Schrift hindurch. Nach 2. Timotheus 2, 15 ist es geradezu das Kennzeichen eines bewährten Arbeiters, der sich nicht zu schämen hat, daß er das Wort der Wahrheit gerade schneidet, d. h., daß er gerade Linien durch das Wort der Wahrheit zieht. Das Resultat einer solchen schriftgemäßen Methode wird unsere Vermutung rechtfertigen, daß in der Apokalypse die Endpunkte gewisser geraden Linien gefunden werden, die ihren Ursprung in der alttestamentlichen Prophetie haben. Daraus ergibt sich die Not-

[1] Siehe dazu I/7.

wendigkeit und Pflicht, sich eine genügende Kenntnis des prophetischen Totalbildes zu verschaffen. In diesem Punkt ist viel gefehlt worden, und manche Erklärung der Apokalypse wurde daher zur Fehldeutung.

Wohl kann man auch ohne diese Voraussetzungen einzelne Worte und Verse aus der Apokalypse erbaulich auslegen nach dem Maß der persönlichen Heilserkenntnis, aber immer auf die Gefahr hin, subjektiv das Wort zu biegen und für sich annehmbar zu machen. Kein Buch der Heiligen Schrift ist aber weniger zu solcher Verwertung geeignet als gerade die Apokalypse. Sie fordert von uns mit unerbittlicher Strenge ein gewissenhaftes, gründliches und nicht ganz müheloses Studium unter ernstlichem Flehen um die Leitung des Heiligen Geistes.[1]

3. Überblick über die Geschichte der Deutungen der Offenbarung[2]

Man hat sich durch all die Jahrhunderte hindurch unendlich viel Mühe gegeben, in die Geheimnisse dieses Buches einzudringen. Wir tun gut daran, uns das Ergebnis aller ernsten Forschung zunutze zu machen und nun eifrig weiter zu forschen, und zwar in der Erkenntnis, daß auch hierin ein *Gesetz der Entwicklung* herrscht. Je mehr wir dem Abschluß dieses Äons zueilen, desto mehr Licht schenkt uns der Herr auch über dieses Buch. Dabei dürfen wir wahrnehmen, daß das zunehmende Licht der Erkenntnis nicht ein Vorrecht einzelner Menschen ist, sondern ein Gnadengeschenk Gottes für die ganze Gemeinde der Endzeit. Dies beachtend bleiben wir in der Demut und rühmen uns nicht besonderer Weisheit, wenn wir es wagen, etwas zu dem besseren Verständnis der Apokalypse zu sagen.

[1] H. Langenberg, »Die prophetische Bildsprache der Apokalypse«. Eine Erklärung sämtlicher Bilder der Offenbarung, 311 Seiten, Ernst Franz Verlag.

[2] Vgl. dazu Otto Betz, »Apokalyptik«, im Großen Bibellexikon Brockhaus, S. 69 ff. Hartmut Gese, »Anfang und Ende der Apokalyptik« in »Vom Sinai zum Zion«, München 1984, S. 202 ff. Gerhard Maier, »Johannesoffenbarung und die Kirche«, Tübingen 1981. Heinzpeter Hempelmann, »Roter Faden Offenbarung – Siehe, ich komme bald«, R. Brockhaus 1994. Paul Müller, »Auslegung der Offenbarung«, Stuttgart 1973. Berthold Burgbacher, »Die Offenbarung des Johannes nach der Auslegung von Johann Albrecht Bengel« (1687-1752), Ernst Franz Verlag 1975.

Es wäre hochinteressant und lehrreich, eine Geschichte der Deutungen der Apokalypse zu schreiben, um nachzuweisen, wie das Verständnis dieses Buches jeweils entscheidend von dem geschichtlichen Standort des Beurteilers beeinflußt worden ist. Jeder hat versucht, von seiner Zeit und seinem geschichtlich begrenzten Horizont aus in das Geheimnisvolle dieses Buches einzudringen, so daß man aus der Geschichte der Deutungen rückschließend einen tiefen Einblick in das Werden der Gemeinde überhaupt gewinnen kann. Wir müssen uns hier jedoch darauf beschränken, nur die wichtigsten Entwicklungsstufen anzudeuten.

Die erste Stufe ist die der *Urchristenheit* und der sich daran anschließenden Zeit der Verfolgungen bis auf Kaiser Konstantin den Großen, also die drei ersten Jahrhunderte umfassend. Die Einstellung der urchristlichen Gemeinde war stark endgeschichtlich. Man lebte in der gespannten Erwartung der baldigen Wiederkunft des Herrn und der Aufrichtung seines messianischen Herrlichkeitsreiches. Mit der zunehmenden Verweltlichung änderte sich jedoch vieles – auch die Einstellung zur Apokalypse. Die Erwartung des zukünftigen Königreichs des Christus verblaßte immer mehr, und man lebte sich in den Gedanken ein, jetzt schon auf Erden das Reich Gottes zu bauen. Führend nach dieser Seite hin war der Kirchengeschichtsschreiber Eusebius, ein Zeitgenosse Konstantins.

Die zweite Stufe finden wir in der Zeit der *byzantinischen Staatskirche*. Die Verfolgungen waren vorbei. Das Christentum war anerkannte Staatsreligion geworden. Dieser gewaltige äußere Sieg wurde allerdings mit einer allgemeinen Verflachung des christlichen Lebens erkauft. Eusebius lehrte, daß das Tausendjährige Reich bereits mit dem ersten Kommen Christi angebrochen sei. Mit Ablauf der tausend Jahre werde der Antichrist auftreten und das Weltende hereinbrechen. Durch Augustin wurde diese Anschauung theologisch verarbeitet und in der Kirche Allgemeingut (siehe sein Werk: De Civitate Dei, d. h. Über den Gottesstaat). Die in Offenbarung Kap. 6 erwähnten Reitervisionen bezog man auf die Zerstörung Jerusalems im Jahr 70 n. Chr., und die übrigen Visionen suchte man, so gut es ging, zeitgeschichtlich zu deuten. Von der Struktur der Apokalypse glaubte man im allgemeinen, daß es sich bei den verschiedenen Bilderreihen (Siegel, Posaunen, Zornschalen) um Wiederholungen derselben geschichtlichen Ereignisse (recapitulatio = Wiederholung) unter verschiedenen Gesichtspunkten handle. Durch die von Origenes eingeführte allegorisierende Auslegung[1] wurde dann auch noch das wahre Verständnis des prophetischen Realismus mehr und mehr verdunkelt.

Mit dem Ablauf des ersten und dem Anbruch eines neuen Jahrtausends trat ein entscheidender Wendepunkt in der Deutungsgeschichte der Apokalypse ein: die dritte Stufe. Das gegenwärtig geglaubte Tausendjährige Reich neigte sich seinem Ende zu. Die allgemeine Spannung war groß. Als aber das Weltende nicht eintrat, erfolgte eine Erschlaffung. Man half sich, indem man die Zahl tausend symbolisch auf eine unbestimmt lange Zeit umdeutete. Die historisch-allegorische Deutungsmethode wurde vorherrschend. Dabei hatte die religiöse Phantasie ein weites und freies Spielfeld. Der Mißbrauch der apokalyptischen Bilder zu willkürlichen Deutungen im Interesse irgendeines kirchlichen Parteizweckes nahm in der *katholischen Papstkirche* mehr und mehr überhand.

Neben der offiziellen großen Weltkirche bestanden aber zu allen Zeiten viele kleine lebendige Kreise von Gläubigen, die zur Apokalypse eine ungebrochene Stellung einnahmen und vor allem den endgeschichtlichen Charakter ihrer Visionen erkannten. Diese Kreise wurden von der offiziellen Staatskirche als Sektierer, Schwärmer, Chiliasten abgestempelt und verfolgt. Wenn diese Kreise (Franziskaner, Katharer, Apostoliker, Waldenser, Wiclifiten, Hussiten) durch den Druck der Verfolgung auch manches Schwärmerische zeigten, so waren sie doch im allgemeinen die treuen Hüter der biblischen Eschatologie. Sie sahen durchweg im römischen Papsttum das Reich des Antichristen.

Die *Reformation* brachte keine wesentlichen Fortschritte, doch rechnen wir von dieser Zeit an die vierte Stufe in der Deutungsgeschichte der Apokalypse. Sowohl Luther als auch Calvin hatten wenig Liebe zu diesem Buch. Luther sagte: »Mein Geist kann sich in das Buch nicht schicken.« Beide lehnten alle endgeschichtlichen, chiliastischen Deutungen scharf ab. Während der Papst den Hohenstaufenkaiser als das Tier aus dem Abgrund bezeichnete, erklärte Luther den Papst als den Antichristen und Mohammed als den falschen Propheten. Calvin schloß sich diesem Urteil an. Das bessere Verständnis für die Apokalypse ruhte jahrhundertelang. Ein lebendiges Interesse für sie wurde jedoch in den von der Kirche verketzerten Kreisen gepflegt,

[1] Siehe dazu I/7.

die unter dem Sammelnamen Wiedertäufer bekannt wurden. Sie besaßen in ihrer Mitte außerordentlich wertvolle Erkenntnisgüter.[1]

Mit dem Erwachen neuen geistlichen Lebens durch den *Pietismus* bekam die Auslegung der Apokalypse reiche Anregungen und neues Licht. Damit begann die fünfte Stufe. In ihr wurde die endgeschichtliche Schau wieder lebendig. Von der messianischen Reichszukunft erwartete man bessere Verhältnisse und die Lösung aller drükkenden Zeitprobleme. Spener, Bengel, Oetinger, Jung-Stilling wirkten führend und bahnbrechend. Man versuchte vielfach, die Zahlensymbolik zu deuten und Berechnungen anzustellen. So berechnete z. B. Bengel den Beginn des Tausendjährigen Reiches und setzte dafür den 18. Juni 1836 fest. Oetinger ging ganz in den Anschauungen Bengels auf und suchte diese mit dem System Swedenborgs zu verschmelzen.

Auf die Zeit der pietistischen Bewegung folgte dann *eine gewisse Vielseitigkeit in der Deutung der Apokalypse*, die sechste Stufe, die bis in unsere Zeit hineinreicht. Es entstand eine reiche Literatur, die alle möglichen Deutungsversuche aufzeigt. Es sind besonders drei Grundrichtungen in der Deutungsmethode zu unterscheiden:

Die zeitgeschichtliche,
die reichsgeschichtliche und
die endgeschichtliche.

Die *zeitgeschichtliche Methode* deutet die apokalyptischen Bilder auf die Geschichte der damaligen Zeit, d. h. vor allem auf die Zerstörung Jerusalems und den Untergang des alten, heidnischen römischen Weltreiches.

Die *reichsgeschichtliche Methode* verteilt die einzelnen Visionen auf die verschiedenen Entwicklungsstufen der Kirchengeschichte, die teils der Vergangenheit angehören und teils in die Zukunft weisen.

Die *endgeschichtliche Methode* betrachtet die in der Apokalypse geschilderten Ereignisse als noch nicht erfüllt, sondern mit dem künftigen Tag des Herrn verbunden.

1 Johann Albrecht Bengel (1607-1752) war ein bedeutender evangelischer Theologe, der die Offenbarung durch Johannes aus der Vergessenheit ins Licht rückte. Siehe »Die Offenbarung des Johannes nach der Auslegung von J.A. Bengel«, a.a.O. In wesentlichen Linien stimmt H. Langenberg mit Bengel überein. J.A. Bengel bezeichnete die Offenbarung als Schlüssel zum Himmel. S. 18 ff.

Letztere Gruppe zerfällt wieder in zwei Unterabteilungen:

Die gemäßigten Futuristen beziehen die drei ersten Kapitel der Apokalypse mit den sieben Sendschreiben auf die Gegenwart, alles andere aber lassen sie erst mit der Erscheinung Christi am Tage des Herrn seine Erfüllung finden.

Die extremen Futuristen verlegen alles, auch die sieben Sendschreiben, als noch zu erfüllen, ins künftige messianische Königreich, in die Zukunft des Tages des Herrn.

In neuester Zeit wird die Gemeinde Gottes, genötigt durch den Gang der großen geschichtlichen Ereignisse und den Fortschritt in der Erkenntnis des prophetischen Wortes, zu einer gründlichen *Neuorientierung* bezüglich der Auslegungsmethode der Apokalypse geleitet. Damit gelangen wir zur letzten oder siebten Stufe. Es kommt dabei zu einer scharfen Scheidung der Geister unter den Gläubigen.

Auf der einen Seite herrscht das Bestreben vor, die außerordentlich schwierigen Zeitereignisse irgendwie in der Weissagung der Apokalypse unterzubringen, um für die nächste Zukunft Licht zu erhalten. Dabei ist die Gefahr groß, in den Fehler des Orakelns und Kombinierens und willkürlichen Konstruierens zu verfallen.

Auf der anderen Seite versucht man, von der besseren Kenntnis des prophetischen Totalbildes ausgehend, die geraden Linien aufzufinden, die das Ganze des prophetischen Wortes miteinander verbinden, die Linien, die die Schrift selber zeichnet. Die bessere Kenntnis und Würdigung des prophetischen Wortes in seiner Bedeutung für den Fortschritt in der heilsgeschichtlichen Entwicklung gibt uns heute die Möglichkeit, die klaren, geraden Linien dieses Werdens aufzufinden und bis in ihre Zielpunkte zu verfolgen. Weil die Ausgangspunkte klarer erkannt werden, werden auch die Zielpunkte klarer erschaut.

Dies ist der eigentliche *Hochweg der Schriftforschung*, die das Wort der Wahrheit nicht zerschneidet, sondern durch die geraden Verbindungslinien die höhere Einheit der Offenbarung aufzeigt. »Wir müssen die Auslegung an eine sorgfältige Betrachtung der Wurzeln, die diese in den Weissagungen des alten Bundes hat, anknüpfen« (Ebrard).

4. Was das Buch über sich selbst und seine Empfänger aussagt

Das erste Wort heißt Apokalypse. Dadurch wird das ganze Buch in einzigartiger Weise ausgezeichnet und von anderen prophetischen Schriften unterschieden. Wohl bringen diese auch Apokalypse (= Enthüllung) der Gedanken und Pläne Gottes, aber sie sind nicht selber Apokalypse. Auch unterscheidet sich die Apokalypse von der sonstigen apokalyptischen Literatur des Judentums. Letztere bringt Enthüllungen über das Weltende in mehr oder weniger phantastischer Form. Das letzte Buch der Bibel bringt uns eine Enthüllung Jesu Christi, die Gott ihm gibt. Wie aus dem Zusammenhang geschlossen werden muß, ist »Jesu Christi« ein genitivus objektivus, d. h. Jesus Christus gibt nicht die Offenbarung, sondern ist selber deren Gegenstand. Gott gibt sie ihm, d. h., Gott ist der Offenbarer. Er offenbart Jesus Christus in bisher noch verborgener Art, nämlich in Verbindung mit dem, was bald (in Schnelligkeit oder Kürze) geschehen muß. Es ist wichtig zu beachten, daß das bald Geschehende mit dem Werden der Enthüllung Jesu Christi in unlösbarer Verbindung steht. Er ist der Welterneuerer und Weltvollender. Es sind also nicht die zukünftigen Ereignisse, die uns gleichsam in einem Orakel vorher verkündigt werden, sondern es handelt sich um Jesus Christus selbst. Es ist für die richtige Auffassung des ganzen Buches entscheidend, daß wir dies bei der Deutung in allen ihren Teilen immer im Auge behalten. »Was bald geschehen muß«. Auch dieses »muß« steht zu der Enthüllung Jesu Christi in enger Beziehung. Das Geschehen ist die Auswirkung der Enthüllungen Jesu Christi mit dynamischer Wucht und unausweichbarer Konsequenz.

In diesen kurzen einleitenden Worten haben wir das übergeordnete, große Thema des Buches: *Die Enthüllung Jesu Christi in Verbindung mit der Welterneuerung und Weltvollendung*. Dieses Thema wird im Verlauf der Darstellung in drei großen Hauptteilen entfaltet, die durch je ein Mysterium oder Geheimnis gekennzeichnet werden.

Der erste Hauptteil (Kap. 1-3) gruppiert sich um *das Geheimnis der sieben Sterne und zeigt uns die Enthüllung Jesu Christi als Menschensohn in seiner Richterherrlichkeit* inmitten der sieben goldenen Leuchter, d. h. Gemeinden. Das Wirken des erhöhten Menschensohnes inmitten der sieben Gemeinden, womit die Gesamtheit der Gemeinde umfaßt wird, ist das des Durchrichtens und der Zubereitung für den speziellen Dienst im künftigen Königreich des Christus. Das geht aus den sieben Sendschreiben hervor, die zwei durchlaufende Linien aufzeigen,

die Verfallslinie und
die Überwinderlinie.

Es handelt sich also um die Herausbildung der Überwindergemeinde als das Zentralorgan des Christus zur Durchführung der Weltvollendungsaufgabe.

Der zweite Hauptteil (Kap. 4, 1-11, 14) gruppiert sich um *das Geheimnis Gottes* (Kap. 10, 7), wie er es verkündigt hat seinen Knechten und Propheten. Es handelt sich dabei um das Zentralthema der ganzen Prophetie des Alten und Neuen Testaments, nämlich um die Durchführung der Gottesherrschaft. Das Geheimnis liegt in der ganz besonderen Art der Durchführung, die mit menschlichen Maßstäben nicht gemessen werden kann. Das wird angedeutet durch die *Enthüllung Jesu Christi als Löwe und Lamm* (Kap. 5, 5. 6). Das Lamm empfängt die Buchrolle und ist allein würdig, diese aufzutun und die Siegel zu brechen, also das, was in der Buchrolle als versiegelt noch verborgen ist, zur geschichtlichen Durchführung zu bringen. Diese verläuft in drei Siebenheiten: sieben Siegel, sieben Posaunen und sieben Donner.

Der dritte Hauptteil (Kap. 11, 15-22, 5) gruppiert sich um *das Geheimnis Babylons* (Kap. 17, 5). Das Zentralbild in diesem Teil ist das Weib, Israel. Israel ist zur großen Hure geworden und hat die Rolle Babels übernommen. Sie reitet auf dem Tier, d. h., die von Gott abgefallenen Juden beherrschen das letzte antigöttliche Weltreich. Wir lesen hier die Weltgeschichte im Licht des prophetischen Wortes. Hier wird *Jesus Christus enthüllt als der Königbräutigam* (Kap. 19, 11-13), der die Herrschaft, die die große Hure an sich gerissen hat (vgl. Jes. 47, 7 f), ihr entreißt und seine eigene Königsherrschaft durchführt.

Wie nun aus der großen Hure die Braut, das Weib des Lammes wird, das ist die Lösung des heiligen Rätsels. Es kommt zur Empörung aller gottfeindlichen Mächte und Herrschaften, dargestellt unter dem Bild von Tieren, die von Satan selbst gelenkt werden. Sie erlangen in Verbindung mit dem abtrünnigen Israel ihre Ausreifung und finden im Kampf gegen das gläubige Israel ihren Untergang: durch die sieben Zornschalengerichte.

Das Ziel all dieser furchtbaren Gerichte ist aber nicht Vernichtung, sondern Heil. *Der Triumph der Gnade ist die Wiederherstellung Israels* und die Erfüllung seines ursprünglichen Weltmissionsberufs. Dies war schon die Perspektive der alttestamentlichen Propheten, daß Jahwe sich des ehebrecherischen Israel wieder annehmen und seine Heilsabsichten mit der ganzen Welt durch das wiederhergestellte Bundesvolk durchführen würde. Einzig neu in dieser Schau ist jetzt die Mitwirkung der aus Israel und allen Nationen herausgerufenen und in der Schule des erhöhten Christus zu ihrem Königspriesterdienst bis zur Weltvollendung erzogenen Überwindergemeinde. Ist Israel als Volk der Angelpunkt der Weltgeschichte, so ist die Überwindergemeinde das innerste Geheimnis der Offenbarung Jesu Christi. Dies nicht sehen wollen ist nicht nur Unverstand, sondern geradezu eine Verschuldung an »den Worten des Buches dieser Weissagung« (vgl. Kap. 22, 19).

Als *Empfänger der Apokalypse* werden direkt Johannes und durch ihn die sieben kleinasiatischen Gemeinden bezeichnet (Kap. 1, 1. 11). Johannes hat »das Wort Gottes und das Zeugnis Jesu Christi, alles was er sah« bezeugt, also an die Gemeinden weitergegeben. Bestimmt ist die Apokalypse für solche, die der Herr im besonderen Sinne *»seine Knechte«* nennt. Diesen Ausdruck nur auf Israel zu beziehen, wäre eine Fehldeutung; denn das damalige Israel konnte nicht so genannt werden. Es war auch nicht imstande, die Apokalypse zu empfangen und diese für das wiederhergestellte Israel der Endzeit aufzubewahren. Das wäre für die damaligen Empfänger unbegreiflich gewesen. Wohl ist das gläubige Israel »der Knecht Jahwes« im besonderen heilsgeschichtlichen Sinne (vgl. Jes. 49, 3), aber erst recht sind die Glieder der Leibesgemeinde Knechte Jesu Christi, insofern sie sich als Überwinder für den künftigen Dienst als Königspriester zubereiten lassen.

Johannes nennt sich zuerst »sein Knecht«, ähnlich wie der Apostel Paulus, wenn es sich um den Dienst handelt. Söhne sind die Glieder der Leibesgemeinde als vom Geist Geführte und Erzogene (vgl. Röm. 8, 14). Die vollendete Überwindergemeinde, die herangereift ist zum erwachsenen Mann, zum Maß des Vollwuchses der Fülle des Christus (Eph. 4, 13), wird in Offenbarung 12, 5 als der neugeborene Sohn bezeichnet. So finden wir in der Apokalypse beide Begriffe: Knecht und Sohn.

»Ich wurde in Geist an dem dem Herrn gehörenden Tage« (Kap. 1, 10, nach dem Urtext, vgl. auch die Elberfelder Bibel in der Fußnote zu dieser Stelle). Es heißt nicht, daß Johannes im Geist oder durch den Geist in den zukünftigen Tag des Herrn versetzt war. Diese Deutung enthält zwei irreleitende Fehler.

Einmal kann *»ich wurde in Geist«* nicht so aufgefaßt werden, als ob Johannes im Geist versetzt oder entrückt wurde. Wenn das gemeint wäre, dann müßte das deutlich gesagt sein, wie in 2. Korinther 12, 2-4. Es handelte sich nicht um eine Entrückung im Geist, sondern um ein »Werden« in oder vermittelst Geist (egenomän = ich wurde). Johannes erreichte in diesem seinem »Werden in Geist« die Stufe einer Schau, auf welcher er die Wirklichkeit Gottes erlebte, wie die Welt von Gott aus gesehen und beurteilt wird, d. h. von dem dem Herrn gehörenden Tage aus.

Der Ausdruck: *»an dem dem Herrn gehörenden Tage«* bezeichnet etwas anderes als »der Tag des Herrn«. Es sind auch im Urtext zwei klar zu unterscheidende Begriffe. Der »Tag des Herrn« (hämera tu kyriu) ist ein Begriff, der sehr häufig in der Schrift vorkommt und den großen zukünftigen Tag des Zornes Gottes bezeichnet (vgl. Offb. 6, 17). Es ist der große Tag Gottes (Offb. 16, 14). Dieser Tag des Gerichtes bildet den Abschluß des gegenwärtigen Äons.

Etwas ganz anderes ist mit dem dem Herrn gehörenden Tage gemeint. Dafür ist ein besonderer Ausdruck geprägt (kyriakä hämera), der nur an dieser Stelle vorkommt. Er steht im Gegensatz zu dem menschlichen Tage (anthropinä hämera). Paulus schreibt in 1. Korinther 4, 3: »Mir aber ist es das Geringste, daß ich von euch oder von einem menschlichen Tage beurteilt werde; ich beurteile mich aber auch selbst nicht.« Für Tag kann man hier auch Tagung setzen, da es sich um eine Gerichtstagung handelt. Ebenso muß der Ausdruck in Offenbarung 1, 10 verstanden werden. Hier handelt es sich um eine »Tagung«, die allein durch den Herrn bestimmt und durchgeführt wird. Dabei hat der Herr allein das Wort, und Er zeigt, was Er vermag, und wie alle Menschen vor Ihm ohnmächtig sind. Dieser Tag oder diese Tagung begann schon mit der Durchrichtung der sieben Gemeinden. Trotz besserer Kenntnis des Urtextes an der Übersetzung mit »Tag des Herrn« festhalten zu wollen, an welchem zukünftigen Tag sich alles abspielen soll, was in diesem Buch der Apokalypse geschrieben ist, ist geradezu unverantwortlich. So dürfen wir mit dem Wort Gottes einer Sondermeinung zuliebe nicht umgehen.

Wie wir aus den Propheten erfahren, gibt *es verschiedene Standorte des prophetischen Schauens*. Entweder hat der Prophet seinen Standort in der sichtbaren Gegenwart und sucht von hier aus Verlängerungslinien in die messianische Heilszukunft hinein zu ziehen. Das ist der Standort des Vorhofs (vgl. Jes. Kap. 1).

Oder der Prophet schaut die trostlose Gegenwart vom Tag des Herrn aus, d. h. alles im Lichte der Heilsvollendung, und zieht die geraden Linien von dort aus zurück in die Gegenwart hinein. Das ist der Standort des Heiligtums (vgl. Jes. Kap. 2-5).

Oder der Prophet selbst schaut das ganze Weltgeschehen einzig im Licht der Heiligkeit Gottes. Das ist der Standort des Allerheiligsten (vgl. Jes. Kap. 6).

Diese drei verschiedenen Standorte gehören alle der alttestamentlichen Haushaltung an.

Neu und dem Charakter der Apokalypse entsprechend ist der Standort des Sehers Johannes. Da wird das große Werden bis zur Weltvollendung vom himmlischen Thron und der dort stattfindenden Tagung aus geschaut, und da hat der erhöhte Christus das Wort. Die ersten drei Standorte sind immer noch erdgebunden, israelitisch bodenständig, der letzte jedoch ist rein himmlisch. Diesen haben wir in der Apokalypse. Der dritte vom Allerheiligsten aus bildet die Überleitung zu dem letzten. Deshalb knüpft die neutestamentliche Prophetie auch an Jesaja 6 an (vgl. Matth. 13, 14 f; Joh. 12, 39 f; Apg. 28, 26 f).

Das Schauen des Johannes ist überzeitlich, d. h., von der Ewigkeit her verschwinden Zeitunterscheidungen wie Vergangenheit, Gegenwart und Zukunft. Da ist alles Gegenwart, bleibende Wirklichkeit, das Heute, wo wir seine Stimme hören. Ewigkeit ist der vertikale (= senkrechte) Einbruch in die Zeit.

Da gibt es kein »danach« im rein chronologischen Sinn. In Kapitel 1, 19 lesen wir: »Schreibe nun, was du siehst (Aorist), sowohl das, was ist, als auch das, was im Begriff ist zu werden danach.« Dabei ist nicht zu übersehen, daß wir uns in die damalige Zeit zurückversetzen müssen. Das was ist und das was im Begriff ist zu werden, bezieht sich auf das ganze Buch. Der Ausdruck: »danach« (meta tauta = nach diesem) kommt außer an unserer Stelle Kapitel 1, 19 noch in Kapitel 4, 1; 7, 1. 9; 9, 12; 15, 5; 18, 1; 19, 1 und 20, 3 vor. Aus diesen Stellen ersehen wir, daß es nicht nötig ist, den Ausdruck rein zeitlich, chronologisch zu verstehen. Es ist dem Zusammenhang mehr angemessen, den Ausdruck kausal, d. h. das Folgende als Resultat des Vorhergehenden zu fassen. So vor allem in Kapitel 4, 1: »Danach sah ich, und siehe, eine Tür geöffnet im Himmel.«

Die Herausbildung der Überwindergemeinde ist Voraussetzung für den weiteren Ablauf des vom göttlichen Thron aus gelenkten Weltgeschehens.

Es wäre verkehrt, das ganze Buch in zwei Teile einzuteilen, etwa so, daß die ersten drei Kapitel die Gegenwart und die übrigen von Kapitel 4, 1 an die Zukunft schildern sollen. Es gibt eine Gegenwart und eine Zukunft für alle drei Hauptteile des Buches, sowohl für die Gemeinden im ersten Teil als auch für den Ablauf des Weltgeschehens im zweiten Teil und schließlich für die spezielle Geschichte Israels im dritten Teil. Damit kommen wir zur Besprechung der eigenartigen Struktur der Apokalypse.[1]

Schon verhältnismäßig früh hat man in der Deutungsgeschichte der Apokalypse gemeint, eine gewisse *zyklische Form der Darstellung* in diesem Buch entdeckt zu haben. Man nannte dieselbe recapitulatio, d. h. Wiederholung. Wir haben hier keine chronologische Berichterstattung, d. h. eine geschichtliche Vorausverkündigung kommender Ereignisse in chronologischer Reihenfolge. Die zyklische Form zeichnet Kreise (Zyklen), die jeweils zu ihrem Anfangspunkt zurückkehren. Ein Kreis liegt im andern, so daß immer weitere Kreise den engeren umschließen. Der Ausdruck »zyklisch« ist jedoch nicht ganz passend, um die Eigenart der Struktur dieses Buches zu schildern. Denn die Linien werden nicht zu Kreisen umgebogen, so daß sie zum Ausgangspunkt zurücklaufen, sondern es sind *gerade Linien*, die zu einem Endpunkt führen. Alle diese Linien laufen gleichzeitig nebeneinander.

Das wird uns in den verschiedenen Hauptteilen so dargestellt, daß diese immer wieder von der Gegenwart ausgehen und zum Abschluß hin auslaufen. Wir haben also einen *Parallelismus von geraden Linien*. Weil es sich in der Entwicklungsgeschichte aber nicht nur um Linien

[1] Heinrich Langenberg hat bei allem, was er hier und in der ganzen Abhandlung schreibt, das »hebräische Denken« verarbeitet. Das war auch das grundsätzliche Denken Jesu und aller neutestamentlichen Schreiber. Wir Abendländer neigen dazu – auch wenn es uns keineswegs immer bewußt ist –, das griechische Denken in die Erklärung der Bibel hineinzutragen. Zu diesem Problem siehe: Erich Lubahn und Otto Rodenberg, »Von Gott erkannt – Gotteserkenntnis im hebräischen und griechischen Denken«, Christl. Verlagshaus, Stuttgart 1996, 4. Aufl.

handelt, sondern um Flächen, d. h. um allseitige, strahlenförmige Ausbreitung der Linien vom Zentrum aus, wie beim Rundfunk, so entsteht jeweils das Bild eines Zyklus.

Alle unsere mathematischen Figuren reichen jedoch nicht aus, um die Wirklichkeit des Geschehens in der Welt zu veranschaulichen. Am geeignetsten ist noch das Bild der geraden Linien, und dieses Bild gibt uns das Wort Gottes selber an die Hand (vgl. 2. Tim. 2, 15).

Alle die verschiedenen Bilder in der Apokalypse sind wie *Transparente*, die nicht neben-, sondern übereinandergelegt werden. Jedes neue Transparent fügt gewisse Züge oder Striche zu dem vorherigen hinzu. Wenn sie alle aufeinander geschichtet liegen, kann man durch alle bis auf den Grund hindurchsehen, und dann entdeckt man, daß die Hauptlinien in allen einzelnen Transparenten kongruieren, d. h. sich vollständig decken, so daß keine Verzerrung des Gesamtbildes und keine Verwirrung der Linien entsteht. Die einzelnen nach und nach eingezeichneten Nebenlinien oder Ergänzungen vervollständigen das Gesamtbild. Die gleichbleibenden Linien beim Durchschauen aller Transparente von oben nach unten oder von unten nach oben sind die geraden Linien, die wir nach 2. Timotheus 2, 15 zu beachten haben.

Wir werden sehen, wie uns diese Veranschaulichung bei unserer weiteren Untersuchung sehr wertvolle Dienste leisten kann. Wir werden entdecken, wie die drei Hauptteile des Buches uns die großen geraden Linien liefern und die jeweiligen Einschaltungen zwischen dem sechsten und siebten Teil einer Siebenheit uns sehr wichtige Ergänzungen bringen. Das Verhältnis der einzelnen Transparente untereinander ist das der wachstümlichen Erfüllung, des heilsgeschichtlichen, stufenmäßigen Werdens bis zum Pläroma (= Vervollständigung bis zum Ziel oder Endpunkt) jeder Linie.

Hat man erst diese *Gesetze der Konstruktion erkannt*, dann wird das Ganze vor unseren Augen zu einem symmetrischen, nach einem klaren, durchsichtigen Plan ausgeführten Bau. Dabei sind die sogenannten Nebenlinien, d. h. alles was durch die Einschaltungen zwischen dem sechsten und siebten Teil je einer Siebenheit berichtet wird, deswegen so wichtig, weil gerade diese die Verbindungen aufzeigen: die großen genetischen Zusammenhänge, die eigentliche *Werdegeschichte der dynamischen Potenzen*. Zeit- und Raumschranken werden dabei von der erhabenen prophetischen Perspektive aus mit Leichtigkeit überbrückt. Diese Methode der prophetischen geraden Linien hat gegenüber jeder weltlichen Geschichtsschreibung den großen Vorzug, daß sie die innere Wirklichkeit jeder einzelnen Entwicklungskategorie enthüllt und das Wesen oder den Kern der Sache ins Licht stellt. Die weltliche Geschichtsschreibung bleibt an der äußeren Erscheinung hängen, erforscht Ursache und Wirkung der Handelnden und will praktische Lehren aufzeigen. Die prophetische Schau deckt das Innerste auf, ist zielklar und sichert die großen Abschlüsse jeder Linie.[1]

6. Übersicht über den Aufbau der Offenbarung

Sieben Siebenheiten bestimmen den äußeren Baustil des Buches:

sieben Gemeinden (7 Sterne, 7 Leuchter, 7 Sendschreiben);
sieben Geister Gottes (7 Feuerfackeln, 7 Augen);
sieben Siegel;
sieben Posaunen;
sieben Donner;
sieben Köpfe (7 Berge, 7 Könige, 7 Diademe);
sieben Zornschalen (7 Plagen).

Innerhalb dieser sieben Siebenheiten unterscheiden wir *zwei Hauptgruppen*:

die ersten vier beherrschen den ganzen Lauf der Regierungswege Gottes mit der Welt (Vier ist die symbolische Zahl der Welt);

die letzten drei charakterisieren das Ende der alten Welt durch das Endgericht (Drei ist die symbolische Zahl der Vollendung einer Offenbarungsidee Gottes).

Durch die sieben Siebenheiten hindurch kommt es zur Neuschöpfung von Himmel und Erde.

Die erste Siebenheit (7 Gemeinden) beherrscht das Ganze, wie aus dem Prolog und Epilog des Buches ersichtlich ist, und enthüllt uns *das Geheimnis der sieben Sterne*.

Die nächsten drei (7 Geister Gottes, 7 Siegel, 7 Posaunen) enthüllen uns *das Geheimnis Gottes* bis zum prinzipiell vollendeten Sieg der Gottesherrschaft.

Die letzten drei (7 Donner, 7 Köpfe, 7 Zornschalen) enthüllen uns *das Geheimnis Babylons* und den Sieg des Königbräutigams.

[1] Vgl. dazu: Heinz Schumacher, »Das Drama der Äonen – Die Heilsgeschichte auf Grund der Bibel allgemein verständlich«, Paulus Verlag Karl Geyer, Heilbronn 1968.

Um die drei Geheimnisse gruppieren sich *die drei größeren Hauptteile*:

Kapitel 1, 10-3, 22: Das Werden der Überwindergemeinde in ihrem Königreichsberuf;

Kapitel 4, 1-11, 14: Das Werden des Geheimnisses Gottes im Weltgeschehen;

Kapitel 11, 15-22, 5: Das Werden des neuen Jerusalem aus Gericht und Untergang der alten Welt.

Jeder der drei Hauptteile wird eingeleitet durch gewaltige *Offenbarungen und Szenen*, die sich vom Himmel aus bis auf die Erde herab abspielen:

Der erste Hauptteil wird eingeleitet durch die *Offenbarung Jesu Christi als Menschensohn in seiner Richterherrlichkeit* (Kap. 1, 11 bis 20);

der zweite Hauptteil beginnt mit einer Thronszene (Kap. 4 u. 5) und bringt *die Offenbarung Jesu Christi als Löwe und Lamm*;

der dritte Hauptteil wird eingeleitet durch das große Himmelszeichen von der Frau und ihrem neugeborenen Sohn (Kap. 12, 1-5) und bringt *die Offenbarung Jesu Christi als Königbräutigam*.

Mitten in der Darstellung der himmlischen und irdischen Szenen befinden sich bedeutungsvolle *Einschaltungen*, die das Gesamtbild bereichern und zur Erklärung des tieferen Sinnes der Gesichte dienen.[1]

[1] H. Langenberg spricht in diesem Absatz von »himmlischen und irdischen Szenen«. Dabei geht es um himmlische Anbahnungen und deren irdische Vollzüge. Es handelt sich um die sieben Gottesgerichte (Offb. 4-19):
1a) Blick in den Himmel: Empfang der versiegelten Buchrolle durch das Lamm Gottes und Lobpreis der gesamten Schöpfung (4 u. 5).
1b) Blick auf die Erde: Siegelgerichte und 144 000 Versiegelte (6, 1-7, 8).
2a) Blick in den Himmel – Die unzählbar große erlöste Schar und die Eröffnung des 7. Siegels (7, 9-8, 6).
2b) Blick auf die Erde: Posaunengerichte (8, 7-9, 21).
3a) Blick in den Himmel: Mehrere Engelbotschaften (10).
3b) Blick auf die Erde: Plagen über die Erde in den Tagen der zwei Zeugen (1260 Tage = 1. Hälfte der 70. Jahrwoche) (11, 1-14).
4a) Blick in den Himmel: Übernahme der königlichen Gewalt durch den Messias Jesus, Geburt eines Knäbleins und Sturz des Satans (11, 15-12, 12)
4b) Blick auf die Erde: Drache und Tier drangsalieren die Erde. (42 Monate = 2. Hälfte der 70. Jahrwoche) (12, 13-13, 18).
5a) Blick in den Himmel: 144 000 erkaufte Erstlinge, mehrere Engelbotschaften und Engeldienste, Lied der Überwinder (14, 1-16, 1).
5b) Blick auf die Erde: Zornschalengerichte (16, 2-21).

Das Buch enthält *sieben Seligpreisungen* (Kap. 1, 3; 14, 13; 16, 15; 19, 9; 20, 6; 22, 7; 22, 14).

In der Apokalypse haben wir vier *Doxologien* (Lobpreisungen) und *drei neue Lieder*. Sie sind wie folgt kunstvoll verteilt:

1. Doxologie: auf den Schöpfer, der das Heil durchführt bis zur Weltvollendung, Kapitel 4, 11;
   1. Neues Lied: Zubereitung der Gemeinde für den Königspriesterdienst, Kapitel 5, 9. 10;
2. Doxologie: auf das Lamm als den Heilsvermittler, Kapitel 5, 12-14;
3. Doxologie: die große Schar aus der großen Drangsal, Kapitel 7, 12;
   2. Neues Lied: Vollendung der 144 000 Versiegelten, Kapitel 14, 3;
   3. Neues Lied: Errettung von ganz Israel und der Nationen, Kapitel 15, 3. 4;
4. Doxologie: großes Halleluja, Hochzeit des Lammes, Kapitel 19, 1-7.

7. Erklärung spezieller Begriffe (Karl Layer)

Apokalypse: Das ist der eigentliche Titel des letzten Buches der Bibel. Apokalypsis und das dazugehörige Zeitwort apokalypto bezeichnen im Neuen Testament das Bekanntmachen eines bisher verborgenen Geheimnisses. Es geschieht eine Enthüllung von etwas bisher Verhülltem. Apokalypse Jesu Christi (Offb. 1, 1) meint somit die Enthüllung der *Person* Jesu Christi, wie sie gerade in diesem Buch in überragender Weise in Erscheinung tritt.

Allegorie, Allegorese: Diese Begriffe verbinden sich in diesem Buch mit dem Namen des Origenes, der in seiner Bibelauslegung hinter dem Wortlaut noch einen verborgenen Sinn entdecken und deuten wollte. Allegorisieren meint, etwas als Sinnbild oder Gleichnis darstel-

6a) Blick in den Himmel: Engel beschreiben und preisen das Gericht über Babylon (17-19, 5).
6b) Blick auf die Erde: Gericht über Babylon (17-19, 5).
7a) Blick in den Himmel: Die Hochzeit des Lammes und die Wiederkunft Jesu Christi als König und Richter (19, 6-18).
7b) Blick auf die Erde: Das Gericht des wiederkommenden Königs aller Könige über das Tier und seine gesamte Gefolgschaft (19, 19-21).
Vgl. Heinz Schumacher, »Durch Gottesgerichte zum Gottesreich«, Paulus Verlag, Heilbronn 1978.

len. Innerhalb der biblischen Linien und Grenzen hat diese Art der Auslegung durchaus ihre Berechtigung. Wenn aber spekuliert und fantasiert wird, treibt die Allegorie wunderliche Blüten.

Aorist: Mehrfach erscheint im Buch der Hinweis auf diese in der griechischen Sprache vorhandene Zeitform, die es im Deutschen nicht gibt. Sie hat gerade im Neuen Testament eine eigentümliche Bedeutung. So kann der Aorist eine in der Vergangenheit eingetretene abgeschlossene Handlung bezeichnen oder auch das momentan Eintretende. Beispiel: »Mir wurde (in einer bestimmten Stunde) ein Pfahl fürs Fleisch, ein Engel Satans, gegeben (Aorist), damit er mich immer wieder (Gegenwart) mit Fäusten schlüge, und der Herr hat mir gesagt: Meine Gnade reicht (in jedem Augenblick) (Gegenwart) für dich aus« (2. Kor. 12, 7. 8) (Aus: Sprachlicher Schlüssel zum Griechischen Neuen Testament). In diesem Beispiel wird das in der Vergangenheit Vollendete (Pfahl) in seiner Fortdauer in der Gegenwart ausgedrückt. Die Übersetzung ins Deutsche muß gerade beim Aorist mit großer Sorgfalt geschehen.

Chiliasten sind Anhänger des Chiliasmus. Das ist die Erwartung des Tausendjährigen Reiches Christi auf Erden nach seiner Wiederkunft und vor dem Weltende. Chiliade = Zahl von Tausend.

Dynamisch = durch innere Kraft wirkend, selbsttätig.

Potenz = Kraft, Fähigkeit, Mächtigkeit, das bloße Angelegtsein auf etwas hin.

Dynamische Potenz: ein Spezialbegriff Langenbergs, mit dem er die in der Heilsgeschichte zielstrebig wirkenden göttlichen Kräfte umschreibt. Es sind die Kräfte, die Jesus von den Toten auferweckten, die einen neuen Himmel und eine neue Erde schaffen und die schließlich dem ganzen All das neue Leben bringen.

Eschatologie: Mit diesen Begriff bezeichnet man die Lehre von den sogenannten letzten Dingen, die das Endschicksal des einzelnen Menschen und der Welt betreffen. In der Bibel ist damit all das gemeint, was wir unter dem Begriff »Hoffnungsgut« zusammenfassen können.

Futuristen: Von Futur = Zukunft. Langenberg bezeichnet damit die Ausleger, die das Geschehen in der Offenbarung endgeschichtlich deuten.

Genetisch = auf die Entstehung oder Entwicklung bezogen.

Königbräutigam: In der Enthüllung (Offenbarung) der Person Jesu Christi ist dies die Stufe, bei der er sich als »König aller Könige und Herr aller Herren« (Offb. 19, 16) zu erkennen gibt. Als Bräutigam feiert er das

»Hochzeitsmahl des Lammes« (Kap. 19, 9) mit denen aus Israel, die sich bereitet, d. h. ihn als Messias erkannt und anerkannt haben.

Königspriesterdienst: Dieser zunächst fremd anmutende Begriff ist eigentlich nur die in einem Wort zusammengefaßte Aussage von Offb. 5, 10: »... und hat sie unserm Gott zu Königen und Priestern gemacht, und sie werden herrschen auf Erden«. Damit werden die Zukunftsaufgaben der vollendeten Gemeinde beschrieben. Es ist die Verbindung der zwei Ämter, die Gott schon im Alten Testament auf Menschen übertragen hat: das Königsamt und das Priesteramt. Der König muß regieren, entscheiden, richten. Der Priester muß als Mittler Gott bei den Menschen und die Menschen bei Gott vertreten. Beide Ämter hat (und wird noch!) Jesus Christus übernommen. Er wird seine (Überwinder-)Gemeinde in seine königlichen und priesterlichen Zukunftsaufgaben mit hineinnehmen.

Prophetisches Totalbild: Langenberg geht von der Tatsache aus, daß die Bibel ein einheitliches Ganzes, ein lebendiger Organismus ist. Er liest die Bibel linear. Entsprechend ist seine Auslegung. So erkennt er in den Bildern der Propheten, sowohl im Alten wie auch im Neuen Testament, eine einheitliche Sprache. Er spürt die Linienführungen von Verheißung und Erfüllung auf, die sich durch die ganze Bibel hindurchziehen. So entsteht ein Gesamtbild der biblischen Prophetie ohne Widersprüche.

Überwindergemeinde: Damit wird keine Sondergemeinde neben der Gemeinde Jesu Christi bezeichnet. Die Überwindergemeinde *ist* die Gemeinde Jesu Christi (die da ist sein Leib, Eph. 1, 23), allerdings in ihrem ausgereiften Endstadium. Es wird zwischen Geretteten und Gekrönten unterschieden. Gekrönt werden nur Überwinder.

Werden: Das Hilfszeitwort »werden« ist in diesem Buch mehrfach zum Hauptwort »das Werden« erhoben. Langenberg drückt damit eine heilsgeschichtliche Entwicklung, einen Wachstums- und Reifeprozeß aus, der einen Ausgangs- und Zielpunkt hat.

II

Das Grundthema der Offenbarung: Die Gemeinde Jesu Christi als Überwindergemeinde

1. Der zukünftige Königspriesterdienst der Überwindergemeinde[1]

Fragen wir das Buch, was es selber über sich aussagt, so bekommen wir unmißverständliche Auskunft über das eigentliche Grundthema. Wir tun dabei wohl, wenn wir auf die Einrahmung achten; denn in ihr finden wir den Leitgedanken, aus welchem wir mit Sicherheit das Thema entwickeln können. Anfang und Schluß, Prolog und Epilog, sprechen es ganz deutlich aus, daß die sieben Gemeinden nicht nur die Empfänger der Botschaft sind, sondern daß das ganze, das All umfassende, in der Apokalypse geschilderte Werden die Gemeinde zum Mittelpunkt hat. Sie ist in der Hand des Christus das Zentralorgan der göttlichen Weltregierung zur Weltvollendung. Im Prolog heißt es: »der uns macht zu einem Königtum, zu Priestern seinem Gott und Vater« (Kap. 1, 6), und im Epilog wird versichert: »Ich, Jesus, sende meinen Engel, euch dieses zu bezeugen über die Gemeinden« (Kap. 22, 16). Die Übersetzung: »an die Gemeinden« ist falsch; denn die Präposition epi verbunden mit dem Dativ bedeutet im übertragenen Sinn soviel wie »gestützt auf« oder »auf Grund von«. Der Sinn ist also nicht der, daß die Gemeinden nur als Empfänger der Botschaften mit dem zukünftigen Ablauf der Weltgeschichte bekannt gemacht werden sollen, sondern daß die Gemeinden durch die Offenbarung Jesu selber zubereitet werden sollen für ihren Königspriesterdienst, und wie durch die Überwindergemeinde die göttlichen Heils- und Regierungswege zur Durchführung gelangen.

Welche Rolle die Gemeinde gerade in der Apokalypse spielt, wird uns jedoch erst ganz klar, wenn wir die große heilsgeschichtliche Linie erkennen. Mit zunehmender Offenbarung füllt sie sich immer mehr

[1] Siehe dazu I/7.

und zieht sich durch die neutestamentlichen Schriften hindurch. Auf dieser Linie liegt auch *die Lösung des heiligen Rätsels*, wie nämlich Gott seinen Heilsplan mit Israel durchführt – trotz des Versagens dieses Volkes. Das alttestamentliche Bundesvolk ist nicht für immer beiseite gesetzt worden, und die Gemeinde ist nicht als Ersatz an dessen Stelle getreten; »denn unbereubar sind die Gnadengaben und die Berufung Gottes« (Röm. 11, 29). Israels Beruf als Segensvermittler für die Völkerwelt bleibt trotz des Verstockungsgerichtes bestehen. Die Berufung der Gemeinde ist eine durchaus andersartige und gerade deshalb geeignet, dazu mitzuwirken, daß Israels Berufung zur Durchführung gelangen kann.

Das Verhältnis zwischen den beiderseitigen Berufungen ist der eigentliche Kern des heiligen Rätsels, wie es nur aus dem großen Schriftzusammenhang recht erkannt werden kann. In den Evangelien (Matth. 13, 13-15; Joh. 12, 38-41) wird dem Volk der Juden das Verstockungsgericht, welches der Prophet Jesaja (Kap. 6, 9-10) vorher verkündigt hat, angedroht. In der Apostelgeschichte wird uns nachgewiesen, wie Israel durch die Ablehnung des Geisteszeugnisses der Gemeinde gerichtsreif wird. Der Apostel Paulus mußte das Gerichtsurteil aussprechen (Apg. 28, 25-28). Dadurch wurde nun das heilige Rätsel erst recht akut. In der Apostelgeschichte erhalten wir aber noch keine Lösung. Die Reichslinie[1] läuft jedoch weiter, und zwar, wie wir aus Matthäus 13, 11 erfahren, in ein Geheimnis gehüllt.

Die Frage, was schließlich aus Israel und seiner Berufung wird, wird erst im Römerbrief Kapitel 9-11 beantwortet. Hier erfahren wir, daß Israels Vollerrettung erfolgen wird, nachdem die herausgerufene Gemeinde ihr Pläroma, ihre Vollausreifung, erlangt haben wird (Röm. 11, 25. 26). Diese Schau hatten im Verborgenen bereits die Propheten. Jesaja fragt sofort nach Empfang des Auftrags zur Verstockung des Volkes: »Herr, wie lange?« und erhält als Antwort die Zusicherung, daß

[1] Wenn H. Langenberg hier von der »Reichslinie« spricht, will er damit deutlich machen, daß die Bibel verschiedene heilsgeschichtliche Linien kennt. Das macht er in vielen Zusammenhängen deutlich. Neben der Reichs- bzw. Israellinie gibt es die Gemeindelinie, welche gerade in diesem Hauptabschnitt besonders verdeutlicht wird. Die Bibel kennt viele heilsgeschichtliche Linien, wie z. B. die Adams-, die Gerichts-, die Christus- und die apokalyptisch-eschatologische Linie. – Zu diesem Thema siehe: »Heilsgeschichtliche Linien« (S. 36-60), in: Erich Lubahn, »Heilsgeschichtliche Theologie und Verkündigung«, Christl. Verlagshaus Stuttgart, 1993, 6. Aufl. Und: Heinz Schumacher, »Das Drama der Äonen«, a.a.O.

das Gericht eine bestimmte Begrenzung haben wird und daß noch ein heiliger Same als Wurzelstock übrigbleiben soll (Kap. 6, 11-13).

Der Apostel Paulus sieht das künftige Heil Israels jedoch klarer und zitiert aus verschiedenen Prophetenstellen zusammenfassend: »Es wird aus Zion der Erretter (goel) kommen, er wird die Gottlosigkeit von Jakob abwenden; und dies ist von mir aus der Bund mit ihnen, wenn ich ihre Sünden wegnehmen werde« (Röm. 11, 26. 27). Über das Wie des gegenseitigen Verhältnisses zwischen Gemeinde und Israel und ihrer beiderseitigen Berufungen, um das Heilsziel für Israel zu erlangen, erfahren wir das Nähere erst in der Apokalypse.[1] Paulus deutet nur an, daß Israel durch die Gemeinde zur Eifersucht gereizt werden soll (vgl. Röm. 11, 14).

In der Apokalypse wird uns aber gezeigt, wie aus der großen Hure Israel das Weib, die Braut des Lammes, wird durch den Dienst der vollendeten Gemeinde. Durch den Königspriesterdienst der Gemeinde wird die Braut, das Weib des Lammes, zubereitet. Die Gemeinde ist nicht nur das Zentralorgan des Christus zur Welterneuerung und Weltvollendung, sondern speziell auch *das Werkzeug Gottes für Gericht und Heil Israels*. Dieser Dienst der Gemeinde wird kurz zusammengefaßt in Offenbarung 22, 16. 17 durch die Verpflichtung, die aus dem Titel Christi hergeleitet wird: »Ich bin die Wurzel und das Geschlecht Davids, der glänzende Morgenstern. Und der Geist und die Braut sagen: komm! Und wer es hört, der sage: komm! Und wen da dürstet, der komme. Und wer da will, der nehme Wasser des Lebens umsonst.« Dieses Wort, an die Gemeinden gerichtet, ist nur im engen Zusammenhang mit dem vorhergehenden zu verstehen, in welchem es heißt: »Ich, Jesus, sende meinen Boten, euch dieses zu bezeugen über die Gemeinden« (V. 16). Die Verpflichtung ist der Königspriesterdienst der Gemeinde an Israel, der Braut des Lammes, damit die Hoffnung Israels erfüllt werde und Christus, die Wurzel und das Geschlecht Davids, ihnen als glänzender Morgenstern aufgehe. Deshalb ergeht der vereinte Ruf vom Geist und der Braut an die Gemeinde zum Dienst: »Komm! Und wer es hört, der sage: komm!« Die hörende Gemeinde soll also die vom Geist und der Braut ausgehende Einladung, zum Wasser des Lebens zu kommen, weitergeben helfen. Es kann sich dabei nur um den speziellen Königspriesterdienst der Gemeinde an Israel handeln, der unmittelbar in Verbin-

[1] Vgl. hierzu: Karl Layer, »Israel – Ein Lehrbuch für Christen«, a.a.O.

dung steht mit dem Geist der Weissagung und der Vollendung der Braut. Wer ein Ohr hat, der höre, was der Geist den Gemeinden sagt. Der Geist spricht in der Apokalypse unmittelbar zu uns, den Gliedern der Leibesgemeinde. Wir müssen nur seine prophetische Bildsprache verstehen lernen.

Es ist ein *Vorurteil*, wenn man meint, daß die Apokalypse uns über den Beruf der Gemeinde nichts zu sagen habe. Auffallend ist es allerdings, daß der Ausdruck »Gemeinde« nur in den ersten drei Kapiteln und ganz am Schluß des Buches (Kap. 22, 16) vorkommt. Aus diesem Tatbestand hat man voreilig den Schluß gezogen, daß zwar die sieben Sendschreiben uns über die Gemeinden belehren sollen und daß schließlich das ganze Buch der Offenbarung der Gemeinde Aufschluß geben soll über den Ablauf der letzten Dinge, daß aber von Kapitel 4 an die Gemeinde selbst und ihre Berufung nicht Gegenstand der Darstellung sein kann.

Daß *der Ausdruck »Gemeinde«* (ekkläsia = Herausgerufene) in dem großen Hauptteil des Buches nicht vorkommt, muß seinen besonderen Grund darin haben, daß derselbe nur gebraucht wird von der Gemeinde während der Zeit ihrer Herausrufung auf Erden. Auch in Hebräer 12, 13 ist die irdische Gemeinde gemeint, die Gemeinde der Erstgeborenen, die in den Himmeln angeschrieben sind, also eine himmlische Berufung haben. Sie sind im Unterschied von den aus den Menschen (Israel) für Gott und das Lamm erkauften Erstlingen (Offb. 14, 4) Erstlinge seiner Geschöpfe (Jak. 1, 18).

Im Himmel selbst, in der Vollendung hat der Name »Herausgerufene« (ekkläsia) keinen Sinn mehr. Daher gebraucht die Apokalypse für den künftigen Königreichsdienst der Gemeinde ein anderes Bild, nämlich *Tempel Gottes* in seiner neuen Bedeutung.

Auf diesen Tempel weist auch Paulus hin in 1. Korinther 3, 16: »Wisset ihr nicht, daß ihr Gottes Tempel seid und der Geist Gottes in euch wohnt?« und in 2. Korinther 6, 16: »Denn ihr seid der Tempel des lebendigen Gottes.« Wir dürfen daher mit Sicherheit schließen, daß überall, wo in der Apokalypse vom Tempel Gottes und seinen Geräten die Rede ist, die vollendete Gemeinde gemeint ist. In diesen zwei Korintherstellen und allen in der Apokalypse wird für Tempel das Wort naos gebraucht, womit die eigentliche Wohnung Gottes gemeint ist im Unterschied von hieron, dem ganzen Komplex der heiligen Gebäude. Als Jesus aus dem Tempel (hieron) hinausging (Matth. 24, 1), verlor diese alttestamentliche Offenbarungsstätte ihre Bedeutung. Jesus nennt das Ganze »euer Haus« (oikos): »Siehe, euer Haus wird euch öde gelassen« (Matth. 23, 38). Der wirkliche Tempel, das Haus (naos) Gottes ist jetzt und in Zukunft die Gemeinde. Auf sie ist nach der Verwerfung des Tempels in Jerusalem der Tempeldienst und das Tempelzeugnis übergegangen. Paulus motiviert das mit folgenden Worten: »Wie Gott gesagt hat: ich will unter ihnen wohnen und wandeln, und ich werde ihr Gott sein, und sie werden mein Volk sein« (2. Kor. 6, 16; vgl. 3. Mose 26, 12; Hes. 37, 27). Damit raubt er keineswegs dem alten Bundesvolk Israel diese spezielle Verheißung, sondern erweitert sie. Wenn er dem Zitat von sich aus frei hinzufügt: »und wandeln«, so weist er damit in feiner Weise auf einen Offenbarungsfortschritt hin, daß nämlich im Tempel Gottes wachstümliche Bewegung herrscht. Epheser 2, 21: »in welchem (Eckstein Jesus Christus) das ganze Gebäude (oikodomä), zusammen verbunden, wächst zu einem heiligen Tempel (naos) in dem Herrn«. So wird auch der Königspriesterdienst der Gemeinde in der Apokalypse als heiliger Tempeldienst dargestellt. Der Ausdruck »Tempel« kommt in folgenden Stellen vor: Kapitel 3, 12; 7, 15; 11, 1. 2. 19; 14, 15-17; 15, 5. 6. 8; 16, 1. 17; 21, 22.

2. Die heilsgeschichtlich wachsende Berufung der Gemeinde

Die rechte Erkenntnis der Berufung oder des Berufs ist entscheidend für das Leben. Ist dies schon wichtig für den irdischen Beruf des Menschen, wieviel mehr für den höheren, eigentlichen Beruf der Glieder der Leibesgemeinde. Von der inneren Einstellung zu diesem Beruf hängt außerordentlich viel ab. In der Berufung der Gemeinde können wir nun eine gewisse *heilsgeschichtliche Entwicklung* wahrnehmen.[1] Die verschiedenen Stufen sind erzieherisch-wachstümlich, d. h. die höhere wächst aus der vorhergehenden durch Geistesleitung und göttliche Erziehung heraus. Für die höhere Stufe wird immer das Ergebnis der vorhergehenden zu Grunde gelegt, so daß eine aufbauende Schulung bis zu einem bestimmten Reifeziel stattfindet.

In Verbindung mit der ersten Stufe wird das Wort Gemeinde außer in Matthäus 16, 18 und Kapitel 18, 17 noch nicht gebraucht, sondern

1 Vgl. hierzu: Erich Lubahn, »Heilsgeschichtliche Theologie ...«, a.a.O. S. 55 ff.

der Name *Jünger*. Jünger (mathätäs) heißt Schüler, Lernender, Werdender. Die werdende *Jüngergemeinde* in den Evangelien wird aus allen Bindungen in die Nachfolge Jesu herausgerufen.

Der *erste Ruf* heißt: »Folge mir nach!« oder genauer übersetzt: »Vorwärts, hinter mir!« (deute, opiso mu, Matth. 4, 19; Mark. 1, 17). Es ist ein kategorischer Imperativ (= unbedingtes Befehlswort) für die Jüngerschulung in der Nachfolge Jesu bis zum Kreuz und zur Auferstehung Jesu. Zu beachten ist, wie diese erste Berufung in den vier Evangelien unterschiedlich dargestellt wird. Matthäus 4, 18-22 und Markus 1, 16-20 werden zwei Brüderpaare berufen, direkt in Verbindung mit ihrem irdischen Fischerberuf. Petrus und Andreas warfen gerade ihre Netze ins Meer, und Jakobus und Johannes halfen ihrem Vater die Netze flicken. Sie wurden zu Menschenfischern berufen. Wenn es nun heißt: »Sie verließen die Netze, das Schiff und ihren Vater und folgten Jesu nach«, so soll das nicht bedeuten, daß sie alles aufgaben oder im Stich ließen, sondern daß sie von nun an Losgelöste von allen irdischen Bindungen waren. Statt »verlassen« sagen wir daher besser »loslassen« (aphiämi). Der neue Beruf bestand in Loslassen (vgl. Matth. 19, 29), Dienen und Wandeln unter der Führerschaft Jesu.

Die Darstellung der ersten Berufung in Johannes 1, 35-51 zeigt uns eine andere Seite. Hier wird die Berufung von fünf Jüngern beschrieben: Johannes, Andreas, Simon, Philippus, Nathanael. Es soll nicht die große Lektion des Loslassens anschaulich gemacht werden, die aber vorausgesetzt wird, sondern es wird das Erkennen besonders betont. Daher hören wir hier vom Kommen, Sehen und Bleiben. Auf diesem Boden finden wir die Werbekraft des persönlichen Zeugnisses und die Vollmacht des erkannten Berufs (Simon soll Kephas heißen, V. 42; vgl. Matth. 16, 18).

In Lukas 5, 1-11 haben wir wieder eine andere Darstellung. Hier wird eine Erziehung betont, die immer tiefer in den eigenen Zerbruch hineinführt. Nachfolge Jesu bedeutet, den Zerbruchsweg gehen (»gehe von mir hinaus; denn ich bin ein sündiger Mann, Herr«, V. 8). Mit dem zunehmenden Zerbruch ist ein völliges Loslassen verbunden (»sie ließen alles los und folgten ihm nach«, V. 11). Dieser ganze Weg steht unter der Parole: »Wenn jemand mir nachfolgen will, der verleugne sich selbst (der sage Nein zu seinem Ich) und nehme sein Kreuz auf und folge mir (der werde ein mit mir zur Hinrichtung Schreitender)« (Matth. 16, 24; Mark. 8, 34; 10, 21; Luk. 9, 23).

Der *zweite Ruf*, die eigentliche charakteristische Berufung der Gemeinde, ist *der Ruf nach oben* in die Leibesgemeinschaft mit dem erhöhten Christus, die anokläsis. Philipper 3, 13. 14: »Brüder, ich halte mich selbst nicht dafür, es ergriffen zu haben; eins aber, das dahinten vergessend und mich ausstreckend nach dem, was vorne ist, jage ich zielgemäß hin zu dem Kampfpreis (Siegespreis, brabeion) der Berufung Gottes nach oben in Christo Jesu.« Epheser 4, 1: »Ich ermahne euch nun, ich, der Gebundene im Herrn, daß ihr würdig wandelt der Berufung, mit der ihr berufen worden seid.« Hebräer 3, 1: »Deswegen, heilige Brüder, Mitteilhaber der himmlischen Berufung (kläsis epuranios), betrachtet den Apostel und Hohenpriester unseres Bekenntnisses, Jesum, der treu ist dem, der ihn macht.«

Die Berufung in die Leibesgemeinschaft mit dem erhöhten Christus beginnt mit Pfingsten. Seitdem haben wir das himmlische Christuswirken des Herrn von oben, vom Thron aus, und *die wachsende Leibesgemeinde auf Erden* als Ergebnis: die Gemeinde in den Himmlischen (epurania, vgl. Eph. 1, 3; 2, 6), d. h. in der Welt der göttlichen Wirklichkeit, im Gegensatz zu der erscheinenden Gegenstandswelt. Diese Berufung erreicht ihr Ziel im beständigen Wachsen, »bis daß wir alle hingelangen zur Einheit des Glaubens und der Erkenntnis des Sohnes Gottes, zum vollkommenen Mann, zum Maß des Vollwuchses der Fülle (pläroma) des Christus« (Eph. 4, 13). Der Kampfpreis für jedes einzelne Glied der Leibesgemeinde ist die Erreichung des Berufsziels, die Reife, das Pläroma des Christus.

Handelte es sich bei dem Ruf in die Nachfolge Jesu um das Loslassen und Hingeben, so hier um das Vergessen dessen, was dahinten ist, und Sichausstrecken nach dem, was vorne (oder oben) ist. Das ganze Glaubensleben ist ein beständiges Gerufen- und Ergriffenwerden von Christus, um zu ergreifen (vgl. Phil. 3, 12).

Verbunden mit dem ersten und zweiten Ruf, aber doch klar von beiden zu unterscheiden, ist der *dritte Ruf*, nämlich d*ie Berufung zum Dienst im Königreich des Christus*. Paulus schreibt in 1. Thessalonicher 2, 12: »damit ihr wandelt würdig des Gottes, der euch beruft hinein in sein Königreich und seine Herrlichkeit«. Die Gemeinde ist berufen, mit dem Christus königlich zu herrschen (2. Tim. 2, 12), mit ihm zu richten (1. Kor. 6, 2. 3) und Mitteilhaber seiner Freude zu sein (Matth. 25, 21. 23). Das Ziel des Weges ist nicht, daß wir einfach nur in den Himmel kommen, sondern Dienst. In der rechten Erkenntnis dieses Berufs liegt Trost und Ansporn.[1]

Dienst ist nicht äußerlich handwerksmäßiges Tun im Missionsbetrieb, sondern treues Verwalten des uns von Gott Anvertrauten (1. Tim. 6, 20: »O Timotheus, bewahre das Anvertraute«; 2. Tim. 1, 14: »Das köstliche Anvertraute bewahre durch heiligen Geist, der uns innewohnt«; 2. Tim. 1, 12: »Ich bin überzeugt, daß er mächtig ist, das mir Anvertraute zu bewahren bis auf jenen Tag«). Das Anvertraute (parathäkä = das Depositum, Hinterlegtes) ist das Eigentum des Herrn, das die Leibesglieder als verantwortliche Haushalter (oikonomoi) zu verwalten haben (vgl. 1. Kor. 4, 1; Titus 1, 7; 1. Petr. 4, 10).

Für die Gemeinde gibt es einen *gegenwärtigen* und einen *noch zukünftigen Dienst*. Der zukünftige Dienst ist der im kommenden Königreich des Christus. Für diesen werden wir jetzt im irdischen Leibesleben erzogen. Deshalb sollen wir unsere Leiber darstellen, bereitstellen zu einem lebendigen, heiligen, Gott wohlgefälligen Opfer als unsern wortgemäßen Gottesdienst (Röm. 12, 1). Die klare Einstellung auf den künftigen, vollen Dienst gibt dem gegenwärtigen, unvollkommenen Dienst die rechte Sinndeutung und Zielsicherheit. Ohne die Erkenntnis dieses Zieles der Zubereitung für den künftigen vollkommenen Dienst muß jeder Dienst in der Gegenwart, trotz größter Treue, unbefriedigend bleiben. Die Apokalypse zeigt uns die Erfüllung des dritten Rufes.

Dem dreifachen Ruf entspricht eine *dreifache Heilserfahrung*. In Offenbarung 1, 5. 6 lesen wir: »der uns liebt und uns löst (diese Lesung ist besser als: der uns wäscht) aus unseren Sünden mit seinem Blut und uns zu einem Königtum und zu Priestern macht seinem Gott und Vater«. Je mehr wir den Ruf des Herrn erkennen und uns rufen lassen, desto tiefer dürfen wir in die ganze Fülle seiner Liebe eindringen, desto völliger dürfen wir die Lösung aus den sündlichen Gebundenheiten erfahren und desto mehr wird uns das herrliche Ziel des künftigen Königspriesterdienstes offenbar.

Entsprechend der dreifachen Berufung ist auch *der dreifache Berufsname der Gläubigen*.

Dem ersten Ruf in die Nachfolge Jesu entspricht der *Name Jünger* (mathätäs, d. h. Lernender, Schüler, Werdender). Diesen Namen

[1] Vgl. hierzu Teil IV, 2: »Was geschieht nach unserem Sterben?« und 4: »Auferstehung und Entrückung«.

finden wir fast durchweg in den vier Evangelien und in der Übergangszeit in der Apostelgeschichte.

In letzterer rückt *der Brudername* mehr in den Vordergrund, der bezeichnend ist für die zweite Stufe in der Schule Jesu, der die Jünger nach seiner Auferstehung zum ersten Male seine Brüder nennt (vgl. Matth. 28, 10; Joh. 20, 17). So sind auch die Glieder der Leibesgemeinde, der neuen Gottesfamilie (vgl. Matth. 12, 48. 49) untereinander Brüder (vgl. Matth. 23, 8). Der Brudername herrscht allgemein in den apostolischen Briefen vor. In der Apokalypse kommt er nur fünfmal vor (Kap. 1, 9; 6, 11; 12, 10; 19, 10; 22, 9).

Dafür führt sie aber für den dritten Ruf den Begriff des Königspriestertums ein. Dieser Begriff ist nur der Apokalypse eigen, weil Königtum und Priestertum in der uns in der Apokalypse geschenkten Schau verbunden sind. Die Berufung Israels und die Berufung der Gemeinde werden im Beruf des Königspriesterdienstes deckungsgleich. Diese Verbindung wird zum ersten Mal in Christus anschaulich, der die zwei Kronen, die des Königs und Hohenpriesters, nach dem Vorbild Josuas, des Sohnes Jozadeks (vgl. Sach. 6, 11), auf seinem Haupt vereint. So sind auch die Glieder der vollendeten Gemeinde beides, *sowohl Könige als auch Priester*.

Hätten wir die Apokalypse nicht, so würde uns das letzte Glied in der wachsenden heilsgeschichtlichen Berufung der Gemeinde fehlen. Wir wüßten nicht, welche Aufgabe der vollendeten Gemeinde bei der künftigen Wiederherstellung Israels zufällt. Es ist deshalb von hohem Wert, wenn wir die Antwort auf unsere Frage nach Lösung des heiligen Rätsels von dem letzten Buch der Bibel selber erhalten.

3. Der Sternendienst der Engel (Boten) der Gemeinde

Noch ist die gegenwärtige Gemeinde nicht vollendet. Erst in Offenbarung 11, 1 hören wir von der Messung des Tempels Gottes und des Altars und der darin Anbetenden, wodurch festgestellt werden soll, daß das Vollmaß erreicht ist.

Aber schon jetzt hat die Gemeinde den Sternen- und Leuchterdienst. Die sieben Gemeinden erscheinen unter dem Bild von sieben goldenen Leuchtern (Kap. 1, 20), und die von Gott unmittelbar berufenen Lehrer der Gemeinden werden Engel oder Boten genannt und erscheinen unter dem Bild von sieben Sternen »in« (Kap. 1, 16) oder »auf« (Kap. 1, 20) der rechten Hand des Menschensohnes.

Die Bilder stammen aus der Symbolik des mosaischen Kultus und der prophetischen Symbolsprache. In Haggai 1, 13 wird der Prophet Haggai Engel oder Bote Jahwes genannt. Er hat diesen Dienstnamen »vermittelst Botschaft Jahwes«, und in Maleachi 2, 7 lesen wir: »Die Lippen des Priesters sollen Erkenntnis bewahren, und Lehre (thora) sucht man aus seinem Munde; denn er ist ein Bote Jahwes der Heerscharen«, und in Maleachi 3, 1 heißt es: »Siehe, ich sende meinen Boten, daß er den Weg bahne vor mir her.« In der letzteren Stelle ist Johannes der Täufer gemeint. Dieser Name »Bote Jahwes« wurde also in den Reden der letzten Schriftpropheten den Sonderboten Jahwes beigelegt.

Waren die Propheten an sich schon *Sonderboten Gottes*, die außerhalb der Ordnung des theokratischen Lehrstandes auftraten, so wird diese Abweichung von der Tradition noch mehr betont, wenn das ganze Mittleramt der Belehrung solchen Sondergesandten und Sonderbevollmächtigten des Christus übertragen wird. So sind auch die von Gott berufenen Führer der Gemeinden Sondergesandte und Sonderbevollmächtigte des Christus. Solche Boten sind in der Regel nicht identisch mit den nach menschlich kirchlicher Ordnung (rite vocati) erwählten Beamten, sondern wie ein Johannes der Täufer unmittelbar von Gott legitimierte Boten.

Für den Ausdruck »Engel« sagen wir lieber »Boten«, um nicht die Ansicht zu stützen, als seien hier keine Menschen, sondern Geistwesen gemeint.

Diese Lehrer der Gemeinden werden »Sterne« genannt, um ihren Sonderdienst zu symbolisieren, der in der Nachtzeit der Welt durchgeführt wird, wie der Dienst der Propheten überhaupt. Daniel 12, 3: »Und die Verständigen werden leuchten wie der Glanz der Himmelsfeste, und die, welche die Vielen zur Gerechtigkeit weisen, wie die Sterne immer und ewiglich.« In der Vollendung werden die Gerechten leuchten wie die »Sonne« in dem Reich ihres Vaters (Matth. 13, 43), aber für die Nachtzeit der Menschheit wird das Bild der Sterne gewählt. Die ganze Zeit der Zubereitung der Gemeinde zum Königspriesterdienst ist Nachtzeit.

Doch das Bild der Sterne reicht weit über diese nächstliegende Symbolik hinaus. Hinter den Symbolen stehen Wirklichkeiten. Die Sternenengel sind nämlich berufen, Träger der erneuerten Sternenwelt zu sein und tun jetzt schon ihren damit zusammenhängenden Dienst. Zudem wird die Gemeinde als solche zubereitet für den neuen Kosmos, für den Dienst im Königreich des Christus in dem neuen Himmel und auf der neuen Erde.

Auf das *Allumfassende dieses Dienstes* weist auch der Umstand hin, daß sie in oder auf der rechten Hand des Menschensohnes sind. Jesus Christus als des Menschen Sohn ist der Welterneuerer und der Weltvollender. Der Titel Christi als des Menschen Sohn kommt 84mal im Neuen Testament vor und ist immer verbunden mit Vollmacht, Herrschaft und Gericht. Jesus Christus verwirklicht als des Menschen Sohn den ursprünglichen Königsberuf Adams. Er ist nach 1. Korinther 15, 45. 47 der letzte Adam als lebendigmachender Geist und der zweite Mensch aus dem Himmel.

Seine rechte Hand ist die Herrscher- oder Regierungshand. In oder auf der rechten Hand sein bedeutet also, das Zentralorgan seiner Weltherrschaft sein. Das Sein »in« seiner rechten Hand deutet Geborgenheit und innigste Verbundenheit an, und das Sein »auf« seiner rechten Hand weist darauf hin, daß die Sterne diese Regierungshand in Bewegung setzen. Diese Vorstellung ist so kühn und gewaltig, daß wir es kaum auszusprechen wagen.

Auf das Allumfassende des künftigen Dienstes weist der Apostel Paulus ebenfalls hin. In Römer 8, 28 sagt er: »Denen, die Gott lieben, die nach Vorsatz als Berufene (d. h. zum Königspriesterdienst Berufene) ihr Wesen haben, muß alles (oder das All) zum Guten mitwirken.« Das bedeutet also, daß Gott ihnen das All dienstbar zur Verfügung stellt, damit sie das Ziel, das Gute erreichen. Der Vorsatz Gottes bezieht sich auf den besonderen Beruf der Gemeinde. Nach diesem Vorsatz sind die Glieder der Leibesgemeinde bestimmt, etwas zu sein zum Preise seiner Herrlichkeit, die da eine Vorhoffnung haben in dem Christus (Eph. 1, 12).

Diese Vorhoffnung der Gemeinde unterscheidet sich von der später zu erfüllenden Hoffnung Israels. Zum Zwecke der Erfüllung der Vorhoffnung der Gemeinde macht Gott das All energisch wirksam nach dem Ratschluß seines Willens (vgl. Eph. 1, 11). In Römer 8, 19 schreibt Paulus, daß das sehnsüchtige Harren (apokaradokia) der Schöpfung wartet auf die Offenbarung der Söhne Gottes; »denn auch die Schöpfung selbst wird freigemacht werden von der Sklaverei der Verderblichkeit (oder: Vergänglichkeit) zu der Freiheit der Kinder Gottes« (Röm. 8, 21).

Auch Paulus betont also die Zentralstellung der Gemeinde im göttlichen Äonenplan, den er in Christo Jesu, unserm Herrn, macht (vgl.

Eph. 3, 11). Die Apokalypse enthüllt uns in ihrer prophetischen Symbolsprache dieses Gemeindeziel noch anschaulicher und zeigt uns zugleich, daß nur Sieger oder Überwinder das Berufungsziel, die Krone, erlangen. Wohl werden zunächst die Sterne oder Engel der Gemeinden angeredet, aber schließlich wird die Verheißung auf alle Überwinder ausgedehnt.[1]

4. Der Leuchterdienst der Gemeinde

Wie außerordentlich der Leuchterdienst der Gemeinde in der Endzeit ist, wird schon dadurch betont, daß in der Apokalypse der Abschnitt von den sieben Sendschreiben die ganze Apokalypse beherrscht. Erst nachdem siebenmal die aufrüttelnde Mahnung: »wer ein Ohr hat, der höre, was der Geist den Gemeinden sagt«, erklungen ist, heißt es: »nach diesem sah ich« (Kap. 4, 1). Das »nach diesem« (meta tauta) ist durchaus nicht bloß zeitlich zu verstehen, sondern mit Nachdruck auch als rein kausal (= ursächlich). Bei der Eigenart der Struktur der Apokalypse wird nicht die chronologische Reihenfolge, sondern das Ineinandergreifen der verschiedenen Teile betont, wie eins das andere bedingt oder voraussetzt. Voraussetzung für die Durchführung der Heils- und Regierungswege Gottes für Israel und das Weltall ist demnach die Durchrichtung und Erziehung der Gemeinde in ihrem Leuchterdienst. Sie soll für ihren künftigen Königspriesterdienst zubereitet werden.

Die gegenwärtige Erziehung der Gemeinde wird nach der Apokalypse klar als ein wesentlicher Teil ihres Gottesdienstes dargestellt, und zwar als *Leuchter- oder Zeugnisdienst*.

Israels Zeugnisdienst ist, ein Licht der Nationen zu sein. Jesaja 49, 6: »Ich werde dich auch zum Licht der Nationen setzen, um mein Heil zu sein bis an das Ende der Erde« (vgl. Apg. 13, 47; Röm. 2, 19). Im mosaischen Kultus wird dieser Dienst symbolisiert durch den siebenarmigen Leuchter in der Stiftshütte. Israel hat diese Aufgabe nicht erfüllt, sondern sich zunächst dafür als unfähig erwiesen. Sie wird aber noch erfüllt werden, wenn das prophetische Wort auf israelitischem Boden wieder lebendig geworden sein wird. Das wiederbe-

[1] Vgl. hierzu Teil IV, 4: »Nur Überwinder leben zielgerichtet«.

lebte prophetische Zeugnis Israels wird unter dem Bild von zwei Leuchtern dargestellt (Kap. 11, 4; vgl. Sach. 4, 3).

Demgegenüber steht der prophetische Zeugnisdienst der Gemeinde unter dem Symbol von sieben goldenen Leuchtern. Die sieben Lampen des einen Leuchters in der Stiftshütte wurden zusammengehalten durch den einen Leuchterstock. Die sieben Leuchter in der Apokalypse unterscheiden sich wesentlich von diesem Bild, indem sie ihren lebendigen Zusammenhang durch den unter ihnen wandelnden Christus haben. Nicht ein starres Gesetz ist das Verbindende im Zeugnisdienst, sondern der lebendige, verherrlichte Christus. Durch die Siebenheit soll die Vollkommenheit des Gemeindezeugnisses ausgedrückt werden. Diese Vollkommenheit besteht in der Mannigfaltigkeit, die durch den Herrn zu einer Einheit zusammengefaßt wird.

Dieses Zeugnis ist kein ein für allemal fertiges, sondern ein werdendes, wachsendes, *nach dem Maße der zunehmenden Offenbarung Jesu Christi in seiner Herrlichkeit*. Je mehr die Gemeinde in sein Bild hinein verklärt wird, desto vollkommener wird ihr Leuchterdienst. Zug um Zug wird das Bild des verklärten Menschensohnes durch Anschauen seiner Herrlichkeit der Gemeinde selber aufgeprägt. 2. Korinther 3, 18: »Wir alle aber, mit aufgedecktem Angesicht als wie in einem Spiegel die Herrlichkeit des Herrn anschauend, werden verwandelt in dasselbe Bild von Herrlichkeit zu Herrlichkeit, gleichwie von dem Herrn, dem Geist.«

Jedes einzelne Sendschreiben beginnt deshalb mit einem Teilstück des von Johannes geschauten *Totalbildes vom Menschensohn in seiner Richterherrlichkeit* (Kap. 1, 13-16). Gerade diejenige Seite wird jedesmal betont, die der betreffenden Gemeinde besonders enthüllt werden soll. Und durch die Enthüllung findet ein Durchrichten statt, so daß die Überwinderlinie von der Verfallslinie innerhalb der Gemeinde abgesondert wird. Daß Jesus Christus in diesem Richteramt als des Menschen Sohn bezeichnet wird, hat seine tiefere Bedeutung in der Tatsache, daß er hier als der Wiederhersteller und Erfüller des ursprünglichen Herrscherberufs Adams wirkt. Darauf weist auch *die Siebenzahl* hin; denn sie symbolisiert die geschöpfliche Vollendung. In ihr soll die ganze Schöpfung unter Führung des Königs Mensch in die Sabbatruhe der Vollendung eingehen. Warum sind es gerade sieben Gemeinden, denen die Apokalypse zugeeignet wird und damit der Ruf zum Königspriesterdienst? Sicherlich doch, weil in diesem Dienst die Missionsaufgabe der Gemeinde ihre Vollendung findet.

Das Mittel zur Durchführung dieser Mission ist *die Leucht- und Lebenskraft des Lichtes*, die vom Leuchter ausstrahlt. Die Symbolik des Lichtes beruht darauf, daß das Wesen des Lichtes nicht reine Stofflichkeit ist, sondern aufs innigste mit dem Wesen des Lebens verbunden ist. »Das Licht war das Leben der Menschen« (Joh. 1, 4). Jesus Christus ist das Licht der Welt (Joh. 8, 12; 9, 5; 12, 46). Wer Christum hat, hat das Licht und wird zu einem Sohn des Lichtes (1. Thess. 5, 5). Jesus sagt zu seinen Jüngern: »Ihr seid das Licht der Welt« (Matth. 5, 14). Damit kennzeichnet er ihren Weltberuf. Was eigentlich Israels Beruf sein sollte, ein Licht derer zu sein, die in Finsternis sind (Röm. 2, 19), aber durch Israels Untreue nicht erfüllt wurde, das wird erfüllt durch die Gemeinde (Eph. 5, 8 f; Phil. 2, 15).

Das Licht Israels wird zunächst zu einem Feuer und sein Heiliger zur Flamme, die seine Dornen und seine Disteln in Brand setzen und verzehren wird an einem Tage (Jes. 10, 17), bis dann das wiederhergestellte Israel schließlich doch noch seinen Weltberuf auf der neuen Erde als neues Jerusalem erfüllt. Dann werden die Nationen wandeln durch ihr Licht (Kap. 21, 24); denn die Herrlichkeit Gottes erleuchtet die Stadt (Kap. 21, 23).

Der Beruf Israels wird jedoch nie an die Stelle des Berufs der Gemeinde treten, die *in Leibeseinheit mit dem Christus das wesenhafte Licht der Welt* ist, während das wiederhergestellte Israel als neues Jerusalem von diesem Lichte nur angestrahlt wird. Sein Widerschein leuchtet wie kristallheller Jaspis. Das Verklärtwerden der Gemeinde in das Bild des Christus von Herrlichkeit zu Herrlichkeit ist identisch mit dem Zunehmen an Leucht- und Lebenskraft.

Wohl ist das Bild des Leuchters für den gegenwärtigen Dienst der Gemeinde, es weist aber gleichzeitig auf die Vollendung dieses Dienstes im zukünftigen Königreich des Christus darüber hinaus. Das geht aus den Verheißungen für die Überwinder hervor, die dann erst ihre Erfüllung finden. Dabei ist zu beachten, daß alle diese Verheißungen den kommenden Dienst betreffen. Nur unter diesem Gesichtspunkt wird *uns der tiefere Sinn und Zweck der Sendschreiben* klar. Es soll uns in diesen sieben Gemeindetypen nicht etwa eine Vorausdarstellung des Verlaufs der Kirchengeschichte in sieben Perioden gegeben werden, auch sind diese sieben Gemeinden nicht als erst zukünftig im Königreich des Christus existierende Reichsgemeinden anzusehen, sondern diese sieben Gemeinden waren tatsächlich zur Zeit des Johannes da. Sie bilden in ihrem unterschiedlichen Charakter die sieben Grundtypen der Gemeinde Jesu Christi ab. Wie nun die Gemeinde für den künftigen Königspriesterdienst erzogen wird, das lernen wir aus den sieben Sendschreiben.

5. *Die Enthüllung Jesu Christi als Erziehungsweg der Gemeinde*

Die Apokalypse ist kein Orakelbuch, das uns Auskunft gibt über das persönliche Schicksal oder über den künftigen Verlauf der Weltgeschichte, wiewohl dies alles mit berührt wird, insofern es im künftigen Dienst der Gemeinde eine Rolle spielt. In der Apokalypse handelt es sich vielmehr um *die Offenbarung Jesu Christi, die Gott ihm gibt*. Jesus Christus wird geoffenbart, und zwar nach drei Seiten:

in seiner Richterherrlichkeit,
als Löwe und Lamm,
als Königbräutigam.

Die drei neuen Offenbarungsstufen stehen in Verbindung mit drei Geheimnissen:

dem Geheimnis der sieben Sterne,
dem Geheimnis Gottes,
dem Geheimnis des Weibes, Babylon, der großen Hure.

Diese drei Offenbarungen Jesu Christi *sind entscheidend für den Königspriesterdienst der Gemeinde*. Daß die Erziehung der Gemeinde für ihre große Aufgabe durch die Enthüllung Jesu Christi erfolgen soll, ist echt paulinisch. Seinen eigenen Apostelberuf führt Paulus auf solche Enthüllung zurück. In Galater 1, 15 f schreibt er: »Als es aber dem Gott, der mich von meiner Mutter Leibe an abgesondert und durch seine Gnade berufen hat, wohlgefiel, seinen Sohn in mir zu enthüllen, auf daß ich ihn unter den Nationen als Evangelium verkündige.« Von dem Geheimnis des Christus schreibt er Epheser 3, 5, daß es in anderen Generationen den Menschensöhnen nicht bekannt gemacht ist, wie es nun enthüllt worden ist seinen heiligen Aposteln und Propheten vermittelst Geist. Die Apokalypse zeigt uns nun den gewaltigen Fortschritt zur Enderfüllung hin, da es sich um die Zubereitung der Gemeinde für ihren entscheidenden Dienst handelt.

Weil die Gemeinde das Zentralorgan des Christus für seine Königsherrschaft bis zur Weltvollendung ist, ist es begreiflich, daß ihre Erziehung für diese große Aufgabe vornehmlich in der Apokalypse steht, und zwar unter dem Bild *des Christus in seiner Richterherrlichkeit*:

der da hält die sieben Sterne in seiner Rechten,
der da wandelt inmitten der sieben goldenen Leuchter (Kap. 1, 12-16).

Die himmlische Natur des Christus ist derartig, daß wir sie in unserer gewöhnlichen Sprache nicht beschreiben können. Paulus hat auch nie versucht, das Bild des verklärten Christus, wie er es unmittelbar geschaut hat (vor Damaskus und im Tempel, Apg. 9, 3 ff; 22, 17), nachzuzeichnen. Johannes kann es auch nur in der heiligen prophetischen Symbolsprache beschreiben. Das Bild oder Symbol ist tiefer als das bildlose Wort, weil ursprünglicher. Es kann uns die göttliche Wirklichkeit in einer für uns faßbaren Form nahebringen. Dabei ist die Darstellung so, daß sie nicht malerisch oder plastisch nachzubilden ist, weil sie nicht materialisiert werden kann, sondern in ihrer prophetischen Symbolik begriffen werden muß. Jeder Zug ist dabei hoch bedeutsam.

Es sind im ganzen acht einzelne Züge. Die Zahl acht symbolisiert das überströmende Vollmaß. Acht ist die Zusammenfassung, das Ergebnis einer Siebenerreihe. Das fußfreie, lange Gewand (podäräs) kennzeichnet die Hohepriesterwürde und der Goldgürtel die Königswürde. Daß letzterer um die Brust gegürtet ist statt um die Hüften, soll wohl anzeigen, daß es sich bei der Wirksamkeit des Christus in seiner Richterherrlichkeit um die Wahrung der Heiligkeit Gottes handelt. Die Brust ist der Sitz des Gefühls- und Innenlebens, und Gold symbolisiert Heiligkeit. So soll der Goldgürtel um die Brust ein Bild sein von der Bewahrung des innigsten Gefühls für die Heiligkeit Gottes. Das ist die königliche Gesinnung des Hohenpriesters Christus. Die Verbindung beider Würden in der Person des Christus, der Hohenpriester- und Königswürde, deutet an, daß wir es hier mit der *Erfüllung der messianischen Reichshoffnung* zu tun haben, und zwar, wie diese *durch Vermittlung der Gemeinde* erreicht wird; denn in seiner Hohenpriester- und Königswürde wandelt der Christus inmitten der sieben goldenen Leuchter. Das weiße Haupt und Haar weist hin auf die absolute Reinheit und Lichtnatur seiner Herrschaft und Führerschaft.

Diese drei ersten Züge schildern die *dreifache Würde des Christus* als
Hoherpriester,
König und
Führer.

Die vier weiteren Züge beschreiben das *richterliche Wirken des Christus*:
die Augen,
die Füße,

die Stimme und
das Schwert.

Von den *Augen* heißt es: »wie eine Flamme des Feuers«. Damit ist sein alles durchdringender Geistesblick, seine Richterfähigkeit gemeint, womit er alles durchschauend zu erkennen vermag. »Seine Augen schauen, seine Augenlider prüfen die Menschenkinder« (Ps. 11, 4); »Die Augen des Herrn sind an jedem Orte, schauen aus auf Böse und auf Gute« (Spr. 15, 3). In seinem Wort schaut er uns unmittelbar an; denn dies »Wort ist lebendig und wirksam und schärfer als jedes zweischneidige Schwert (machaira) und durchdringend bis zur Teilung (merismos = Zuteilung, Verteilung, vgl. Hebr. 2, 4) von Seele und Geist, sowohl von Gelenken und Mark, und ist ein Richter (kritikos = Beurteiler) von Überlegungen und Gedanken (Einsichten) des Herzens; und kein Geschöpf ist vor ihm unsichtbar; alles aber ist bloß und aufgedeckt vor den Augen dessen, dem wir Rechenschaft geben müssen« (Hebr. 4, 12. 13). Von dem Lamm in der zweiten Enthüllung Jesu Christi heißt es, daß es sieben Augen hat. In unserer Stelle haben wir es jedoch mit dem Sohn des Menschen zu tun. Mit diesen seinen menschlichen Augen schaut er uns an. Es sind dieselben Augen, die über Jerusalem geweint haben, die hier wie Feuerflammen alles durchdringen, durchrichten und reinigen.

Die *Füße*, gleich Golderz, das im Ofen glüht, symbolisieren Stellung, Besitzergreifung, Durchrichtung. Wie Gold im Schmelzofen geläutert wird, so wirkt das Wandeln des Menschensohnes unter den Leuchtern reinigend, läuternd, so daß das Zeugnis zur vollen Ausrichtung für den Dienst im Königreich kommt. Wohin der Herr seinen Fuß setzt, da macht er seinen Besitzanspruch geltend. Die Durchheiligung für den Dienst besteht in völliger Unterwerfung unter den Herrn.

Die *Stimme* wie das Rauschen vieler Wasser ist ein Bild der Lebensfülle seines vielstimmigen Heilswortes. Sie verkündigt Gerichtsheil, Leben durch Sterben. Aus dem Munde, aus welchem das scharfe, zweischneidige Schwert hervorgeht, kommt auch die Heilsstimme. Die Stimme der vielen Wasser ist keineswegs das brausende Meer des Völkerlebens, sondern in Verbindung mit der Stimme des Herrn in seiner Richterherrlichkeit ein Bild der überwältigenden Wirkung seines lebendigmachenden Wortes.

Aus demselben Munde, aus welchem die gewaltige Stimme ertönt, geht auch ein scharfes, zweischneidiges *Schwert* (romphaia) hervor.

Dieses ist nicht dasselbe wie in Hebräer 4, 12 (machaira), das wohl auch zweischneidig ist, aber nur positiv wirkt zur Austeilung und Zuteilung. Das erstere in unserer Stelle ist das Gerichts- oder Kriegsschwert, das zum Töten gebraucht wird (vgl. Kap. 2, 12. 16; 6, 8; 19, 15. 21). Daß es zweischneidig ist, weist darauf hin, daß es auch den verletzt, der es gebraucht. Zur Durchführung der Gerichte gebraucht nämlich der Herr auch Menschen als Gerichtsvollstrecker. Diese fallen unter das Gesetz: »Wenn jemand mit dem Schwert töten wird, der muß mit dem Schwert getötet werden« (Kap. 13, 10).

Die *Gesamterscheinung* des Christus in seiner Richterherrlichkeit ist wie die Sonne in ihrer Macht. »Und sein Angesicht, wie die Sonne leuchtet in ihrer Kraft« (Kap. 1, 16). Mit seinem Angesicht (opsis) ist nicht nur das Gesicht gemeint, sondern seine ganze Erscheinung, die gesamte Lichtgestalt des Herrn. Bei der Verklärung des Herrn wurden seine Kleider weiß wie das Licht, und sein Angesicht (prosopon) glänzte wie die Sonne (Matth. 17, 2). Auf dem Verklärungsberg war nur eine Vorstufe in dem Werden der Herrlichkeit Jesu Christi. Da wurden nur die Kleider weiß wie das Licht, und nur sein Gesicht, nicht die Gesamterscheinung, glänzte wie die Sonne. Bei der Durchrichtung und Durchheiligung der Gemeinde für ihren Königspriesterdienst erreicht diese strahlende Herrlichkeit ihren Höhepunkt, wie das Scheinen der Sonne in ihrer Kraft (dynamis).

Es ist tröstlich und glaubenstärkend zu wissen, daß der Herr das Werk des Durchrichtens als Menschensohn und als unser Hoherpriester durchführt, »der da vermag, auch völlig (eis to panteles = bis zur Ganzdurchführung) zu erretten, die durch ihn zu Gott nahen, indem er immerdar lebt, um sich für sie zu verwenden« (Hebr. 7, 25). Das innerste Motiv dieser seiner Richtertätigkeit ist der Eifer für die Heiligkeit Gottes.

Christus wandelt nicht nur unter den sieben goldenen Leuchtern: heiligend, reinigend, ausrichtend –, die Gemeinde ist auch in ihm in besonderer Verbundenheit mit ihm. Dies wird dadurch angedeutet, daß die sieben Sterne in seiner rechten Hand sind. Wenn Paulus in seinen Briefen von dem Sein in Christus schreibt, so betont er die Stellung der Gemeinde. Bei dieser handelt es sich um die Leibeseinheit mit dem Christus.

In der Apokalypse dagegen wird die *Diensteinheit der Gemeinde mit dem Christus* zur Darstellung gebracht. Gerade dies ist das Geheimnis der sieben Sterne in seiner rechten Hand. Die Gemeinde, repräsentiert durch ihre von Gott berufenen und bevollmächtigten Boten und Führer, ist in der rechten Hand des Menschensohns während der Durchführung seiner Welterneuerung und Weltvollendung. Alles, was diese rechte Hand tut, geschieht durch das Werkzeug in derselben. Die Gemeinde ist also in Diensteinheit mit dem Christus sein Zentralorgan. Wie die Gemeinde beides zu gleicher Zeit sein kann,

sowohl die unvollkommene, noch zu durchrichtende, auf die der Herr seinen glühenden Fuß setzen muß, um seine totalen Besitzansprüche geltend zu machen,

als auch das vollkommene Herrschaftsorgan in seiner rechten Hand, wenn auch zunächst nur in seinen bevollmächtigten Führern: das ist das große Geheimnis.

Über *die Art der Durchrichtung und ihre Wirkung* haben wir gleich an Johannes selbst ein anschauliches Beispiel. »Und als ich ihn sehe, falle ich hin zu seinen Füßen wie tot. Und er legt seine rechte Hand auf mich und sagt: »Fürchte dich nicht! Ich bin der Erste und der Letzte und der Lebendige, und ich wurde tot und siehe! lebendig bin ich in die Äonenvollendung hinein, und ich habe die Schlüssel des Todes und des Hades« (Kap. 1, 17-18).

Die unmittelbare Wirkung dieses feurigen Durchrichtungsprozesses auf den Seher Johannes war die, daß er wie tot zu den Füßen des Herrn hinfiel, d. h. für uns persönlich, daß die Bereitschaft zum Dienst im Königreich des Christus immer durch Sterben des Ichlebens und *restlose Auslieferung an den Herrn und Gebieter* geht. So ist die Wirkung des Menschensohnes in seiner Richterherrlichkeit bei einem Menschen von Staub und Asche in seiner Unvollkommenheit. Selbst bei einem, der glaubt. Wenn wir ohne tieferen Eindruck angesichts solcher Herrlichkeitsoffenbarung Jesu Christi bleiben können, so ist das ein Beweis dafür, daß wir in Wahrheit noch keinen Glauben haben. Gott ist für uns noch keine Wirklichkeit geworden und wir rechnen deshalb auch nicht mit seiner Wirklichkeit. Wäre das der Fall, wären wir wirklich Glaubende, dann müßten wir ähnliche Erfahrungen machen wie Johannes. Da muß alles zusammenbrechen, was nicht ganz durchheiligt ist und aus dem von Adam her zu allen Menschen hindurchgedrungenen Todeswesen stammt.

Das große Wunder, welches dann geschieht, ist das, daß der Herr lebendig macht. Er legt seine rechte Hand auf den wie tot Daliegenden, eben die rechte Hand, in welcher er die sieben Sterne hält. Diese *Handauflegung* ist eine Geste der Mitteilung, der Ausstattung, der Gemeinschaft. Das, was der Herr in seiner Person erkämpft und erworben hat, das teilt er nun den Seinen mit, nämlich das Leben, das über alle Todesmächte triumphiert. Das Heilsziel ist die Durchführung seines Sieges bis in die Äonenvollendung hinein, die völlige Überwindung des Todes und des Hades. In diese Siegesmission nimmt der Herr die Gemeinde mit hinein, als deren Repräsentant Johannes hier anzusprechen ist.

Was Johannes erlebt hat, das soll Erlebnis und Aufgabe der ganzen Gemeinde werden. Jesus Christus selbst als der Menschensohn ist auf diesem Wege unser Vorgänger geworden. Deshalb sagt er: »Fürchte dich nicht! Ich bin der Erste und der Letzte und der Lebendige, und ich wurde tot und siehe! lebendig bin ich in die Äonenvollendung hinein, und ich habe die Schlüssel des Todes und des Hades!«

Die Gewalt (kratos) des Todes hat der Teufel (Hebr. 2, 14), aber nicht den Schlüssel des Todes; denn Christus setzt durch seinen eigenen Tod den außer Wirksamkeit, der des Todes Gewalt hat (vgl. auch 2. Tim. 1, 10). Als solcher hat er nicht nur die Vollmacht über Tod und Hades, sondern verfügt auch über die Schlüsselgewalt von Amts wegen. Die Gemeinde hat die Aufgabe der aktiven Teilnahme an dieser Siegesmission: die Überwindung der Todes- und Hadesmächte im Königreich des Christus.

6. Die Verheißungen für die Überwindergemeinde

Durch die sieben Sendschreiben ziehen sich drei große Linien hindurch:

die Offenbarungslinie Jesu Christi,

die Verfallslinie des äußeren Gemeindekörpers und

die Überwinderlinie derer, die sich zum Dienst im künftigen Königreich des Christus zubereiten lassen.

Es ist wichtig zu wissen, daß die Verheißungen an gewisse Bedingungen gebunden sind und daß nur Sieger oder Überwinder gekrönt werden. Diese Tatsache steht durchaus nicht im Widerspruch zu der absoluten Gnade, die bedingungslos wirkt. Dieses heilige Paradox wird uns einigermaßen faßbar, wenn wir unterscheiden lernen zwischen Errettung zur Seligkeit und Berufung zum Dienst. Unsere Dienstberufung oder unseren Beruf können wir verfehlen und somit der Krone verlustig gehen. Daher die *siebenfache ernste Mahnung*: »Wer ein Ohr hat, der höre, was der Geist den Gemeinden sagt.«

In den drei ersten Sendschreiben steht diese Mahnung vor und in den vier letzten nach der Verheißung.

Die verschiedenen Verheißungen haben es alle mit den künftigen Diensten im Königreich des Christus zu tun. Weil dieses die Durchführung der Gottesherrschaft im All zum Ziel hat, wobei die Wiederherstellung Israels eine wichtige Rolle spielt, daher finden wir in den Verheißungen so viele *Anklänge an israelitisch-theokratische Vorstellungen*.

Aus diesem Umstand dürfen wir jedoch nicht den Schluß ziehen, daß wir es hier mit judenchristlichen Reichsgemeinden zu tun haben. Es soll vielmehr die Beziehung zwischen der Gemeindemission und der Erfüllung der Hoffnung Israels nachdrücklich betont werden. Wir werden beim genaueren Studium dieser ganzen Überwinderlinie klar erkennen, daß die beiderseitigen Haushaltungen nie miteinander vermengt werden. Das Tempelzeugnis (Siehe 4. »Der Leuchterdienst der Gemeinde«) ist allerdings seit Israels Verstockung auf die Gemeinde übergegangen.

Dem siebenfachen Gemeindezeugnis entspricht auch die *Siebenheit in der Überwinderlinie*. Die einzelnen Dienste und Berufsaufgaben für den Königspriesterdienst sind sehr mannigfaltig und dabei harmonisch zu einer Einheit geordnet. Jedes Sendschreiben veranschaulicht einen bestimmten Gemeindetypus, und in den sieben gleichzeitigen Gemeindetypen haben wir ein abgerundetes Gesamtbild von dem Werden der Gemeinde bis zum Reifeziel (pläroma).

Nach dem bestimmten Gemeindetypus bildet sich auch der Charakter der entsprechenden Überwindergruppe. Dabei ist zu beachten, daß die jeweilige Verheißung in innerer Beziehung zu der speziellen Offenbarung Jesu Christi, d. h. dem bestimmten Teilstück des Gesamtbildes des Christus in seiner Richterherrlichkeit steht. Das richterliche Urteil über den Zustand des Engels der Gemeinde beginnt immer mit einem: »ich weiß« (oida, präsentisches Perfekt von eidenai = sehen, also: ich habe gesehen und ich weiß). Beurteilt werden die Werke. Nur beim Pergamustyp heißt es: »Ich weiß, wo du wohnst«. Die Betonung der Werke ist nicht auffallend, wenn wir bedenken, daß es sich hier nicht um das Heil im allgemeinen, um das Seligwerden handelt, sondern um die Tauglichkeit zum Dienst. Für das Seligwerden besteht der Grundsatz, daß ein Mensch durch Glauben gerechtfertigt wird, ohne (choris = getrennt von) Werke des Gesetzes (Röm. 3, 28; vgl. Gal. 2, 16). Für den Dienst jedoch sind die Werke entscheidend; denn »so jemand auch kämpft, wird er doch nicht gekrönt, so er nicht gesetzmäßig kämpft« (2. Tim. 2, 5).

Beim *Ephesustyp* handelt es sich um Überwindung der Anfänge des großen Abfalls (vgl. Apg. 20, 29. 30; 2. Thess. 2, 3. 7). Dem entspricht die Verheißung: »Dem Überwinder, ihm werde ich geben (gewähren), zu essen aus dem Holz des Lebens, welches im Paradies Gottes ist.« Damit wird *die ursprüngliche Mission Adams wiederhergestellt*. Es ist nicht nur die Wiedergewinnung des verlorenen Paradieses, sondern die Wiederaufnahme und Durchführung des Herrscherberufes des Menschen über die Schöpfung. Die ganze Welt als Gottes Pflanzung soll in der Vollendung in ein von allem Übel befreites *Paradies des wahren Lebens* verklärt werden. Mit Holz des Lebens werden die Mittel zur Ausgestaltung des vollkommenen Lebens im Paradies Gottes bezeichnet (vgl. Hes. 47, 7. 12; Offb. 22, 2). Vom Holz des Lebens essen bedeutet demnach, die Kraft zum Weltverklärungsdienst empfangen.

Das Geheimnis des Überwinders besteht nun in dem gläubigen Anschauen des verherrlichten Christus, wie er die sieben Sterne in seiner rechten Hand festhält. Unser Festsein und Festhalten gewinnen wir durch gläubiges Sichversenken in das Festsein des Herrn. Glauben heißt Festsein in Gott. Und unsere Heiligung erfolgt durch das Wandeln des Herrn unter den goldenen Leuchtern. Wo sein glühender Fuß hintritt, da wird alles Unreine verbrannt und der totale Besitzanspruch des Herrn anerkannt.

Im *Smyrnatyp* finden wir die Märtyrergemeinde. Dieser offenbart sich der Herr als »der Erste und der Letzte, der tot ward und lebt«. Für die Überwinder auf dieser Linie ist der Herr selber der Vorgänger und Vollender. Durch das gläubige Anschauen dieses seines Werdens und Seins gewinnen wir die Überwinderkraft. »Fürchte nichts, was du zu leiden im Begriff stehst. Siehe, der Teufel ist im Begriff, von euch etliche ins Gefängnis zu werfen, auf daß ihr versucht werdet, und ihr werdet Drangsal haben zehn Tage. Werde treu bis zum Tod, und ich werde dir die Krone des Lebens geben.« Die zehn Tage der Drangsal bezeichnen deren menschliches Vollmaß, die für die Überwinder ausgefüllte Tagewerke sind. Die Zahl Zehn symbolisiert die Fülle der menschlichen Möglichkeiten. Die Krone des Lebens erlangen heißt soviel wie das Vollendungsziel, nämlich die Krönung des wahren Lebens erreichen. Die Krönung des Lebens ist die *völlige Todesüberwindung durch das Leben*. Die Verheißung an den Überwinder lautet demnach: »Der Überwinder werde keineswegs beschädigt werden aus dem zweiten Tod.« In der Mission der Überwindergemeinde, in ihrer Mitwirkung bei der Besiegung des Todes, des letzten Feindes, durch Christus (vgl. 1. Kor. 15, 25. 26) vermittelst des zweiten Todes im Feuersee (vgl. Kap. 20, 14) soll der Überwinder nicht beschädigt werden.[1]

Der *Pergamustyp* betont wieder eine andere Seite der Überwinderlinie. Da spricht der Herr, welcher das scharfe, zweischneidige Schwert hat. Dieses Schwert des Mundes des Herrn soll dazu dienen, mit den verderblichen Bileamiten und Nikolaiten zu streiten. Die Aufgabe der Überwinder besteht nun darin, den Namen des Herrn festzuhalten und den Glauben des Herrn nicht zu verleugnen. Den Namen des Herrn festhalten heißt, seinen Charakter durch Wandeln in seiner Wahrheit zur Darstellung bringen. Den Glauben des Herrn nicht verleugnen bedeutet, unter keinen Umständen sich von der Lehre Bileams und der Nikolaiten beeinflussen lassen.

»Dem Überwinder, ihm werde ich geben von dem verborgenen Manna, und werde ihm geben einen weißen Stimmstein, und auf dem Stimmstein einen neuen Namen geschrieben, den niemand kennt außer dem, der ihn empfängt.«

Von dem verborgenen Manna geben heißt soviel, daß der Herr sich selber dem Betreffenden mitteilt als das wahrhaftige Brot des Lebens, ihm den Genuß der innigsten Lebensgemeinschaft schenkt, als Lohn für die *klare Reinigung von allem religiösen Mischwesen*. Durch gläubiges Anschauen des Christus in seiner Richterherrlichkeit mit dem scharfen, zweischneidigen Kriegsschwert aus seinem Munde bekommt der Überwinder die Glaubensenergie und den heiligen Eifer für die Reinheit der Lehre. Der weiße Stimmstein (psäphos) ist ein Bild von dem glücklichen Losteil des Überwinders, der in dem geheimen Namen, der darauf geschrieben ist, seinen besonderen Berufscharakter erhält. Der Name ist Bild und Ausdruck eines bestimmten Charakters und Berufs. Es handelt sich hier um einen Beruf, der dem besonderen Überwindercharakter gemäß ist. Sein Dienst im Königreich des Christus ist eine so ganz persönliche Sache, daß kein anderer die besondere Art desselben verstehen kann als nur der Betreffende selber.

Der *Thyatiratyp* zeigt die große Gefahr religiöser Schwärmerei und Abgötterei. Hier offenbart sich der Herr als der Sohn Gottes, der Augen hat wie eine Flamme des Feuers, und seine Füße sind gleich Glanzerz (oder weißer Bronze, chalkolibanon). Dieses Bild symboli-

[1] Einzelheiten zu diesem Anliegen auch in Teil II/17: »Die Überwindergemeinde und die Weltvollendung«, dazu auch Teil IV/1: »Daß Jesus siegt, bleibt ewig ausgemacht«.

siert die Stellung des Gottessohnes in seiner lichthellen, reinen Richterherrlichkeit und seinem bis auf den innersten Grund durchschauenden Geistesblick, womit er alles Schwärmerische, Unlautere aufdeckt und dadurch entkräftet. Mit seinen ehernen Füßen tritt er alles satanische, ehebrecherische Wesen zu Boden. Die Überwinder haben einen schweren Stand, festzuhalten und bis ans Ende die Werke des Herrn zu bewahren. Die Verheißung ist auch dem entsprechend:

»Wer überwindet und bewahrt meine Werke bis ans Ende, ihm werde ich Vollmacht geben über die Nationen, und er wird sie weiden mit eisernem Stabe, wie die Töpfergefäße zertrümmert werden, wie auch ich von meinem Vater empfangen habe, und ich werde ihm den Morgenstern geben.«

Die Vollmacht der Überwinder, die nur in engster Verbindung mit dem richterlichen Handeln des Herrn ausgeübt werden kann, ist die *Zertrümmerung der Töpfergefäße* der Nationen, d. h. *aller falschen Kultur und aller religiösen Scheinkultur*, und zwar mit eisernem Stabe (Führerstab, rhabdos), mit zwingender Logik und Konsequenz. Dieser Beruf kann nur von Überwindern durchgeführt werden, denen die dazu nötige Vollmacht vom Herrn selber erteilt wird. Der Herrscherstab ist aus Eisen, was auf äußerste Konsequenz hinweist. Wie Töpfergefäße sollen die Nationen zerschlagen werden, indem ihre Kultur zertrümmert wird. Deren scheinbare Festigkeit für ewig soll sich in diesem Gericht als zerbrechlicher Ton erweisen. Töpfergefäße sind Symbole der rein menschlichen Kultur, die nicht zur Ehre Gottes, sondern zur Menschenverherrlichung dient.

Alle kunstvoll gemachten Geräte und Gefäße fehlen im neuen Jerusalem. Desto mehr sind sie vorhanden im endzeitlichen Babylon (Kap. 18, 12). Diese Mission liegt in den Händen der Gemeinde (1. Kor. 6, 2), d. h. der Überwinder, und zwar in enger Verbindung mit dem Herrn selber (»wie auch ich von meinem Vater empfangen habe«). »Und ich werde ihm den Morgenstern geben.« Dies weist hin auf die Begabung des Überwinders mit der hellen prophetischen Erkenntnis, die ihn befähigt, nicht nur über die Nationen mit zu herrschen (V. 26 u. 27), sondern auch dabei Führerdienste für Israel zu leisten. Der Morgenstern steht nämlich immer in Verbindung mit der Erwartung Israels. Jesus nennt sich in Kapitel 22, 16 die Wurzel und das Geschlecht Davids, den glänzenden Morgenstern. Dieser Morgenstern ist der Stern, der den neuen Tag ankündigt. Als Wurzel und Geschlecht Davids ist Jesus das A und O der Verheißung vom davidischen ewigen Königtum. Die Erfüllung dieser Verheißung führt Jesus durch als der Davidssohn, und er ist der, der den kommenden Tag des Heils ankündigt, der glänzende Morgenstern (vgl. 2. Petr. 1, 19).

Der *Sardestyp* stellt eine verweltlichte, geistlich tote Gemeinde dar. Aber selbst in dieser gibt es Überwinder. Hier offenbart sich der Herr als der, der die sieben Geister Gottes hat und die sieben Sterne. Daß bei einem solchen Zustand der Gemeinde, in der der Führer nur den Namen hat, daß er lebe, aber geistlich tot ist, dennoch die Möglichkeit besteht, daß eine Überwindergruppe sich bildet, hat seinen verborgenen Grund darin, daß der Herr als derjenige da ist, der die sieben Geister Gottes hat und die sieben Sterne. Hier wird nicht das Festhalten (kratein) der sieben Sterne betont, wie in Kapitel 2, 1, sondern einfach nur das Haben (echein) oder Besitzen. Dieser Besitz des Herrn kann nicht verlorengehen. Johannes 10, 28: »Und ich gebe ihnen ewiges Leben, und sie gehen nicht verloren ewiglich, und niemand wird sie aus meiner Hand reißen.« Wohl aber kann der Beruf verlorengehen, der Leuchter kann aus seiner Stätte weggerückt werden (vgl. Kap. 2, 5).

Ein Überwinden ist nur möglich im Anschauen des Herrn, der nicht nur die sieben Sterne, sondern auch die sieben Geister Gottes hat. Diese sieben Geister Gottes sind die sieben Thronengel. Geister werden sie hier genannt, weil die Natur ihres Wesens betont werden soll. Sie sind angesichts des Thrones Gottes (Kap. 1, 4). Sie haben also ihr Wesen von der Thronherrlichkeit, die sie auch repräsentieren. Sie stehen Christus zur Verfügung und bilden neben den sieben Sternen das Zentralorgan seines Christuswirkens vom Throne aus zur Weltvollendung. Sie brennen wie Feuerfackeln angesichts des Thrones Gottes (Kap. 4, 5). Das ist die Auswirkung ihrer Natur. Dadurch symbolisieren sie den Feuereifer Gottes.

In dieser Verbindung der sieben Sterne mit den sieben Geistern Gottes liegt die Möglichkeit, daß selbst der Engel der Gemeinde zu Sardes noch zurechtgebracht werden kann, indem er wachend wird und das Übrige stärkt, das schon im Begriff war zu sterben.

Die Verheißung lautet: »Wer überwindet, der wird also mit weißen Kleidern bekleidet (umhüllt, periballein) werden, und keinesfalls werde ich seinen Namen aus dem Buch des Lebens auslöschen, und ich werde seinen Namen bekennen vor meinem Vater und vor seinen Engeln.«

Das weiße Gewand (himation), welches als Obergewand übergeworfen wird, symbolisiert den Charakter des Gerechten. Um diesen Charakter in seiner Vollendung zu kennzeichnen, wird die weiße, leuchtende Farbe betont. Dieses weiße Gewand erlangt der Überwinder. Es ist die zur *Lebensgerechtigkeit gewordene Glaubensgerechtigkeit*, also sein durchheiligter Charakter. Der Name im Lebensbuch bezeichnet neben dem Charakter die demselben entsprechende Berufung. Den Namen bekennen vor Gott und seinen Engeln ist somit Bestätigung und Anerkennung der Berufung.

Der *Philadelphiatyp* zeichnet sich durch seine Einstellung zu Israel aus. In ihm kommt *die Berufung der Gemeinde in Beziehung zur Berufung Israels* zu einer klaren Darstellung. Das deutet schon das Selbstzeugnis des Herrn an: »Dieses sagt der Heilige, der Wahrhaftige, der da hat den Schlüssel Davids, der da öffnet, und niemand wird schließen, und der da schließt, und niemand wird öffnen.«

Hier erscheint der Herr als der Heilige Israels. Unter diesem Namen offenbart er sich, wenn es sich um die Gerichts- und Heilswege für Israel handelt, die über alle menschliche Vernunft hinausgehen. Als solcher will er auch als der Wahrhaftige erkannt werden, der sein Wort hält und das wirklich durchführt, was er sich vorgesetzt hat. An der Geschichte Israels soll das vor aller Welt anschaulich werden.[1] Er hat den *Schlüssel Davids*. Den Schlüssel haben heißt, die ausschließliche Verwaltung eines Amtes haben. Den Schlüssel zum Haus Davids verwaltete ein hoher Hofbeamter des Königs (Jes. 22, 22). Eljakim wurde an Stelle des unwürdigen Sebna eingesetzt. Leider sollte sich auch Eljakim nicht als treu bewähren. Die Erfüllung dieses Typus haben wir in Christus, der den Schlüssel Davids hat. Er allein als der Heilige und Wahrhaftige verwaltet das davidische Haus und alle Schätze des davidischen Königtums.

Die der Gemeinde gegebene *offene Tür* gehört zu dem Schlüsselamt des Herrn über das Haus Davids. Es ist mit dieser offenen Tür nicht einfach der Missionssinn gemeint, sondern der besondere Dienst der Gemeinde an Israel, an dem Volk, das zur Satanssynagoge geworden ist. Nicht bloße Judenmission im modernen Sinn ist gemeint, sondern Königreichsdienst der Gemeinde nach Römer 11, 14: »... ob ich irgendwie möge die, die mein Fleisch sind, zur Eifersucht reizen und etliche aus ihnen retten«. Christus verwaltet dieses Schlüsselamt absolut.

[1] Die Geschichte Israels ist ein wichtiger Aspekt zum Verständnis der Offenbarung. Dazu ausführlich: Karl Layer, »Israel – ein Lehrbuch für Christen – Was wir am Feigenbaum lernen können«, Ernst Franz Verlag, 1998, 2. Aufl.

Wenn er aufschließt, kann niemand zuschließen, wenn er zuschließt, kann niemand wieder öffnen.

Schon jetzt darf dieser *besondere Dienst der Gemeinde an Israel* ausgeübt werden. Durch ein dreimaliges »siehe« wird die Aufmerksamkeit darauf gelenkt.

»Siehe, ich habe vor dir gegeben eine geöffnete Tür, welche niemand zu schließen vermag. Denn eine kleine Kraft hast du, und du bewahrst mein Wort und verleugnest nicht meinen Namen. Siehe, ich gebe aus der Synagoge des Satans von denen, die da sagen, sie selbst seien Juden, und sie sind es nicht, sondern sie lügen – siehe, ich will machen, daß sie kommen werden und niederfallen anbetend angesichts deiner Füße und erkennen, daß ich dich liebe« (V. 8 u. 9).

Dies ist gegenwärtiges Erlebnis und Verheißung zu gleicher Zeit. Die Anbetung angesichts (enopion) der Füße des Gemeindeengels ist keine Anbetung vor (emprosthen) seinen Füßen (vgl. Kap. 19, 10). Sie ist eine Anbetung Gottes angesichts der Füße, d. h. der besonderen Diensteinstellung des Engels der philadelphischen Gemeinde.

»Weil du bewahrst das Wort meines Ausharrens (hypomonä = Drunterbleiben), werde auch ich dich bewahren aus der Stunde der Versuchung heraus, die im Begriff ist, über die ganze Wohnerde (oikumenä) zu kommen, zu versuchen die da wohnen (sich niedergelassen haben) im Lande« (V. 10).

Eine besondere Mahnung soll den Überwinder zur äußersten Treue anspornen: »Ich komme schnell. Halte fest (kratein), was du hast, damit niemand deine Krone nehme« (V. 10). Die Gefahr, den Beruf zu verfehlen und die Krone zu verlieren, bleibt beständig bestehen. Die Krone kann durch eigene Schuld verlorengehen, wenn das Vollendungsziel aus den Augen verloren wird.

Die Verheißung für den zukünftigen Königspriesterdienst lautet: »Wer überwindet, den werde ich machen zu einer Säule in dem Tempel (naos) meines Gottes und nach draußen möge er keineswegs mehr hinausgehn; und ich werde auf ihn schreiben den Namen meines Gottes und den Namen der Stadt meines Gottes, des neuen Jerusalem, das da aus dem Himmel herabkommt von meinem Gott, und meinen Namen, den neuen« (V. 12).

Der Tempel Gottes im Himmel ist die vollendete Gemeinde. Eine Säule (stylos) in diesem Tempel dient nicht wie ein Pfeiler als Träger des Hauses, sondern hat die Aufgabe, dem Bau seinen besonderen Stil oder Charakter zu verleihen. Eine *Säule im Tempel Gottes* hat also nicht den Tempel zu tragen, sondern sie steht in dessen Eingang. Der besondere Dienst einer Säule im Tempel Gottes wird sein, den Charakter des Gottes Jesu Christi zu bezeugen. Darum bekommt sie eine dementsprechende Inschrift von drei Namen. Auffallend dabei ist das betonte »mein« in Verbindung mit Gott. Den Gott Jesu Christi kann nur die Gemeinde recht bezeugen, da das Vater-Sohn-Verhältnis nur der Gemeinde offenbar ist.

Der Name des Gottes Jesu Christi und
des neuen Jerusalem und
der eigene neue Name Jesu,
diese dreifache Inschrift symbolisiert die besondere Berufung zum Dienst im Königreich des Christus. Es ist der *»Zeugnisdienst« der Gemeinde für Israel*; daher ist auch der Name des neuen Jerusalem dabei, das da aus dem Himmel von Gott herabkommt. Daß auch der Herr selber einen neuen Namen erhält, der als Inschrift der Säule aufgeprägt werden soll, hängt gewiß mit seiner neuen Herrlichkeitsoffenbarung als Königbräutigam zusammen. Diese drei Namen trägt also der Überwinder als Zeugnis für seinen speziellen Beruf in Verbindung mit Israels Vollerlösung.

Der *Laodiceatyp* ist derjenige, an dem der Herr nur Tadelnswertes findet. Der Zustand der Lauheit ist der gefährlichste, da er verbunden ist mit der Einbildung eines besonderen Reichtums und einer satten Selbstzufriedenheit.

»Und weißt nicht, daß du der Elende und der Jämmerliche bist, sowohl arm als auch blind und bloß« (V. 17).

Aber auch hier bleibt der Herr »der Amen, der treue und wahrhaftige Zeuge, der Anfang (archä, Ursprung) der Schöpfung Gottes«. Seine Liebe hört nimmer auf, wird niemals hinfällig (vgl. 1. Kor 13, 8). »Ich, so viele als ich lieb habe, die überführe und züchtige ich« (V. 19). Auch hier hat der Herr noch einen heilsamen Rat: »Ich rate dir, zu kaufen von mir Gold, geläutert im Feuer, auf daß du reich werdest, und weiße Kleider, auf daß du bekleidet werdest und nicht offenbar werde die Schande deiner Blöße, und Augensalbe, zu salben deine Augen, damit du sehest« (V. 18).

Jesus Christus ist der Großkaufmann (vgl. Matth. 13, 45 emporos), der einlädt, von ihm alles das zu kaufen, was dem Engel der Gemeinde zu Laodicea an Berufsausrüstung fehlt. Auffallend ist, daß hier überhaupt von Kaufen gesprochen wird (vgl. Matth. 25, 9 die poluntes = Krämer, Verkäufer, Kleinhändler). Das Heil kann man nicht kaufen, weil es geschenkweise im Glauben erworben wird. Aber die Berufsausrüstung ist wie der Beruf als solcher an zu erfüllende Bedingungen gebunden, die der Herr selber aufstellt. Deshalb gibt er den Rat, von ihm zu kaufen: Anstatt des eingebildeten großen Reichtums des *Erkenntnisperfektionismus* das im Feuer geläuterte *Gold wahrer Heiligkeit und Herrlichkeit.*

Zu beachten ist, daß hier für Gold nicht das gewöhnliche Wort (chrysos) gebraucht wird, sondern ein besonderes (chrysion), das nur noch im neuen Jerusalem vorkommt (Kap. 21, 18. 21; in Kap. 17, 4 u. 18, 16 lesen wir besser chrysos).

Der wahre, bisher nicht erkannte Zustand des armen und blinden Führers der Gemeinde war die schamvolle Blöße. Darum soll er weiße Kleider kaufen, damit nicht offenbar werde die Schande seiner Blöße. Wie das Kleid der erkennbare Ausdruck des verborgenen Wesens, so ist das weiße Kleid der Ausdruck der zur Lebensgerechtigkeit gewordenen Glaubensgerechtigkeit. Das hier für Kleid gebrauchte Wort (himation) bezeichnet die bleibende Bekleidung. Die Augensalbe (kollurion) soll dazu dienen, den schwachen Augen die volle Sehkraft zu verleihen, um die strahlende Herrlichkeit des Herrn und seines Berufungszieles zu erkennen.

»Das sagt der Amen, der treue und wahrhaftige Zeuge, der Ursprung der Schöpfung Gottes.« Mit dieser dreifachen Selbstbezeichnung bekräftigt der Herr die absolute Sicherheit seines Heilswirkens. Er ist in seiner Person die Garantie für die Erreichung des Vollendungszieles. Er ist sowohl der Amen, der Abschluß der Offenbarungen Gottes, der treue und wahrhaftige Zeuge der heilsgeschichtlichen Durchführung aller Heils- und Regierungswege Gottes, als auch der Ursprung, das lebendige Prinzip der Schöpfung Gottes, aus welchem die ganze Schöpfungsordnung stammt.

Die besondere Verheißung für den Überwinder entspricht dieser Signatur Christi: »Wer überwindet, dem werde ich geben, mit mir in meinem Throne zu sitzen, wie auch ich überwunden und mich mit meinem Vater gesetzt habe in seinem Thron.«

Der Thron Gottes ist das Zentralbild in der Apokalypse. Das ganze Weltgeschehen im Himmel und auf Erden dreht sich um diesen Mittelpunkt. Der Thron Gottes ist zugleich auch der Thron Jesu Christi, und nach der Entrückung ist die Überwindergemeinde ebenfalls in dem Thron befindlich zu denken (Kap. 12, 5), um mit dem Christus von dort aus königlich im All zu herrschen. Die bildliche Darstellung des Thrones ist so zu verstehen, daß der Thron selber zum himmlischen Tempel Gottes gehört, wie die Schekina in der Stiftshütte. *Mit dem Christus in dem Thron Gottes zu sitzen* ist die größte Verheißung, die gerade dem Überwinder im Laodiceatyp gegeben wird.

7. *Die heilsgeschichtliche Entwicklungslinie der Überwindergemeinde*[1]

Obgleich alle sieben Gemeinden, an welche die Sendschreiben gerichtet sind, zu gleicher Zeit existierten und demnach auch die verschiedenen Überwindertypen jederzeit gefunden werden können, wird doch durch ein aufmerksames Vergleichen der verschiedenen Berichte der Eindruck gewonnen, daß eine gewisse kontinuierliche heilsgeschichtliche Entwicklung der Gesamtgemeinde stattfindet. Wir haben immer in gewissen Stufen für gewisse Wachstumsperioden auch gewisse Gemeindetypen vorherrschen, so daß wir im Laodiceatyp das Bild der Endzeitgemeinde kurz vor der Entrückung zu sehen hätten.

Wir müssen uns jedoch hüten, zu sehr das Gewicht darauf zu legen und chronologisch einzuteilen. Die prophetische Schau ist durchaus nicht chronologisch, zeitgebunden, sondern überzeitlich nach bestimmten *reichsgottesgeschichtlichen Wachstumsgrundsätzen* bestimmt. Zu diesen gehört auch die Notwendigkeit des Ausreifens aller menschlichen Möglichkeiten, also auch der Fehlentwicklungen auf dem Gemeindegebiet. Wir sehen deshalb auch in den sieben Sendschreiben die fortschreitende Verfallslinie.

Darüber belehren uns auch die Briefe des Apostels Paulus, besonders der 2. Thessalonicherbrief, in welchem er ausführt, daß das Geheimnis der Gesetzlosigkeit schon wirkt, bis daß der, welcher jetzt aufhält (nämlich den Tag des Herrn), aus der Mitte (der sichtbaren Gemeinde) heraus »werde«. Es muß zuerst der Abfall kommen und der Mensch der Gesetzlosigkeit, der Sohn des Verderbens enthüllt werden (vgl. 2. Thess. 2, 7. 8 u. 3).

Es ist auffallend, daß Johannes in der Apokalypse diesen Menschen der Gesetzlosigkeit, den er in seinen Briefen den Antichristen nennt,

[1] H. Langenberg geht grundsätzlich in seinen Ausführungen von einem heilsgeschichtlichen Denken aus. Zu diesem Thema Grundlegendes: Erich Lubahn, »Heilsgeschichtliche Theologie und Verkündigung« mit Beiträgen von Otto Michel, Christl. Verlagshaus Stuttgart, 1993, 6. Aufl.

überhaupt nicht erwähnt. Dafür spricht er aber ausführlich über den falschen Propheten (Kap. 13, 11-17; 19, 20), der aus Israel kommt. Der Grund liegt wohl darin, daß in der Apokalypse die Schau mehr israelitisch orientiert ist.

Der Abfall innerhalb der Gemeinde wird gleichwohl erwähnt, jedoch nur im Blick auf die werdende Überwindergemeinde. Zu ihrem Werden gehört der *Kampf gegen den Verfall*. Das liegt schon im Begriff des Überwindens, des Sieges über den Verfall und alle Widerstände in ihren verschiedenen Formen. Im Kampf entwickelt sich der Überwinder.

Im Ephesustyp ist es die energische Abwehr der allgemeinen menschlichen Schwäche, die im Loslassen der ersten Liebe sich offenbart, und der Mangel an Initiative, fortzuschreiten zu den ersten Werken, um die ursprüngliche Herrschaftsmission Adams wiederzugewinnen.

Im Smyrnatyp, ist es die Macht des Todes, die in den Christenverfolgungen ihre Triumphe feierte und wobei die Märtyrer erstarkten.

Im Pergamustyp ist es die verführerische Lehre der Religionsvermenger, die dem Fleische huldigten, durch deren Bekämpfung die Überwinder für ihren Herrlichkeitsberuf erzogen werden.

Im Thyatiratyp ist es die entartete Weltkultur, die überwunden werden muß.

Im Sardestyp handelt es sich um den Sieg über das tote Namenchristentum.

Im Philadelphiatyp bewährt sich der Überwinder in seiner praktisch gläubigen Einstellung zu Israels Vollerlösung.

Am schwersten ist der Kampf im Laodiceatyp gegen die allgemeine Lauheit.

Überall Kampf in allen Variationen. Das muß so sein, damit nicht nur die Rechtschaffenen offenbar werden, sondern auch die Überwindergemeinde ihr Reifeziel, ihr Pläroma, erlangt. Davon hängt der Fortgang der Weltheilsgeschichte ab.

Neben dem Kampf gegen den Verfall innerhalb der Gemeinde spielt die *zunehmende Offenbarung der Richterherrlichkeit des Menschensohnes* für das Werden der Überwinder eine entscheidende Rolle. Wir haben gesehen, welche Wirkungen die jeweilige, dem Bedürfnis des werdenden Überwinders angemessene Teiloffenbarung hat.

Durch das gläubige, sich vertiefende Anschauen seiner Herrlichkeit werden wir verwandelt in dasselbe Bild von Herrlichkeit zu Herrlichkeit als durch den Herrn, den Geist (2. Kor. 3, 18). Diese Verklärung in sein Bild verläuft stufenweise von einer Herrlichkeit zur anderen. Da ist es wohl die tiefste Enthüllung, wenn wir in unserer völligen Trostlosigkeit und Erbärmlichkeit, wie wir sie bei der Buße des Engels (Boten) der Gemeinde von Laodicea annehmen müssen, seine absolute Treue und Wahrhaftigkeit erfassen, so daß er unser ein und alles wird. Er ist der Amen, der treue und wahrhaftige Zeuge, der Uranfang (das Prinzip) der Schöpfung Gottes. Es ist bezeichnend, daß dies im Laodiceatyp erlebt wird und nicht etwa im Philadelphiatyp.

Wir finden in der Entwicklung der Überwinderlinie also nicht die scheinbar ungebrochene aufsteigende Linie. Es geht vielmehr durch Tiefen des Zerbruchs im Werden der Überwindergemeinde. Wenn es bei dem Prozeß der Umgestaltung in sein Bild heißt, daß dies erfolgt »von Herrlichkeit zu Herrlichkeit«, so ist das ein allmähliches Werden in die Vollendung hinein, wie es wörtlich heißt: »von Herrlichkeit in Herrlichkeit hinein«.

Zwischen den einzelnen Stufen besteht ein innerer Zusammenhang, ein Werden in immer größere Herrlichkeit bis schließlich zur Vollkommenheit, wenn alles Stückwerk aufhört. Johannes schreibt in 1. Johannes 3, 2: »Geliebte, jetzt sind wir Kinder Gottes, und es ist noch nicht geoffenbart worden, was wir sein werden; wir wissen, daß, wenn er geoffenbart wird, wir ihm gleich sein werden; denn wir werden ihn sehen, wie er ist.« Wenn alle Teiloffenbarung aufhört, wird die Volloffenbarung des Christus auch die Vollendung der Überwindergemeinde bringen.

Sehr zu beachten ist, wie der Herr in den sieben Sendschreiben von seiner zu erwartenden *Wiederkunft* spricht.

In den beiden ersten erwähnt er davon noch nichts.

Im dritten (Pergamus) macht er die erste Andeutung, allerdings zunächst als Drohung, wenn er sagt: »So tue nun Buße. Wofern aber nicht, so werde ich dir kommen schnell und werde mit ihnen streiten mit dem Schwert meines Mundes« (Kap. 2, 16).

Im nächsten Sendschreiben (Thyatira) klingt das Wort von seiner Wiederkunft jedoch schon recht tröstlich: »Doch was ihr habt, haltet fest, bis daß ich komme« (Kap. 2, 25).

Im Sendschreiben an den Engel der Gemeinde zu Sardes klingt das Wort wieder sehr drohend: »Gedenke nun, wie du empfangen hast und tatsächlich hörst, und bewahre es und tue Buße. Wenn du nun nicht wachen wirst, so werde ich kommen (über dich) wie ein Dieb, und keinesfalls wirst du wissen, welche Stunde ich über dich kommen werde« (Kap. 3, 3).

Im Philadelphia-Sendschreiben hören wir die frohe Kunde: »Ich komme schnell (eilends, tachy). Halte fest, was du hast, damit niemand deine Krone nehme« (Kap. 3, 11).

Am dringendsten ist das Wort von der Wiederkunft des Herrn im letzten Sendschreiben (Laodicea). »Siehe! Ich stehe vor der Tür und klopfe an. Wenn jemand meine Stimme hört und die Tür öffnet, zu dem werde ich eingehen und das Mahl mit ihm halten, und er mit mir« (Kap. 3, 20).

Es ist auch hier nicht die chronologische Aufeinanderfolge zu betonen, sondern das innere heilsgeschichtliche Werden in engster Verbindung mit der Ausreifung der Überwindergemeinde. Zu jeder Zeit hat es Überwinder gegeben, aber doch wird die letzte Zeit kurz vor der Entrückung der Gemeinde die letzte Entscheidung bringen.

»Wer ein Ohr hat, der höre, was der Geist den Gemeinden sagt.« Auch bei diesem Wort ist ein Werden oder Wachsen zu beobachten. Es ist gewiß nicht ohne Bedeutung, daß dasselbe in den drei ersten Sendschreiben vor und in den vier letzten nach der Verheißung steht. Es kommt alles auf *das rechte Hören* an, auf das Was (Mark. 4, 24) und das Wie (Luk. 8, 18) des Hörens. Dieses Herzenshören will gelernt und geübt sein.[1] Niemand kann ein Überwinder werden, wenn er kein hörendes Herz hat. Der Herr selber spricht, und der Geist gibt es weiter an die Gemeinden.

8. Der himmlische Gottesdienst und die Überwindergemeinde

Erst aus der Ausreifung der Gemeinde zum Königspriesterdienst kann die endgeschichtliche Entwicklung der Welterneuerung erfolgen. Das ist der Sinn des Ausdrucks: »nach diesem«. »Ich werde dir zeigen, was geschehen (oder werden) muß nach diesem« (Kap. 4, 1). Dieses künftige Werden ist ein Muß, das aus dem bisher Dargestellten resultiert, als Ergebnis der Vollendung des Gemeindezeugnisses.

Uns interessiert deshalb die Frage, was das künftige Werden von Kapitel 4 an mit der Gemeinde zu tun hat, welche Aufgabe dabei der Ge-

[1] Siehe dazu von Heinrich Langenberg, neu bearbeitet von Erich Lubahn: »Das hörende Herz«, Ernst Franz Verlag, Neuaufl. 1994.

meinde zufällt. Um dies zu zeigen, wird dem Seher Johannes der Blick in den geöffneten Himmel geschenkt. Dort sieht er den Thron Gottes, nimmt anbetend Teil an dem himmlischen Gottesdienst (Kap. 4) und wird staunend Zeuge einer gewaltigen Thronszene (Kap. 5), wie das Lamm allein würdig gefunden wird, die geheimnisvolle Buchrolle von Gottes Weltregierung zu nehmen und ihre Siegel zu lösen.

Bei der feierlichen Übernahme der Buchrolle durch das Lamm aus der Hand dessen, der auf dem Thron sitzt, fallen die Vertreter der höheren und niederen Schöpfungsordnung anbetend nieder, und durch das ganze Weltall ertönt ein neues Lied zu Ehren des Lammes, das sich zu seiner Mission des Weltgerichts und der Weltvollendung anschickt (Kap. 5, 8-14).

Dieses neue Lied enthüllt den Königspriesterdienst der Gemeinde in Verbindung mit der Enthüllung des Geheimnisses Gottes: »Würdig bist du, zu nehmen die Buchrolle und zu öffnen ihre Siegel; denn du wurdest geschlachtet und erkaufst für Gott mit deinem Blut aus jedem Stamm und Zunge und Volk und Nation, und machst sie unserm Gott zu einem Königtum und Priestern, und sie werden königlich herrschen auf der Erde« (Kap. 5, 9-10).

Hier handelt es sich um die Gemeinde aus Juden (jedem Stamm) und Nationen. Letztere werden unterteilt in drei Gruppen:

Zungen,
Völker und
Nationen.

Die Vierzahl ist die symbolische Zahl der Welt. Um den Königspriesterdienst dreht sich das *Interesse der ganzen Schöpfung*; denn das Sehnsuchtsharren der Schöpfung wartet auf die Enthüllung der Söhne Gottes – denn auch die Schöpfung wird freigemacht werden von der Knechtschaft der Verderblichkeit (oder: Vergänglichkeit) zu der Freiheit der Herrlichkeit der Kinder Gottes (Röm. 8, 19. 21). Ohne diesen Dienst der Söhnegemeinde gibt es keine Welterneuerung und Befreiung der Schöpfung von der Knechtschaft der Verderblichkeit.

Daß das Lamm nicht nur durch das Nehmen der Buchrolle und das Öffnen seiner Siegel seine Macht ergriffen hat und bereit ist, dieselbe auszuüben, sondern daß es auch das dazu erforderliche Regierungsorgan sich heranbildet, das ist der Text des neuen Liedes. Nicht die Gemeinde wird besungen, sondern das Lamm, welches alles dies zustande bringt. »Und sie werden königlich herrschen auf der Erde« (vgl. 1. Kor.

6, 2; 2. Tim. 2, 12). Das »auf der Erde« bezieht sich in erster Linie auf Israel, das Land, und dann auch von dort aus auf die ganze Erde.

Im Mittelpunkt des ganzen Weltgeschehens steht *Christus als das geschlachtete Lamm*, und die Durchführung seines königlichen Wirkens bis zur Weltvollendung wird als *himmlischer Gottesdienst*, an dem die ganze Schöpfung teilnimmt, gefeiert.

»Und da es die Buchrolle genommen hatte, da fielen nieder die vier Lebewesen und die vierundzwanzig Ältesten vor dem Lamm, und jeglicher hatte eine Harfe und goldene Schalen voll Räuchwerks, welches sind die Gebete der Heiligen. – Und ich schaute und höre eine Stimme vieler Engel rings um den Thron und die Lebewesen und die Ältesten, und ihre Zahl war Zehntausend mal Zehntausend und Tausend mal Tausend, die sprachen mit lauter Stimme: Würdig ist das Lamm, das geschlachtet ist, zu nehmen die Kraft und Reichtum und Weisheit und Stärke und Ehre und Herrlichkeit und Segnung (Lobpreisung). Und jedes Geschöpf, das im Himmel und auf der Erde und unter der Erde und auf dem Meere und alle, die darin sind, höre ich sagen: Dem, der auf dem Thron sitzt und dem Lamm sei die Segnung (Lobpreisung, eulogia) und die Ehre und die Herrlichkeit und die Gewalt (kratos) in die Äonenvollendung hinein. Und die vier Lebewesen sagten: Amen! Und die Ältesten fallen nieder und beten an« (Kap. 5, 11-14).

In dem feierlichen Amen der Repräsentanten der ganzen Schöpfung klingt die Anbetung der ganzen Schöpfung aus. Es ist die freudige Zustimmung, für die es keine Worte als Ausdrucksform mehr gibt. Wie Gott schweigend ruht in seiner Liebe (Zeph. 3, 17, Grundtext), so ist es der Höhepunkt seligster Wonne für die Geschöpfe, in schweigender Anbetung sich in das Anschauen der Herrlichkeit Gottes und des Lammes zu versenken.

Was ist gewaltiger und ergreifender:

das die unermeßlichen Weiten des Universums durchbrausende neue Lied aus dem Munde der vier Lebewesen und der vierundzwanzig Ältesten, also der niederen und höheren Geisterwelt (Kap. 5, 9-10),

oder die sich anschließende Doxologie, in die sich die Stimme der unzähligen Engel rings um den Thron mengt (Kap. 5, 11-13),

oder das stille Amen und die schweigende Anbetung der vier Lebewesen und der vierundzwanzig Ältesten (Kap. 5, 14)?

Es ist unvorstellbar, wie der himmlische Gottesdienst alles Geschehen auf unserer kleinen Menschenerde begleitet und lenkt. Was uns hier so widerspruchsvoll erscheint und disharmonisch klingt, das tönt im oberen Chor in wundervoller Schöpfungsharmonie. Es ist alles Anbetung des auf dem Thron Sitzenden und des Lammes.

Worin besteht bei dieser ganzen Thronszene die Mitwirkung der Gemeinde? Diese Frage wird uns erst klar beantwortet, wenn wir die prophetische Bildsprache der Apokalypse verstehen. In Kapitel 5, 8 heißt es von den vier Lebewesen und den vierundzwanzig Ältesten, daß ein jeglicher eine Harfe und goldene Schalen hat voll von Räucherwerk, welche sind die Gebete der Heiligen. Das »welche« bezieht sich auf Schalen. Von diesen wird gesagt, daß es die Gebete der Heiligen sind. Die Ansicht, daß der Name »Heilige« sich nur auf Glieder des alten theokratischen Bundesvolkes Israel beziehe, widerspricht dem Gebrauch dieses Ausdrucks in den Briefen des Apostels Paulus. Letzterer spricht oft von Heiligen, aber immer nur als solchen, die Glieder der Leibesgemeinde sind. In den Heiligen dürfen wir die Glieder der Überwindergemeinde erkennen. Alle ihre Gebete zielen auf die Vollendung der Heils- und Heiligkeitswege Gottes hin. Sie wirken bei dem *Weltgottesdienst* mit *zu Ehren des Lammes*.

Die goldenen Schalen waren im mosaischen Kultus Geräte zur Bedienung des Schaubrottisches (vgl. 2. Mose 25, 29; 37, 16; 4. Mose 4, 7). Nur diese waren aus feinem Gold, während die anderen Schalen für den Tempeldienst aus Erz waren oder wie die Opferschalen zur Blutsprengung aus Silber. Die goldenen Schalen wurden gebraucht zur Darbringung der Speis- und Trankopfer. Nach 3. Mose 2, 2; 24, 7 soll das Speisopfer zum Gedächtnis oder zur Erinnerung sein, damit der Duft von demselben den Opfernden bei Gott in Erinnerung bringen soll. Speis- und Trankopfer sind Dankopfer. So sind auch die goldenen Schalen in den Händen der Lebewesen und Ältesten solche Speis- und Trankopferschalen des Lobes und Dankes neben den Harfen.

Der Rauch, welcher aufsteigt von den Räucherwerken (Mehrzahl), ist ein Bild von der Wirkung der Gebete. Er steigt aus dem Innern der Weihrauchschalen auf. Die Gebete sind nur Gefäße, Behälter, die erst dadurch ihren aktiven Wert erhalten, daß Gott sie mit Inhalt füllt. So wird Kapitel 8, 3 dem Gebetsengel viel Räucherwerk gegeben, auf daß er es gebe zu den Gebeten der Heiligen auf den goldenen Altar, der da angesichts des Thrones ist.

Hier in Kapitel 5, 8 ist das Bild noch nicht voll entwickelt, sondern nur erst die Tatsache der goldenen Schalen in den Händen der Lebewesen und Ältesten erwähnt. Noch ist nicht die Rede vom Altar und dem speziellen Dienst der Gebetsengel. Wie der himmlische Rauchaltar ein Bild von dem zusammengefaßten Gebetsdienst der Gemeinde ist, so sind die Schalen ein Bild von den einzelnen Gebeten und das goldene Weihrauchfaß ein Bild von der in Tätigkeit getretenen Gebetsmacht.

So wirken die Harfen und die Gebetsschalen miteinander, wenn die rauschende Gottesmusik beim himmlischen Gottesdienst alle Weltallsphären durchbraust, wenn die Heils- und Regierungswege Gottes der ganzen Schöpfung offenbar werden:

Kapitel 5, 8 ff beim Singen des neuen Liedes zum Preise des Lammes, das allein würdig ist, die Buchrolle mit dem Geheimnis Gottes zu nehmen und seine Siegel zu lösen;

Kapitel 14, 2 beim Erscheinen des Lammes mit den 144 000 auf dem Berge Zion;

Kapitel 15, 2 beim Singen des Liedes Moses und des Lammes am gläsernen Meer.

In Babel soll dagegen die Stimme der Harfenspieler und Musiker nicht mehr gehört werden (Kap. 18, 22). Alle weltliche Musik hat dann ein Ende.

Wie weit muß doch der *Gebetshorizont der Überwindergemeinde* sein! Paulus schreibt: »Ich ermahne nun vor allen Dingen, daß Flehen, Gebete, Fürbitten, Danksagungen getan werden für alle Menschen, für Könige und alle, die in übergeordneter Stellung sind, auf daß wir eine ruhige und stille Lebensweise vollführen mögen in aller Gottseligkeit und Ehrbarkeit. Dieses ist schön und angenehm vor unserm Rettergott, welcher will, daß alle Menschen gerettet werden und zur Erkenntnis der Wahrheit kommen« (1. Tim. 2, 1-4). Und wie eng und ichbezogen ist doch unser Gebetsleben in der Praxis.

Wie kommen wir zu der rechten Gebetshaltung, zur rechten Gebetsweite und Höhe? Das lernen wir aus der Apokalypse, wenn wir vom Ziel aus im Überwinderglauben leben und wandeln, wenn wir im Geist die Harfen Gottes hören und mit einstimmen können in die Lobpreisung des Lammes in Gottes Thron. Erst solcher Gebetsdienst ist Königspriesterdienst, der entscheidend mitwirkt in der Durchführung der Heils- und Gerichtswege Gottes mit der Welt.

9. Das Geheimnis Gottes in seiner Weltregierung und die Überwindergemeinde[1]

Bei der Öffnung der Siegel der Buchrolle handelt es sich um die *Enthüllung des Geheimnisses Gottes* oder der göttlichen Weltregierung zur Durchführung der Theokratie oder Gottesherrschaft (vgl. Kap. 10, 7). Dieses Geheimnis liegt in dem Bild des Lammes, das allein würdig ist, das Buch aufzutun und seine Siegel zu lösen. Diese Buchrolle war beschrieben »von innen und auf der Rückseite« (Kap. 5, 1), d. h., die eigentliche Buchrolle, das Buchröllchen (Kap. 10, 2), war umhüllt mit sieben einzeln versiegelten Hüllenblättern, die nur auf der Rückseite beschrieben waren und so übereinander lagen, daß die sieben Siegel sich ebenfalls genau übereinander befanden. Das Geheimnis der göttlichen Weltregierung kann also nur enthüllt werden durch Lösen der Siegel, eins nach dem andern, so daß die Rückseiten der einzelnen Hüllen frei werden und die darauf befindliche Schrift gelesen werden kann. Das für unsere Sinne wahrnehmbare Weltgeschehen ist nur die Außenseite und voll ungelöster Rätsel und Probleme. Um den göttlichen Plan zu verstehen, müssen wir schon die Rückseite der Hüllenblätter studieren.

Das erste, was wir erkennen dürfen, ist die Tatsache, daß das Lamm, das allein würdig ist, die Buchrolle aufzutun und seine Siegel zu lösen, auch der Mittler der göttlichen Weltregierung ist. Da die *Überwindergemeinde* unlöslich mit dem Christus verbunden ist, ist auch sie *mitbeteiligt an der göttlichen Weltregierung*. Wie dies vor sich geht, ist uns noch mehr oder weniger ein Geheimnis. Zu beachten ist die Einstellung des Sehers Johannes, als niemand im Himmel und auf Erden und unter der Erde gefunden wurde, der die Buchrolle öffnen oder sie auch nur ansehen konnte.

Es heißt Kapitel 5, 3: »Und ich weinte sehr, weil niemand als würdig erfunden ward, zu öffnen die Buchrolle und sie anzusehen.« Aus Sorge um sein eigenes Seelenheil oder um die Vollendung der Gemeinde weinte Johannes nicht, sondern weil er besorgt war um das Heil der Welt, d. h. um das Heil Israels und der Nationen. Würden alle Ungläubigen rettungslos und ewig verloren sein? Würde Israel doch noch seiner Berufung verlustig gehen?

»Ohne Tränen ward die Offenbarung Jesu Christi nicht geschrieben; ohne Tränen wird sie nicht verstanden« (Bengel).

[1] Dazu siehe auch Teil III/2: »Das Geheimnis Gottes«.

Wer nur an sein eigenes Seligwerden denkt und nicht weinen kann über eine verlorene Welt, der erwarte nicht, daß ihm die Apokalypse etwas zu bieten vermag.

»Und einer aus den Ältesten sagt mir: Weine nicht! Siehe, es überwindet der Löwe, der aus dem Stamme Juda, die Wurzel Davids, zu öffnen die Buchrolle und zu lösen ihre sieben Siegel« (Kap. 5, 5).

Woher weiß der Älteste dies? Wir erkennen daraus, daß die Ältesten als vornehmste Vertreter der höheren Geisterwelt auch die Schrift kennen und erforschen. Sie haben viel tiefe Erkenntnis und sind eifrig, die Geheimnisse Gottes, die das All betreffen, kennen zu lernen. Zu dem Zweck soll den Fürstlichkeiten und den Vollmachten in den Himmlischen durch die Gemeinde die mannigfaltige Weisheit Gottes kundgemacht werden (vgl. Eph. 3, 10). Der Gegendienst besteht darin, daß Johannes als Vertreter der Gemeinde durch einen der Ältesten getröstet wird, indem dieser ihm den rechten Halt am prophetischen Wort vermittelt. Dabei ist zu beachten, wie der Älteste bei seiner Schrifterklärung tiefes *Verständnis für die messianische Heilslinie Israels* zeigt. Er geht aus von 1. Mose 49, 9. 10, woselbst Juda ein junger Löwe genannt und die messianische Verheißung gegeben wird: »Nicht weichen wird das Zepter von Juda, noch der Herrscherstab zwischen seinen Füßen hinweg, bis daß Schilo (= der Ruhebringer, Frieden Schaffende) kommt, und ihm zum Gehorsam sind die Völker.« Es ist die Verheißung von der messianischen Weltherrschaft durch Vermittlung Israels.

Diese Linie wird dann noch deutlicher gekennzeichnet durch das zweite Bild von der Wurzel Davids, gestützt auf das Wort in Jesaja 11, 10: »Und es wird geschehen an jenem Tage: die Wurzel Isais, welche steht als Panier den Völkern, nach ihr werden die Völker fragen, und ihr Ruheort wird Herrlichkeit sein.« Der Löwe, der aus dem Stamme Juda, die Wurzel Davids, wird wirklich den Sieg erringen zur Weltherrschaft über die Völker. *Er ist der Überwinder in Verbindung mit seiner Überwindergemeinde*.

Weil die messianische Weltherrschaft durch Vermittlung Israels geschichtlich durchgeführt werden soll, deshalb wird der Herr nicht nur als der Löwe aus dem Stamm Juda bezeichnet, sondern auch unter dem spezifisch israelitischen Versöhnungssymbol als Lamm dargestellt. Er ist aber auch für die Gemeinde das Passahlamm; »denn auch unser Passah, Christus, ward für uns geopfert« (1. Kor. 5, 7). Dieses Lamm stehend wie geschlachtet und habend sieben Hörner und sieben Augen, welches sind die sieben Geister Gottes, ausgesandt in das gesamte Land (Kap. 5, 6), das Zentralbild der ganzen Apokalypse, ist die Lösung des Geheimnisses Gottes. Für Lamm wird hier ein Wort (arnion) gebraucht, das außer in Johannes 21, 15 nur in der Apokalypse vorkommt und das kleine Lamm, das Lämmlein, bezeichnet. Offenbar soll hier der Gegensatz zwischen Löwe und Lamm besonders betont werden. In Leibeseinheit mit dem Lamm ist die Überwindergemeinde das Zentralorgan für die Durchführung von Gottes Weltregierung bis zur Weltvollendung: durch Gericht zum Heil.

Daß es sich bei den vier ersten Siegeln, die enger zusammengehören, um Ereignisse handelt, die sich um Israel und das heilige Land konzentrieren, geht schon daraus hervor, daß von den Augen des Lammes, den sieben Throngeistern, ausgesagt wird, sie seien ausgesandt in das gesamte Land. Das Land in der prophetischen Bildsprache der Apokalypse ist im Unterschied zum Meer Bezeichnung für Israels Erbe. Dieses Land steht im Brennpunkt der Weltereignisse in der Endzeit.[1] Israel ist das Rätsel und Wunder in der Weltgeschichte. Seine Heilsgeschichte bildet die Achse im Werden der Weltherrschaft Gottes. Darauf sind die Augen des Lammes besonders gerichtet. Es wird uns jedoch in den Siegeln kein einziges weltgeschichtliches Ereignis genannt, sondern sie zeigen nur die Grundlinien der dynamischen Potenzen (gemeint sind die selbsttätig wirkenden göttlichen Kräfte) an, die im Weltgeschehen in Wirksamkeit treten. Jedes Siegel umspannt Gegenwart und Zukunft und tendiert zur endgeschichtlichen Erfüllung.

Das fünfte und sechste Siegel heben je eine besondere Seite in diesem Weltgeschehen hervor: die Seelen der Märtyrer unten an dem Altar und die kosmische Weltrevolution. Und im siebten Siegel vollzieht sich die eigentliche Endgeschichte.

10. Der Altardienst der Überwindergemeinde

Bei der Öffnung des fünften Siegels heißt es in Kapitel 6, 9-11: »Und als es das fünfte Siegel öffnet, sah ich unten an dem Altar die Seelen

[1] Das hat Heinrich Langenberg vor über 30 Jahren geschrieben. An dieser Situation hat sich bis heute nichts geändert. So wird es auch in absehbarer Zeit bleiben.

derer, die hingeschlachtet wurden um des Wortes Gottes willen und um des Zeugnisses willen, das sie hatten. Und sie schreien mit großer Stimme und sagen: »Bis wann, o Herrscher, der Heilige und Wahrhaftige, richtest und rächest du nicht unser Blut an (aus) denen, die da wohnen auf der Erde (dem Lande)? Und es ward ihnen gegeben, einem jeglichen, ein weißes Gewand, und es wurde ihnen gesagt, daß sie noch eine kleine Zeit ruhen sollten, bis daß vollendet würden auch ihre Mitknechte und Brüder, die demnächst sollten getötet werden, wie auch sie selbst.«

Daß die Seelen der Märtyrer unten an dem Altar sind, weist hin auf den *Gebetsdienst der Gemeinde*, der auch ihnen zugute kommen soll. Die Offenbarung der Gerechtigkeit Gottes soll sich auch ihnen gegenüber erfüllen. Vom Altardienst der Überwindergemeinde war bisher noch nicht die Rede, sondern nur im allgemeinen von den Gebeten der Heiligen als einem wichtigen Anteil am himmlischen Gottesdienst (vgl. Kap. 5, 8). Für die Endgeschichte wird jedoch der Altardienst mehr betont (vgl. Kap. 6, 9; 8, 3 ff; 9, 13; 14, 18; 16, 7).

Welcher Altar ist hier nun gemeint? Das für Altar gebrauchte Wort (thysiastärion = Opferaltar) gilt sowohl für den Brandopferaltar im Vorhof als auch für den Räucheraltar im Heiligen, dem vorderen Teil der Stiftshütte. Aus dem Zusammenhang muß der Schluß gezogen werden, daß es sich um den letzteren handelt. Für den himmlischen Gottesdienst kommt der blutige Brandopferaltar nicht mehr in Betracht. Zu beachten ist jedoch, daß in den Stellen, wo vom Altar die Rede ist, ein Unterschied gemacht wird. In Kapitel 6, 9; 8, 3a. 5; 14, 18; 16, 7 steht einfach das Wort Altar ohne jegliche Beifügung, aber in Kapitel 8, 3b und Kapitel 9, 13 heißt es ausdrücklich: der goldene Altar. Der Brandopferaltar war ehern, der Räucheraltar jedoch golden. Bei der Erklärung dieser Bilder in der Apokalypse dürfen wir nicht vergessen, daß wir es nicht mit den Dingen der irdischen Gegenstandswelt zu tun haben, sondern mit der himmlischen Welt der göttlichen Wirklichkeit, die uns in der prophetischen Symbolsprache anschaulich gemacht wird.

Im Hebräerbrief Kapitel 8, 1-5 heißt es, daß Christus als Hoherpriester zur Rechten des Thrones der Majestät in den Himmeln sitzt, ein Diener der Heiligtümer (ta hagia) und der wahrhaftigen Hütte, welche der Herr errichtet und nicht ein Mensch. Und von den irdischen Priestern wird gesagt, daß sie dem Abbild und Schatten der himmlischen (Dinge oder Wirklichkeiten) Gottesdienst verrichten und daß Mose Weisung erhielt, als er im Begriff war, die Hütte aufzurichten, daß er alles nach dem Muster (typos) machen solle, das ihm auf dem Berge gezeigt worden war (vgl. 2. Mose 25, 40 thabenith = Modell, Bauart, Muster).

Der wahre Tempel Gottes ist nach 1. Korinther 3, 16; 2. Korinther 6, 16 die Gemeinde. Demnach ist der in der Apokalypse geschilderte Gottesdienst ein Bild von dem Dienst der mit dem Christus auf dem Thron vereinigten Überwindergemeinde. Daselbst ist der vollendete Tempel (naos) Gottes. Von dort aus regiert Gott das Weltall durch Christus und die Gemeinde. Die Gegenstände des himmlischen Gottesdienstes, wie z. B. der Altar, symbolisieren Funktionen der Überwindergemeinde. Neben der Lade des Bundes Gottes (Kap. 11, 19) wird besonders der Räucheraltar erwähnt. Nach der Beschreibung in Hebräer 9, 3. 4 gehören beide zum Allerheiligsten. Auch in der Darstellung der Apokalypse befindet sich der goldene Räucheraltar vor (enopion = angesichts) dem göttlichen Thron, also im Allerheiligsten (Kap. 8, 3; vgl. Kap. 9, 13).

Wer sind nun die *Seelen unten am Altar*? Auffallend ist der nur in der Apokalypse (Kap. 6, 9 u. 20, 4) vorkommende Ausdruck »Seelen« für Verstorbene. An beiden Stellen sind sie noch in einem unvollendeten Zustand vor ihrer Leibesverklärung. Die von ihrem Leibe getrennten Seelenwesen werden sonst als Geister bezeichnet, wenn nicht ausdrücklich auf ihre Leiblichkeit Bezug genommen wird (vgl. 1. Petr. 3, 19; Hebr. 12, 23). Erscheinen diese Abgeschiedenen aber irgendwie in Verbindung mit ihrer abgelegten Leiblichkeit, so heißen sie nicht Geister, sondern einfach Seelen, zumal es sich bei ihnen um das Rächen ihres vergossenen Blutes handelt, das ja mit der Seele verbunden ist. Daß an den betreffenden beiden Stellen bei dem Ausdruck »Seelen« nicht an von der Persönlichkeit getrennte Bestandteile des Menschen zu denken ist, beweist nicht nur der biblische Begriff Seele als Ausdruck für das Person-Ich, sondern auch der genaue grammatische Befund. Das Wort Seele (psychä) ist nämlich im Griechischen weiblich, beim entsprechenden Fürwort in Kapitel 6, 11 und 20, 4 wird aber die männliche Form gewählt. Das zeigt an, daß hier mit »Seele« die Persönlichkeit gemeint ist. Es sind die Seelen derer, die hingeschlachtet wurden um des Wortes Gottes und um des Zeugnisses willen, also Märtyrer, die um der Wahrheit willen geopfert wurden. Daß sie als Opfer des Altars von Gott angesehen werden, gibt uns einen Fingerzeig, an welche besondere Gruppe von Märtyrern wir hier zu denken haben. Gewiß sind es nicht die christlichen Märtyrer, die doch zur vollendeten Gemeinde gehören. Auf sie würde auch die ganze Beschreibung nicht passen. Es müssen solche sein, deren Zustand noch unvollendet ist.

Märtyrer als Schlachtopfer des Altars finden wir auf der *Linie der Prophetenmorde* (vgl. Matth. 23, 34-36). Demnach soll all das vergossene Prophetenblut, von dem Blut des gerechten Abel an, über das Geschlecht der Juden kommen. Dieses ist solidarisch verantwortlich und kommt auch solidarisch dafür unter das Gericht. Weil sie das Wort Gottes, d. h. den ganzen Heilsratschluß Gottes verkündigt und Zeugnis abgelegt hatten, um dieses Wort Gottes zu vervollständigen, deshalb mußten sie sterben.

Sie sind unten am Altar. Sie sind noch nicht gelöst in ihren Empfindungen von der Tatsache, daß ihr Blut vergossen wurde. Unten am Brandopferaltar wurde das Blut der Opfertiere ausgeschüttet. In Wirklichkeit befinden sich diese Seelen unten am Räucheraltar, also unter der zusammengefaßten Gebetsmacht der Gemeinde. Zu dem Gebetsanliegen der Gemeinde gehört auch die Offenbarung der Gerechtigkeit Gottes den Seelen dieser Märtyrer gegenüber, die noch um Rache schreien wegen ihres vergossenen Blutes. Volle Erhörung dieser Gebete kann erst bei der ersten Auferstehung stattfinden, wenn die Märtyrer aus der großen Drangsal an ihr teilhaben werden (Kap. 20, 4).

Durch Israels Versagen in religiöser Beziehung, wie es durch die fortlaufende Kette der Prophetenmorde anschaulich geworden ist, ist die ganze Weltordnung (der Kosmos) von Grund auf gestört worden. Diese Weltordnung muß durch das gerechte Gericht wiederhergestellt werden. Deshalb sagt Paulus in Römer 11, 15, daß die Verwerfung Israels die Versöhnung des Kosmos ist, und ihre Wiederannahme wird Leben aus Toten sein. Die sittliche Weltordnung verlangt auch, daß das Blut der Propheten gerächt wird an denen, die im Lande (Israel) sich niedergelassen haben.

Die Überwindergemeinde hat ein ganz besonderes Interesse an der Durchführung der Gerichtswege Gottes zum Heil Israels. Sie betet anhaltend um den Sieg der Gerechtigkeit Gottes durch Wiederherstellung des Kosmos. Ehe Israels Gericht und Vollerrettung nicht durchgeführt ist, wozu auch das Rächen des vergossenen Prophetenblutes gehört, kann auch die Erhörung dieses Gemeindegebets nicht geschehen. Die vorläufige Bekleidung mit weißen Gewändern (stolä = das lang herabwallende Festgewand, was nur lose übergeworfen wird, hier als Bezeichnung einer nur vorläufigen Bekleidung im Unterschied von himation, der dauernden Bekleidung) und das Ausruhen ist auf die Wirkung des Gemeindegebets zurückzuführen.

11. Der Tempeldienst der Überwindergemeinde und die große Schar

In Kapitel 7, 9-17 wird dem Johannes, der immer noch in der geöffneten Tür des Himmels steht, eine unübersehbar große Schar (ochlos = Volksmenge) gezeigt aus jeder Nation und Stämmen und Völkern und Sprachen, stehend angesichts des Thrones und angesichts des Lammes, umhüllt mit weißen Gewändern (stolä) und Palmen in ihren Händen.

»Und sie schreien mit großer Stimme und sagen: Das Heil unserm Gott, der auf dem Thron sitzt, und dem Lamm. Und alle Engel hatten sich gestellt im Umkreis um den Thron und (um) die Ältesten und die vier Lebewesen. Und sie fallen angesichts des Thrones auf ihre Angesichter und beten Gott an und sagen: Amen! Die Lobpreisung und die Herrlichkeit und die Weisheit und die Danksagung und die Ehre und die Kraft und die Stärke unserm Gott in die Äonenvollendung hinein. Amen! Und es antwortet einer aus den Ältesten und sagt zu mir: Diese, die umhüllt sind mit den weißen Gewändern, wer sind sie und woher kamen sie? Und ich erwiderte ihm: Mein Herr (kyrios), du weißt es. Und er sagte mir: Diese sind es, die da kommen aus der großen Drangsal, und sie spülen ihre Gewänder und machen sie weiß vermittelst des Blutes des Lammes. Darum sind sie angesichts des Thrones Gottes, und sie bringen ihm Gottesdienst dar tags und nachts in seinem Tempel. Und der da sitzt auf dem Thron, wird über ihnen zelten. Nicht mehr werden sie hungern, auch nicht mehr werden sie dürsten, auch nicht falle auf sie die Sonne, noch irgendeine Hitze. Denn das Lamm, das da nach der Mitte des Thrones hinauf ist, wird sie weiden und sie leiten zu den Wasserquellen des Lebens, und Gott wird abwischen jede Träne aus ihren Augen.«

Die Frage, die einer der Ältesten an Johannes stellte: »Wer sind sie und woher kamen sie?« ist auch uns gestellt. Johannes konnte sie nicht beantworten. Können wir es? Es muß sich um etwas so Außergewöhnliches handeln, daß ein Vertreter der höheren Geisterwelt dem Johannes Aufklärung geben mußte.

Es handelt sich bei der großen Schar unzweifelhaft um Gläubige, aber noch nicht Vollendete. Sie gehören nicht zur Überwindergemeinde und auch nicht zu den 144 000 Versiegelten aus Israel (Kap. 7, 1-8). Sie stammen aus jeder Nation und Stämmen und Völkern und Zungen, also aus dem großen *Weltmissionsgebiet*. Daß sie angesichts des Thrones und des Lammes sind, um teilzunehmen an dem Gottesdienst im himmlischen Tempel, beweist, daß sie zu der großen Schar der Erlösten gehören. Sie sind umhüllt mit weißen Gewändern und Palmen in ihren Händen und schreien mit großer Stimme und sagen: »Das Heil unserm Gott, der auf dem Throne sitzt, und dem Lamm.« Diese ganze Beschreibung zeugt davon, daß es sich um wirklich gläubige Christen handelt. Aber gerade diese Tatsache macht uns die Beantwortung der Frage: »Wer sind sie und woher kommen sie?« so schwer.

Gelöst werden kann diese Frage nur, wenn wir erstens die prophetische Symbolsprache der Apokalypse verstehen, und wenn wir zweitens zwischen Errettung zur Seligkeit und Berufung zum Königspriesterdienst zu unterscheiden gelernt haben.

Die Absicht der ganzen in der Apokalypse geschilderten Offenbarung Jesu Christi ist nach Kapitel 1, 1 die: »Seinen Knechten zu zeigen, was geschehen muß in Schnelligkeit.« Knechte Jesu Christi sind nach paulinischem Sprachgebrauch die zum Dienst Berufenen und Erzogenen. Wir treffen diese in der Apokalypse wieder als die Überwinder. Zu dieser Gruppe gehört die große Schar nicht. Sie sind *wohl Gerettete, aber nicht Gekrönte*. Sie sind noch Werdende, Wachsende, und zwar durch den Dienst der Überwindergemeinde; diese ist als Tempel Gottes im Himmel dargestellt.

Das weiße Gewand, mit denen alle in der großen Schar umhüllt sind, die stolä, ist eine vorläufige Bekleidung, die nur übergeworfen wird. Es symbolisiert den Zustand derer, die noch nicht ganz zur Vollendung gelangt sind. Deshalb sind sie angesichts des Thrones und des Lammes, damit sie dort ihre Vollendung erlangen.

Die Palmen in ihren Händen sind ein weiteres Symbol, das ihrer Sehnsucht nach dem messianischen Reichsfrieden Ausdruck gibt, an welchem auch die Völkerwelt ihren Anteil haben soll (vgl. Sach. 14, 16). Daß es sich bei der großen Schar um wirklich Gerettete handelt, beweist auch ihr Schreien mit großer Stimme: »Das Heil unserm Gott, der auf dem Thron sitzt, und dem Lamm.« Das Fundamentale des Heils haben sie erlebt und erkannt, daß sie es einzig dem auf dem Thron Sitzenden und dem Lamm, also Jesus Christus, verdanken.

Ihr Schreien hat aber noch keinen höheren Rhythmus, wie die anderen Doxologien, sondern ist ein Schreien mit großer Stimme, wie bei den Seelen unten am Altar (Kap. 6, 10), die ebenfalls weiße Gewänder (stolä) zum Umhüllen bekommen. Die Anbetung durch alle Engel rings um den Thron und die Ältesten und die vier Lebewesen mit dem siebenfachen Hymnus ist die feierliche Anerkennung des Heilswerkes Gottes an dieser großen Schar (V. 11-12).

Und doch fehlt noch etwas Entscheidendes an ihrer Vollendung. »Sie kommen aus der großen Drangsal, und sie spülen ihre Gewänder und machen sie weiß vermittelst des Blutes des Lammes.«

Gibt es denn verschiedene Wege zur Vollendung des Heils? Diese Frage wird hier von keinem Menschen, sondern von einem Geisterfürsten vor Gottes Thron beantwortet, und wir werden erkennen, daß es keine Durchbrechung der göttlichen Heilsordnung gibt, wohl aber eine Durchbrechung unserer theologischen Dogmen.

Die große Schar besteht aus solchen, die andauernd Kommende sind aus der großen Drangsal, die bereits zur Zeit des Johannes bestand (vgl. Kap. 1, 9) und den ganzen Äon hindurch währt und sich mehr und mehr steigert, bis sie am Ende dieses Äons ihren Höhepunkt erreicht. Die äußere Not hat sie zu Gott getrieben, aber noch kennen sie nicht die ganze Fülle des Herrlichkeitsevangeliums, die aufs innigste mit der nach oben weisenden Berufung Gottes in Christo Jesu verbunden ist (vgl. Phil. 3, 14). Deshalb versuchen sie auch, ihre Gewänder zu spülen und helle zu machen, also den Heiligkeitscharakter der Überwindergemeinde zu erlangen. Es kann sich hier nicht um das Werk der Erlösung und Sündenvergebung handeln; denn dieses kann vom Menschen nicht bewirkt werden. Wohl aber ist bei der Weihung zum priesterlichen Dienst die Mitwirkung der Erlösten geboten (vgl. die Fußwaschung, Joh. 13, 10). In 1. Johannes 3, 3 wird dieser Heiligungsprozeß, an welchem der Gläubige verantwortlich mitwirkt, ein Sich-selbst-Reinigen genannt. Es handelt, sich um die Reinigung vom anhaftenden Unrat. Daß das »mittelst des Blutes des Lammes« geschehen soll, weist auf das Manko hin, das bei diesen Erretteten noch besteht. Sie haben noch nicht die ganze Blutskraft des Lammes erfahren. Hier ist die einzige Stelle, an der vom Waschen oder Spülen vermittelst des Blutes die Rede ist.

In demselben Sinne gilt das Wort der Ermahnung an alle noch unvollendeten Heiligen, ihre Gewänder zu spülen, auf daß ihre Vollmacht sei über das Holz des Lebens und durch die Tore einzugehen in die Stadt (Kap. 22, 14). In Verbindung mit dem Begriff Versöhnung wird von Blutvergießen oder Blutbesprengung gesprochen. Die Vollendung ihrer Heilsstellung gewinnen diese Erlösten nun in der Überwindergemeinde. »Darum sind sie angesichts des Thrones Gottes, und sie bringen ihm Gottesdienst dar tags und nachts in seinem Tempel. Und der da sitzt auf dem Thron, wird über ihnen zelten.«

Angesichts des Thrones und der Überwindergemeinde muß alles zurechtkommen. Da kann es keine Halbheiten, keine Kompromisse mehr geben. Es wäre zum Verzweifeln, wenn diese Aussicht nicht bestünde. Andererseits darf dieselbe aber auch nicht dazu verleiten, die Heiligung in diesem Leben lässig zu betreiben oder aufzuschieben.

»Und sie bringen ihm Gottesdienst dar« (latreuein). Der himmlische Gottesdienst beherrscht die ganze Darstellung in der Apokalypse so sehr, daß auch alle Gerichte als dessen Einzelmomente angesehen werden müssen. Die Frucht dieses Gottesdienstes für die große Schar ist ein Wachstum, ein zum Ziel Kommen. Der Ausdruck: »tags und nachts« deutet an, daß es noch einen Wechsel in der Entwicklung bis zur Vollkommenheit gibt bis zum ewigen Tag ohne Nacht (vgl. Kap. 21, 25). Im Tempel, inmitten der Überwindergemeinde, gelangen sie zu ihrer Vollendung, indem sie von ihr den *wahren Gottesdienst lernen*. Und die Herrlichkeit, die im Zelt der Stiftshütte in der Schekina anschaulich wurde, will Gott vom Thron aus auf die große Schar herabsenken und über sie ausbreiten.

Dieses Zelten über ihnen (ep autus = über sie hin) ist noch nicht gleichbedeutend mit dem Zelten unter ihnen (met auton = mit ihnen, vgl. Kap. 21, 3). Auch dieser Ausdruck zeigt das noch nicht Vollendetsein an.

»Nicht mehr werden sie hungern, auch nicht mehr werden sie dürsten, auch nicht falle auf sie die Sonne, noch irgendeine Hitze.« Die letzten Spuren und Erinnerungen der überstandenen großen Drangsal werden beseitigt. Das »nicht mehr« wird dann wie eine wirkliche Befreiung mit unaussprechlicher Wonne empfunden. Wieviel mehr wird der *Dienst der Überwinder an diesen Werdenden* vollkommene Glückseligkeit sein.

»Denn das Lamm, das da nach der Mitte des Thrones hinauf ist, wird sie weiden und sie leiten zu den Wasserquellen des Lebens, und Gott wird auswischen jede Träne aus ihren Augen« (V. 17).

Das Lamm wird sie weiden und leiten. Es befindet sich »nach der Mitte des Thrones hinauf« (ana meson tu thronu), also in der Richtung auf die Mitte nach oben zu. Auf diesem Wege befinden sich auch die Weide und die Wasserquellen des Lebens für die der völligen Genesung Entgegengehenden. Weiden hat es immer mit Pflegen und Wachstum zu tun. Daß das Lamm ganz persönlich diesen Dienst übernimmt, ist so tröstlich und herrlich. Es sorgt für die nötige geistige Nahrung und Zuführung von Kraft. Es wird sie den Weg führen (hodegein) zu den Wasserquellen des Lebens. Quellwasser symbolisiert den heiligen Lebensgeist in seinen Ursprüngen. Das Lamm wird sie am Strom des Lebens, der vom Thron Gottes und des Lammes ausgeht (Kap. 22, 1), hinaufführen bis zu den Quellen, also bis zum Vaterherzen Gottes. Da wird dann die Tröstung ihren Höhepunkt finden, indem Gott auswischen wird jede Träne aus ihren Augen, auch die Tränen über das so spät erkannte volle Heil.

Diese ganze Schilderung zeigt den großen Unterschied zwischen der Berufung der Gemeinde zum Königspriesterdienst und dem Stand der Gläubigen, die aus der großen Drangsal kommen und ihre Gewänder noch spülen und weiß machen müssen. Sie sind keine Kronenträger, aber dennoch gehören sie zu der großen Herde des guten Hirten, die nicht aus der Hürde Israels sind. »Und wird *eine* Herde und *ein* Hirte sein« (Joh. 10, 16).

12. Der Gebetsdienst der Überwindergemeinde und die Zorngerichte Gottes

In Offenbarung Kapitel 8, 1-5 lesen wir: »Und als es das siebte Siegel öffnet, wurde ein Schweigen in dem Himmel bei einer halben Stunde. Und ich sah die sieben Engel, welche vor Gott stehen, und es wurden ihnen sieben Posaunen (Trompeten) gegeben. Und ein anderer Engel kam und stellte sich an den Altar, und er hatte ein goldenes Räucherfaß; und ihm wurde viel Räucherwerk gegeben, auf daß er es gebe den Gebeten der Heiligen allen auf den goldenen Altar, der da angesichts des Thrones ist. Und der Rauch des Räucherwerks stieg mit den Gebeten der Heiligen auf aus der Hand des Engels vor (angesichts) Gott. Und der Engel nahm das Räucherfaß und füllte es aus dem Feuer des Räucheraltars und warf es auf die Erde (das Land). Und es wurden Donner und Stimmen und Blitze und ein Erdbeben.«

Hier tun wir einen Blick in die *universale Gebetsmacht der Gemeinde*, die hier unmittelbar in Verbindung steht mit den Zorngerichten Gottes. Weil es sich bei den letzteren um die Durchführung der Heilspläne Gottes mit Israel und den Nationen handelt, deshalb hat die Überwindergemeinde ein so *lebhaftes Interesse an den Zorngerichten Gottes.* Zorn Gottes ist eifernde, zurechtbringende Liebe. Kein Heil ohne Gericht, und kein Gericht ohne Heil. Dieser Grundsatz gehört zum eisernen Bestand der prophetischen Verkündigung. Danach muß auch das schriftgemäße Gemeindegebet ausgerichtet werden. Es gehört zu den tiefsten Geheimnissen gläubiger Erkenntnis der Wege Gottes, daß das Zorngericht Gottes zum Heil notwendig ist.

Wie Gericht und Heil zusammenhängen und in dem Handeln Gottes anschaulich werden, das ist Gegenstand staunender gläubiger Anbetung im Gebetsschweigen vor Gottes Angesicht. »Da wurde ein Schweigen im Himmel bei einer halben Stunde.«

Die halbe Stunde (hämioron), die letzte scharf begrenzte Halbzeit, ist im Gebetsringen der Gemeinde die Entscheidungszeit. Diese wird nicht mit Kämpfen und Ringen ausgefüllt, sondern mit Schweigen, anbetendem, schweigendem Sichversenken in Gottes Gerichtshandeln zum Heil. Das ist die einzige, Gottes würdige Haltung der Betgemeinde, wenn es sich um die Eröffnung der Gerichte Gottes handelt, wie kurz vor Beginn der sieben Posaunengerichte. Das Halbe ist das Überschüssige, welches noch über das Vollmaß hinausgeht. Erst nach solchem Gebetsschweigen der Überwindergemeinde können die Endgerichte hereinbrechen und die Gerichtsengel in Aktion treten.

Es ist im Zusammenhang mit dem Altar wichtig zu begreifen, daß alle uns in der Apokalypse dargestellten Gerichte Gottes zurückzuführen sind auf die Gebetsmacht der Gemeinde in ihrem königspriesterlichen Dienst. Dieser Gebetsdienst dreht sich vorwiegend um *die Durchführung der göttlichen Gerichtswege*, wie sie in den prophetischen Schriften vorausverkündigt sind. Die gläubige Betgemeinde hat ein intensives Interesse daran, weil es ihr vor allem um die Ehre Gottes zu tun ist und weil sie weiß, daß alle Gerichtswege Gottes Heilsziele verfolgen.

Wir sind heute durch eine verweichlichte und verfälschte Evangeliumsverkündigung dahin gekommen, alles nur egozentrisch zu sehen, und so hat sich heimlich eine verhängnisvolle Schwerpunktverlagerung vollzogen. Davon zeugen viele Evangelisations- und Gebetsversammlungen. Da geht es letzten Endes vielfach nur noch um das selbstsüchtige, fromm getarnte, persönliche, kollektive Ich, um das eigene in den Himmel Kommen und die Zunahme des eigenen kirchlichen Kreises. Wo bleibt da der heilige Eifer für Gottes Ehre und der Glaube an Gottes Weltregierung? Wir müssen wieder lernen, kindlich gläubig mit Paulus zu beten:

»O Tiefe des Reichtums, sowohl der Weisheit als auch der Erkenntnis Gottes! Wie unausforschlich sind seine Gerichtsurteile und unausspürbar seine Wege! Denn wer hat des Herrn Sinn erkannt, oder wer ist sein Mitberater geworden (vgl. Jes. 40, 13. 14)? Oder wer gibt ihm etwas zuerst, und es wird ihm vergolten werden (vgl. Hiob 41, 2)? Denn aus ihm und durch ihn und in ihn hinein ist das All. Ihm sei die Herrlichkeit in die Äonen hinein! Amen« (Röm. 11, 33-36).

Nicht die Gemeinde führt die Gottesgerichte durch, sondern als Gerichtsvollstrecker fungieren die Engel. Alle Kräfte und Mächte werden von Engeln Gottes überwaltet und gelenkt und stehen im Dienst der gläubigen Betgemeinde. Wie der himmlische Räucheraltar ein Bild von dem zusammengefaßten Gebetsdienst der Gemeinde ist, so ist das *goldene Räucherfaß ein Bild von der wirksam gewordenen Gebetsmacht*. Die Schalen und das Räucherfaß sind in den Händen von Engeln. Das ist der Fortschritt in der Entfaltung des Bildes. Die Gebete werden wirksam, es kommt zur Handlung. Der aufsteigende Rauch ist ein Bild von der Wirkung der Gebete. Er steigt auf aus dem Innern der goldenen Schalen, welche sind die Gebete der Heiligen. Die Gebete sind nur die Gefäße, Behälter, die erst dadurch ihren aktiven Wert erhalten, daß Gott sie mit rechtem Inhalt füllt. Deshalb ward dem Engel Kapitel 8, 3 viel Räucherwerk gegeben, auf daß er es gebe den Gebeten der Heiligen auf den goldenen Altar, der da angesichts des Thrones ist. Engel sind also die Vermittler bei den Gebeten zwischen den Menschen und Gott. Deshalb wird Kapitel 8, 4 besonders die Hand des Engels betont. Der Engel füllt das Räucherfaß nun nicht etwa mit dem Räuchwerk, sondern mit Feuer vom Altar. Das ist die Rückwirkung der Gebete, die mit der zu Gott aufsteigenden Wirkung korrespondiert. Er wirft das Feuer in das Land (Israel). Dieses Feuer wird vom Altar genommen. Das bedeutet, daß *das Gericht an Israel durch den Gebetsdienst der Gemeinde* zur Ausführung gelangt.

Jesus sagte seinen Jüngern Matthäus 19, 28: »Wahrlich, ich sage euch: Die ihr mir nachfolgt, in der Wiedergeburt, wenn der Sohn des Menschen sitzt auf dem Thron seiner Herrlichkeit, werdet auch ihr selbst sitzen auf zwölf Thronen und richten die zwölf Stämme Israels.« Lukas 22, 29. 30 sagt Jesus zu seinen Jüngern: »Und ich verordne euch, gleich wie mir mein Vater verordnet hat, eine Königsherrschaft, auf daß ihr esset und trinket an meinem Tische in meinem Reiche. Und ihr werdet auf Thronen sitzen und richten die zwölf Stämme Israels.«

Alle diese Darstellungen sind symbolisch, so daß hinter den Bildern geistliche Wirklichkeiten stehen. In der Apokalypse führt uns die bildliche Darstellung am weitesten, indem uns gezeigt wird, wie das Richten der zwölf Stämme Israels durch die Gemeinde vor sich geht und welche Mittel dabei zur Anwendung kommen. Die Gebete aller Heiligen setzen die durch Engel überwachten himmlischen Gerichtsmächte Gottes in Bewegung. Was einstens die Jünger Jakobus und Johannes im fleischlichen Eifer ausführen wollten, als sie zum Herrn sagten: »Herr, willst du, daß wir Feuer vom Himmel herabfallen und sie verzehren heißen, wie auch Elia tat?« (Luk. 9, 54), das wird erfüllt werden, wenn die Stunde gekommen und die Gebetsmacht der Überwindergemeinde ihr Reifeziel erlangt hat. Daß sowohl der Altar als auch die Gebetsschalen aus Gold sind, weist hin auf die absolute Heiligkeit dieses Dienstes.

Der Engel nahm das Räucherfaß und füllte es aus dem Feuer des Räucheraltars und warf es auf die Erde (in das Land). Feuer ist ein Bild des Gerichtszornes Gottes.

Daß dieses Feuer zu Beginn der Posaunengerichte in das Land Israel geworfen wird, zeigt an, daß alle in der Apokalypse erwähnten Gerichte sich letzten Endes um Israel konzentrieren. Das *Geschick Israels ist der Angelpunkt der Weltgeschichte*. In Kapitel 9, 13. 14 lesen wir: »Und der sechste Engel posaunte. Und ich höre eine Stimme aus den vier Hörnern des goldenen Altars, der angesichts Gottes ist, sagend zu dem sechsten Engel, der da hat die Posaune: löse die vier Engel, die gebunden sind an dem großen Strom Euphrat.« Auch hier handelt es sich um das Gericht an Israel, um dies Volk zur Buße zu leiten.

Alle Posaunen in der Apokalypse sind Bußposaunen, und die durch sie verkündeten Gerichte sind Bußgerichte, erschütternde Aufforderungen zur Sinnesänderung. Daß die eine Stimme aus den vier Hörnern des goldenen Altars, dem Symbol der vereinigten Gebetsmacht der Gemeinde, kommt, hat seine besondere Bedeutung. Das Horn symbolisiert hier die *aggressive Stoßkraft der Gebete der Heiligen*, die auf diesen Altar kommen. Dies ist auch tatsächlich der Fall, indem die vier Gerichtsengel, die gebunden sind an dem großen Strom Euphrat, gelöst werden, damit die Gerichtsvollstrecker aus dem Fernen Osten ins Land Israel hineingelassen werden. Alle vier Hörner, wodurch die Allseitigkeit der speziellen Gebete um *das Heil Israels durch Gericht hindurch* betont werden soll, haben nur eine Stimme, d. h. sie sind einstimmig. Die Gerichtswege Gottes mit Israel verlaufen planmäßig.

Beim schließlichen Vollzug des Gerichtes, das uns unter dem Bild einer Doppelernte in Kapitel 14, 15 ff geschildert wird, heißt es V. 18: »Und ein anderer Engel kommt heraus aus dem Altar, der hat Vollmacht über das Feuer, und er ruft mit großer Stimme dem, der die scharfe Sichel hat, und sagt: Sende deine Sichel, die scharfe, und lies ab die Trauben des Weinstocks des Landes; denn gereift sind seine Beeren.« Der Dienst dieses Engels ist die *Verwaltung des heiligen Gerichtsfeuers Gottes in Verbindung mit den Gebeten der Heiligen.* Das abschließende Feuergericht geht aus von dem Altar des himmlischen Tempels Gottes, also von der vollendeten Überwindergemeinde.

Beim Ausgießen der sieben Zornschalen in Kapitel 16 lesen wir V. 7: »Und ich höre den Altar sagen: Ja, Herr, Gott, Allgewaltiger, wahrhaftig und gerecht sind deine Gerichte.« Vom Altar wird schließlich die ausgleichende Gerechtigkeit Gottes in seinen Gerichtswegen anerkannt. Es ist das feierliche Amen der vollendeten Überwindergemeinde. Ihr priesterlicher Gebetsdienst dreht sich vornehmlich um die Durchführung der Heils- und Regierungswege Gottes auf Grund seiner Heiligkeit und undurchbrechbaren Gerechtigkeit. Der Begriff des Gnadenheils ist leider in christlichen Kreisen so sehr verflacht und verwässert, daß man kaum noch ein Verständnis hat für die Notwendigkeit der göttlichen Gerichte. Hören wir doch mehr auf die Stimme der Propheten, wozu für uns als Gemeinde in erster Linie auch der Römerbrief des Apostels Paulus gehört.

Die Anrede: »Herr, Gott, Allgewaltiger«, soll die universale Absolutheit Gottes betonen (vgl. Kap. 11, 17; 15, 3). Der Allgewaltige herrscht als der Absolute nicht mit diktatorischer Gewalt, die keinen Widerspruch und keine Kritik duldet, sondern so, daß sein Richten von den Engeln und der Gemeinde wohl beurteilt werden kann. Das überzeugte Ja der Betgemeinde ist das Resultat einer klaren Erkenntnis und freien Zustimmung. Die Gerichte Gottes sind nicht nur im Einklang mit seiner undurchbrechbaren Gerechtigkeit, sondern auch mit der Wahrheit. Sie sind wahrhaftig und gerecht.

Dieser Abschnitt der Apokalypse (Kap. 11, 1-4) ist ein Prüfstein aller Auslegungen, und viele leiden an dieser Stelle Schiffbruch. Man hat versucht, das Messen des Tempels so zu deuten, als ob es sich hier um die Zerstörung des irdischen Tempels und den Bau eines neuen Tempels in Jerusalem handelt. Dagegen ist anzuführen, daß in allen Stellen der Offenbarung, in welchen vom Tempel die Rede ist, nur der Tempel Gottes im Himmel gemeint ist. Auch paßt der in Kapitel 11, 1 gebrauchte Ausdruck »Tempel Gottes« durchaus nicht zum irdischen Tempel in Jerusalem, der, nachdem Jesus denselben verlassen hat (Matth. 24, 1), nie mehr »Tempel Gottes« oder »Haus Gottes« genannt wird.

Es ist wichtig, uns das heilsgeschichtliche Werden des biblischen Begriffs »Tempel« zu vergegenwärtigen. Der Urtypus des Tempels Gottes ist kein materielles Haus; denn Gott wohnt nicht in Tempeln von Menschenhänden gemacht (Apg. 7, 48; 17, 24). Der irdische Tempel war vielmehr nur eine sinnfällige Darstellung der unsichtbaren göttlichen Wirklichkeit. Gott wird erkannt in seiner Schöpfung. Diese ist seine Wohnung (vgl. Jes. 66, 1), sein großes Vaterhaus mit den vielen Bleibestätten (Joh. 14, 2), Himmel und Erde umfassend. Daß die Offenbarung des unsichtbaren Gottes auf dem Boden Israels mit einem irdischen Tempelhaus verbunden war, hatte nur vorübergehende, pädagogische Bedeutung. Der eigentliche Tempel als die Wohnung seiner Herrlichkeit blieb ein lebendiger, beweglicher Begriff, der in der Gemeinde Jesu Christi seine Vollendung gefunden hat. Jesus wies auf diesen Gottestempel hin, indem er gleichzeitig den steinernen Tempel in Jerusalem ablehnte (Joh. 2, 19. 21). Wie der irdische Leib Jesu zerbrochen wurde und nach drei Tagen der himmlische Leib Jesu auferstand, so ist der irdische Tempel in Jerusalem abgebrochen, zerstört, aber der wirkliche Tempel Gottes aufgerichtet worden, der Leib des Christus, die Gemeinde Gottes, die mit Christus lebendig gemacht ist.

Diese Anschauung vom Tempel Gottes war in den urchristlichen Gemeinden allgemeine Erkenntnis (vgl. 1. Kor. 3, 16; Eph. 2, 21; 2. Thess. 2, 4; 1. Tim. 3, 15; 1. Petr. 4, 17; Hebr. 10, 21; 12, 23). Das ist auch der Sinn der bildlichen Darstellung in der Apokalypse. Am Schluß heißt es: »Einen Tempel sah ich nicht in ihr; denn der Herr, Gott, der Allmächtige ist ihr Tempel und das Lamm« (Offb. 21, 22). Mit und in Christus ist die Gemeinde die Wohnstätte Gottes im Geist (vgl. Eph. 2, 22), so daß das abschließende Gesamtbild des Tempels Gottes die Vollendung der Gemeinde in dem Christus ist. Von diesem Standort aus fällt helles Licht auf alle Stellen in der Apokalypse, in denen vom Tempel Gottes die Rede ist.

In Kapitel 11, 19 wird ausdrücklich gesagt, daß der Tempel Gottes im Himmel ist. Dieser *himmlische Gottestempel wird gemessen*. Kapitel 11, 1: »Und es ward mir gegeben ein Rohr gleich einem Stabe, sagend: Erhebe dich und miß den Tempel Gottes, sowohl den Altar als auch die Anbetenden in ihm.«

Wer hier mit Johannes spricht, wird nicht gesagt. Es heißt einfach: »sagend«. Dies bezieht sich auf das Meßrohr. Johannes war im Verständnis der Symbolsprache so weit fortgeschritten, daß die einfache Geste des Gebens eines Meßrohrs zu ihm sprach. Er erkannte in der Geste die Aufforderung: »erhebe dich und miß«. Das Messen kann natürlich nur als eine symbolische Handlung verstanden werden, die zum Ausdruck bringen soll, daß das zu Messende ein gewisses Reifemaß erreicht hat, sei es zum Gericht, sei es zum Aufbau.

Beim Abmessen zum Gericht und zur Zerstörung wird eine Meßschnur (qaw, vgl. 2. Kön. 21, 13; Jes. 34, 11) oder ein Senkblei (anak, vgl. Amos 7, 7. 8) gebraucht, aber zum Messen beim Aufbau ist das Meßrohr (kalamos), wie hier in Kapitel 11, 1, das richtige Werkzeug.

In der Apokalypse werden zwei Meßrohre oder Maßstäbe unterschieden: das einfache und das goldene Meßrohr. Während für den Tempel Gottes nur ein gewöhnliches Rohr gebraucht wird, wird das neue Jerusalem nach dem Heiligkeitsmaß, also mit einem goldenen Rohr, gemessen (vgl. Offb. 21, 15). Das einfache Rohr zum Messen des Tempels Gottes, der Gemeinde, liegt in der Hand eines Menschen (Johannes), das goldene Rohr zum Messen des neuen Jerusalem ist in der Hand eines Engels. Das Messen ist immer die wichtigste Vorbereitung, die den ernsten Willen bekundet, etwas auszuführen. Die Ausführung ist nicht mehr zweifelhaft, sondern nur noch eine Frage der Zeit. Daß es sich hier beim Messen nicht um Feststellung geometrischer Größen handelt, beweist schon der Umstand, daß auch die Anbeter gemessen werden sollen. Dreierlei soll gemessen werden:

der Tempel selbst,
der Räucheraltar und
die im Tempel Anbetenden.

Beachten wir die große Linie in der Apokalypse, dann kann es sich hier nur um die Feststellung handeln, ob die *Überwindergemeinde reif ist für ihren großen Dienst an Israel*. Dazu gehört vor allem der Gebetsdienst, symbolisch dargestellt in dem Räucheraltar und den Anbetenden.

Wer sind nun aber *die Anbetenden*? Unter diesem Bilde kann doch nicht dasselbe verstanden werden wie unter dem Tempel selbst, der Gemeinde. Diese Anbetenden hier bilden wohl eine besondere Gruppe *messiasgläubiger Juden*, die nicht Glieder der Körperschaft sind, aber teilhaben an dem Gebetsdienst der Gemeinde, wie wir aus dem Zusammenhang schließen dürfen, besonders auch wegen der Beseitigung alles Vorhofswesens.

»Und den Vorhof, den außerhalb des Tempels (naos) wirf hinaus, und nicht sollst du ihn messen; denn er ist den Nationen gegeben. Und die heilige Stadt werden sie treten zweiundvierzig Monate« (Kap. 11, 2).

Für das Gemeindezeugnis den messiasgläubigen Juden der Endzeit gegenüber hat diese symbolische Handlung eine tiefe Bedeutung. Sie bezeugt ihnen den totalen *Bruch mit dem entarteten jüdischen Kultus*, der zum Vorhof gehört. Die große Drangsal der Endzeit wird ihnen zum inneren Segen sein, indem sie gelöst werden von all dem Wesen, das der Vorhof für sie mit sich brachte.

Die Annahme, daß der Vorhof aus der Gemeinde selbst entfernt werden soll, beruht auf einer völligen Verkennung des Bildes. Die Gemeinde hat überhaupt keinen Vorhof. Von letzterem heißt es, daß er außerhalb des Tempels ist. Das vollständige Heidnischwerden des Vorhofs, d. h. die Entartung der jüdischen Religion, ist die Ursache des Gerichts über Israel durch die Nationen. »Und Jerusalem wird zertreten werden von den Nationen, bis daß Nationen-Zeitwenden erfüllt sind« (Luk. 21, 24).

Das alte Jerusalem wird hier heilige Stadt genannt, weil es in seiner heilsgeschichtlichen Geltung trotz seines argen Zustandes in Gottes Augen noch als heilig, d. h. abgesondert, angesehen wird. Sonst aber ist es zur großen Stadt geworden, die geistlicherweise Sodom und Ägypten heißt (Kap. 11, 8).

»Und ich werde geben meinen zwei Zeugen, und sie werden weissagen eintausendzweihundert und sechzig Tage, umhüllt mit Sacktuch« (V. 3).

Durch ein »und« wird diese Szene mit der vorherigen eng verbunden. Beide haben es zu tun mit letzten Ausreifungen und Möglichkeiten in Verbindung mit Israels Errettung. Haben wir in V. 1-2 eine symbolische Darstellung der Reife der Gemeinde für ihren besonderen Missionsdienst an Israel, so erleben wir in der nächsten Szene *die Erneuerung des prophetischen Zeugnisses auf dem Boden Israels* zum Zwecke der Vollendung der prophetischen Linie vor dem Endgericht. *»Meine zwei Zeugen«* ist ein feststehender Begriff, dessen Kenntnis vorausgesetzt wird. Zeugnis hat es immer mit Beweis zu tun, der auf Tatsachen beruht. So sind auch diese zwei Zeugen Gottes solche, die den einzig möglichen Gottesbeweis führen auf Grund des prophetischen Wortes. Die Aufgabe der zwei Zeugen in Jerusalem, also auf dem theokratischen Boden Israels, ist die Führung dieses prophetischen Gottesbeweises bis zum Äußersten, bis zur Bekehrung eines Überrestes. V. 13: »Und die Übrigen gerieten in Furcht und gaben dem Gott des Himmels Ehre (Herrlichkeit).«

Die Verbindung der Szene von den zwei Zeugen mit der vorherigen von der Messung des Tempels durch das »und« zeigt uns den inneren kausalen Zusammenhang zwischen beiden. Die Vollendung des prophetischen Zeugnisses auf dem Boden Israels hängt davon ab, daß der Altardienst der Überwindergemeinde sein Reifeziel erlangt hat. Dieses Reifeziel besteht darin, daß die zusammengefaßte qualitative Gebetsmacht der Gemeinde und die besondere Gruppe der anbetenden, christusgläubigen Juden eine innere, geistige Einheit bilden. Nur auf diesem Wege kommt es zur Erneuerung des geistlichen Lebens auf dem Boden Israels, zur gottgewollten Gemeindemission an Israel. Welch eine entscheidende Bedeutung hat doch die im echten prophetischen Geist erzogene und ausgereifte Betgemeinde!

14. Die neue Zeugnismission der Überwindergemeinde an Israel

Erst nach Messung des Tempels, sowohl des Altars als auch der darin Anbetenden, beginnt die eigentliche Zeugnismission der Überwindergemeinde. Damit kommen wir bereits in den dritten Hauptteil der ganzen Apokalypse (Kap. 11, 15-22, 5). Im zweiten Hauptteil (Kap. 4, 1-11, 14) wird uns das Geheimnis Gottes in seiner Weltregierung enthüllt. Dieses liegt in dem Bild des Lammes, welches allein würdig ist, das Buch zu nehmen und seine Siegel zu lösen. Der dritte Hauptteil bringt die Lösung aller Welträtsel, vor allem die Lösung des heiligen Rätsels Israel. Das alles wird erfolgen unter der Signatur der siebten Posaune.

Uns bewegt nun die Frage, welche Aufgabe dabei der Überwindergemeinde zufällt. In Kapitel 11, 19 lesen wir: »Und geöffnet wird der Tempel Gottes in dem Himmel, und sichtbar wird die Lade seines Bundes in seinem Tempel, und es werden Blitze und Stimmen und Donner und ein Beben und großer Hagel.« Die Öffnung des himmlischen Tempels, der vollendeten Überwindergemeinde, bedeutet den Beginn einer neuen Mission. Diese steht in engster Beziehung zur Endgeschichte Israels. Der Dienst der Gemeinde an Israel kann nur ein königlicher und priesterlicher sein (vgl. Kap. 1, 6; 5, 10), auch in seiner richterlichen Funktion. Dazu soll zunächst das grundsätzliche Zeugnis dienen, das bei der erstmaligen Öffnung des himmlischen Tempels anschaulich wird. Gegenüber dem alten, irdischen Heiligtum, in welchem die Bundeslade vor den Augen des Volkes dauernd verborgen blieb, ist dies etwas ganz Neues: »Sichtbar wird die Lade seines Bundes in seinem Tempel.« Durch die Gemeinde soll Israel kundgetan werden, was die Lade des Bundes Gottes eigentlich bedeutet, *daß nämlich Gott es ist, der seinen Bund treu hält und bis zum Ziel durchführt trotz des Versagens Israels*.

Wie und auf welchem Wege Gott das Ziel erreicht, das ist das dritte Geheimnis der Apokalypse, das Geheimnis Babylons, wie aus der großen Hure die Braut, das Weib des Lammes wird. Die Bundestreue Gottes erfordert, daß er auf dem Wege des Gerichts Israels Heil durchführt. Und dieses Gericht wird durch die vollendete Überwindergemeinde vermittelt. Deshalb kommen die Gerichtsengel einer nach dem andern aus dem himmlischen Gottestempel heraus (vgl. Kap. 14, 15. 17; 15, 6).

Bevor nun die sieben Zornschalenengel aus diesem Tempel heraustreten können, wird er als Tempel des Zeltes des Zeugnisses geöffnet. »Und nach diesem sah ich, und geöffnet ward der Tempel des Zeugnisses in dem Himmel« (Kap. 15, 5). Diese Öffnung des Tempels im Himmel steht in Verbindung mit derjenigen in Kapitel 11, 19 beim Ertönen der siebten Posaune. Dort wird die Bundeslade Gottes sichtbar als Zeichen der unerschütterlichen Bundestreue Gottes, hier aber wird *der Charakter des Zeugniszeltes* betont. Es ist das Zeugnis Gottes wider die Sünde Israels und das von der Heiligkeit Gottes, wie es in der Geschichte Israels für die Menschen- und Engelwelt anschaulich wird. Daß nun das Zelt des Zeugnisses im Himmel sichtbar wird, zeigt an, daß es sich bei den Endgerichten um die Manifestation der Heiligkeit Gottes handelt. Wenn wir erkennen dürfen, daß mit dem

Tempel Gottes im Himmel die vollendete Überwindergemeinde symbolisiert wird, so wird uns die Öffnung dieses Tempels besonders bedeutungsvoll als Beginn einer neuen Mission der Gemeinde an Israel.

Ursprünglich sollte das Zelt (die Stiftshütte) ein Zelt der Zusammenkunft sein zwischen Gott und dem Volk (ohäl moed, vgl. 3. Mose 17, 4; 2. Mose 29, 42. 43). Aus diesem Zelt der Zusammenkunft wurde aber durch Israels Treulosigkeit ein Zelt des Zeugnisses (ohäl haeduth, vgl. 4. Mose 9, 15; 17, 22. 23; 18, 2; 2. Chron. 24, 6), in welchem die Lade des Zeugnisses war. Durch das Gesetz oder Zeugnis bezeugte sich Gott in seiner Heiligkeit wider die Unheiligkeit des Volkes von der Lade des Zeugnisses aus. Der Zorn Gottes wider die Sünde und den Abfall Israels geht von dieser Lade aus. Nun wird der ganze Tempel Gottes im Himmel, d. h. die vollendete Überwindergemeinde selbst, für Israel zu einem Zelt des Zeugnisses, zur großen Anklage Gottes gegen sein altes Bundesvolk.

»Und heraus kommen die sieben Engel, die da haben die sieben Plagen, aus dem Tempel, angezogen mit reinem, glänzendem Leinen und umgürtet um die Brust mit goldenen Gürteln« (Kap. 15, 6). Diese Engel sind die Vollstrecker des Gerichts, der großen Anklage Gottes, die durch das Zeugnis der vollendeten Überwindergemeinde gegen Israel erhoben wird. Dieser Aufgabe gemäß ist auch ihre hohe Stellung als Priesterkönige in der Engelwelt. »Und eins der vier Lebewesen gibt den sieben Engeln sieben goldene Schalen voll des Grimmes Gottes, der da lebt in die Äonenvollendung hinein« (V. 7). Nicht die Engel geben den Impuls zur Ausführung des Gerichts, sondern die Lebewesen, die Repräsentanten der beseelten Schöpfung. Diese fordert die ausgleichende Gerechtigkeit Gottes und wartet sehnsüchtig auf die Enthüllung der Söhne Gottes und auf die Freiheit der Herrlichkeit der Kinder Gottes (vgl. Röm. 8, 19-21).

»Und dicht voll Rauch wird der Tempel aus der Herrlichkeit Gottes und aus seiner Kraft. Und niemand konnte hineingehen in den Tempel, bis vollendet sind die sieben Plagen der sieben Engel« (V. 8). *Die Heiligkeitsoffenbarung Gottes im Gericht ist zugleich Herrlichkeit.* Dies wird dadurch anschaulich, daß der Tempel Gottes erfüllt wird mit Rauch aus der Herrlichkeit und Kraft Gottes während der ganzen Zeit, solange die Zornschalengerichte währen, bis die sieben Plagen vollendet sind. Der Rauch ist nicht nur ein Symbol von der Wirkung der erhörten Gebete (vgl. Kap. 8, 4), so daß das ganze Gerichtsgeschehen als Folge der Gebetserhörungen anzusehen ist, sondern auch ein Symbol der Offenbarung der Herrlichkeit und Kraft Gottes in Verbindung mit der Gebetsmacht der Heiligen.

In Kapitel 16, 1 u. 17 kommen *laute Stimmen aus dem Tempel*. Diese lauten Befehlsstimmen kommen vom Thron Gottes in seinem Tempel. Sie geben den Befehl zum Beginn der Ausgießung der sieben Zornschalen in das Land (Israel), und sie geben auch das Signal zum Abschluß der Gerichte. Daß die Gerichtsengel und die Gerichtsstimmen aus dem himmlischen Tempel Gottes, d. h. von der vollendeten Überwindergemeinde, ausgehen, die mit dem Christus in der Mitte des göttlichen Thrones ihren Platz hat (vgl. Kap. 3, 21; 5, 6), zeigt uns die hohe Gerichtsmission der Gemeinde (vgl. Matth. 19, 28). Sie ist nicht Gerichtsvollstreckerin, das ist das Geschäft der Engel (vgl. Matth. 13, 39), sondern Gerichtsvermittlerin durch ihr Zeugnis.

Israels Gerichts- und Israels Heilslinie werden beide entscheidend mitbestimmt durch die Gemeinde. Beide Linien laufen jedoch nicht etwa parallel nebeneinander, sondern als eine einheitliche Linie mit- und ineinander. Ohne den Königspriesterdienst der Gemeinde würde diese große Linie nicht durchgeführt. Es würde eine fühlbare Lücke in dem prophetischen Totalbild entstehen. Das Aufeinanderbezogensein von Israel und Gemeinde und das beiderseitige Werden und Ausreifen füllt diese Lücke aus und löst alle Fragen des heiligen Rätsels in der Durchführung der Königsherrschaft Gottes. Diese Lücke wäre für Israel die abgebrochene Königreichslinie, die während des Verstokkungsgerichts über Israel von der Gemeinde weitergeführt würde. Die Königreichslinie erleidet aber in Wirklichkeit niemals eine Unterbrechung, sondern befindet sich in einer für Menschen unerfindbaren Wandlung und Entwicklung. Das ist das Geheimnis des Königreichs der Himmel (vgl. Matth. 13, 11).[1]

15. Die vollendete Überwindergemeinde als der neugeborene Sohn

Der große Kampf im Himmel und auf Erden um die Weltherrschaft Gottes kommt erst dann in die entscheidende Phase, wenn die Gemeinde ihre Vollreife erlangt hat, wenn also die Überwindergemeinde

[1] Vgl. hierzu: Heinz Kremers und Erich Lubahn, »Mission an Israel«, Neukirchener Verlag, Neukirchen-Vlyun 1985.

sich herausgebildet hat. Dieses Ziel zeigt uns Paulus in Epheser 4, 13: »... bis wir alle hingelangen zu der Einheit des Glaubens und der Erkenntnis des Sohnes Gottes, zu dem vollkommenen Mann, zum Maß des Vollwuchses der Fülle des Christus«. Diesen Stand der Vollendung der Gemeinde symbolisiert auch das Bild von dem neugeborenen Sohn in Offenbarung 12, 4. 5. Daß hier die vollendete Gemeinde als Sohn der in Geburtswehen liegenden Frau erscheint, ist dadurch begründet, daß es sich in der Apokalypse um das Verhältnis der Gemeinde zu Israel handelt, also um das große heilige Rätsel. Beide, sowohl Israel als auch die Gemeinde, haben einen gemeinsamen Ursprung. Paulus sagt in Galater 4, 26: »Das Jerusalem droben ist eine Freie, diese ist unser aller Mutter.« Und in Hebräer 12, 22 lesen wir: »Ihr seid herzugekommen zum Berge Zion und zu der Stadt des lebendigen Gottes, dem himmlischen Jerusalem.«

In der Apokalypse wird das obere oder himmlische Jerusalem als Frau dargestellt, als *himmlische Mutter der Gemeinde*. Die Gemeinde ist sowohl ihr Kind, d. h. ihr Geborenes (teknon V. 4), als auch ihr Sohn, und zwar als Männlicher (hyios arsen V. 5). »Und ein großes Zeichen erschien in dem Himmel: eine Frau, umhüllt mit der Sonne, und der Mond unter ihren Füßen, und auf ihrem Haupt ein Kranz von zwölf Sternen« (Kap. 12, 1). Das »Und« am Anfang zeigt an, daß das nun geschilderte große Zeichen unmittelbar mit dem vorhergehenden Bild vom geöffneten Tempel im Himmel innerlich verbunden ist. Der Messung des Tempels, sowohl des Altars als auch der in ihm Anbetenden, entspricht die Geburt des Sohnes. Die Bilder wechseln, so wie es der Ideenfortschritt der Apokalypse erforderlich macht. Handelt es sich um das Zeugnis der Gemeinde, so wird das Bild des Tempels Gottes im Himmel verwertet. Handelt es sich aber um das organische Werden, so tritt an die Stelle des Tempelbaues das Bild eines lebendigen Organismus, so wie wir es aus den paulinischen Briefen kennen.

Das Urbild der Frau ist im Himmel und hat zweierlei Samen, einen himmlischen, nämlich den Sohn, und einen irdischen, nämlich das Volk Israel. Das große Zeichen in der Apokalypse zerfällt demnach in zwei Teile:

Kapitel 12, 1-5 die in Geburtswehen liegende Frau und

Kapitel 12, 6 ff die Frau auf der Erde in der Wüste.

Der auffallende Szenenwechsel innerhalb des Bildes findet seine Erklärung in dem besonderen Beruf der Frau.

Im Himmel wird die Rechtsfrage im Heilswirken Gottes entschieden, und da ist die vollendete Gemeinde die restlose Lösung dieser Frage. Daher die Szene im Himmel Kapitel 12, 1-5; 7-11.

Auf Erden wird die Durchführung der Heilsgeschichte entschieden, und da ist Israel die Zentralachse. Daher die Szene auf Erden oder im Lande Kapitel 12, 6. 12-17. Beide Körperschaften, die Gemeinde und Israel, haben ein gemeinsames Urbild, die Frau als Gebärerin des Erretters. Die Frau ist weder Israel noch die Gemeinde allein für sich, sondern das Urbild, das himmlische Jerusalem. Dieses ist nicht zu verwechseln mit dem neuen Jerusalem, das aus dem Himmel auf die Erde herabfährt (Kap. 21, 2). Eine genaue Exegese (Auslegung) dieser so wichtigen Stelle, die entscheidend ist für die richtige Auffassung der ganzen Apokalypse, müssen wir uns hier versagen, weil sie an anderer Stelle erfolgen soll.[1] In Verbindung mit unserm großen Thema haben wir hier nur darauf zu achten, was die Gemeinde und ihren Königspriesterdienst betrifft.

»Und sie ist schwanger und schreit, Wehen leidend und sich quälend, zu gebären« (Kap. 12, 2). Dies ist das Ziel des ganzen heilsgeschichtlichen Werdens von Uranfang an (vgl. 1. Mose 3, 15. 16): Durch die Gesetzes- und Gemeindehaushaltung hindurch, im Zusammenwirken aller kosmischen Lichtkräfte der Sonne, des Mondes und der Sterne in ihrer symbolischen Bedeutung,

nämlich die Geburt des himmlischen Samens, des Männlichen, und des irdischen Samens, des jüdischen Überrestes.

Beide haben, wie wir oben gesehen haben, eine gemeinsame Mutter. Die Geburt ist ein altbekanntes prophetisches Bild von Wiederherstellung. Israels Wiederherstellung wird mit einer wehenreichen Geburt verglichen (vgl. Hos. 13, 13; Jes. 13, 8; 21, 3; 37, 3; 42, 14; 66, 8. 9; Jer. 4, 31; 6, 24; 30, 6), aber auch die ganze Welterneuerung, indem die Erde sich auftut, den geistlichen Samen, Gerechtigkeit von oben her, aus dem Himmel und dem Gewölk, aufnimmt, empfängt und Gerechtigkeit gebiert und aufsprossen läßt (vgl. Jes. 45, 8).

So trifft es auch für die Gemeinde zu. Ihre Herausbildung zu dem vollkommenen Mann, dem Maß des Vollwuchses der Fülle des Christus, ist ebenfalls ein *Geburtsprozeß*. Die Wehen gehen der Geburt vor-

[1] Siehe dazu Teil III/3: »Das Geheimnis Babylons«.

aus. Paulus nennt die mühselige Arbeit der Zurechtbringung der irregeleiteten Galater ein Erleiden von Geburtswehen (Gal. 4, 19). Im selben Kapitel spricht Paulus von dem Jerusalem droben, daß es unser aller Mutter ist, das als bisher Unfruchtbare, die noch nicht geboren, die nicht Wehen erlitten hat, nun aber, wie Sara nach der Verheißung an Abraham, einen reichen Kindersegen erfährt. Zu diesem Kindersegen gehört nicht nur das irdische Volk Israel, sondern auch das himmlische Gottesvolk, die Gemeinde. Dieser ganze Werdeprozeß ist mit heftigen Wehen verbunden. Darum wird das Jerusalem droben aufgefordert: »Brich hervor und schreie, die du nicht Wehen leidest!« (Gal. 4, 27). In diese Geburtswehen führt uns das große Zeichen im Himmel ein.

»Und sie gebar einen Sohn, einen Männlichen, der sich anschickt, alle Nationen mit eisernem Stabe zu weiden, und entrückt wird ihr Kind zu Gott und seinem Thron« (Kap. 12, 5). Der Same der Frau ist sowohl Kind als auch Sohn. Der Abstammung nach ist er ihr Kind, dem ausgebildeten Charakter nach ist er ihr Sohn, ein Männlicher. Als solcher ist er berufen und bereit, alle Nationen mit eisernem Stabe zu weiden. Es ist die Erfüllung der besonderen Verheißung an den Überwinder nach Kapitel 2, 27 und ist in Verbindung mit dem richterlichen Handeln des Herrn selber zu denken. *Der neugeborene Sohn ist also identisch mit der vollendeten Überwindergemeinde.*

Im selben Augenblick, da der Sohn, der Männliche, von der Frau geboren wird und der Drache bereit ist, das Kind der Frau zu fressen (V. 4), wird derselbe entrückt zu Gott und zu seinem Thron. Dieser Zug allein genügt schon, um zu zeigen, daß es sich nicht um die irdische Geburt Jesu Christi handelt, sondern um die Geburt des vollkommenen Mannes, der vollendeten Überwindergemeinde. Nach dem Gerichtsurteil im Himmel, wodurch Satans Rechtsansprüche vor Gott durch die Tatsache der Entrückung der Gemeinde endgültig abgewiesen worden sind, weil nun einwandfrei die Gerechtigkeit und Heiligkeit Gottes heilsgeschichtlich dokumentiert worden ist, muß selbst Satan zugeben, daß er seinen Riesenprozeß verloren hat und kostenpflichtig abgewiesen worden ist.

Auffallend ist, wie hier von der Entrückung der Gemeinde gesprochen wird im Vergleich mit dem, was Paulus darüber in 1. Thessalonicher 4, 17 sagt. In letzterer Stelle ist die Entrückung der Toten in Christo und der übriggebliebenen Lebendigen zur Begegnung des Herrn in die Luft, um immerdar mit dem Herrn zusammen zu sein,

ein Wort des Trostes für die kämpfende Gemeinde auf Erden. In unserer Stelle handelt es sich um die Entrückung des Kindes der Frau zu Gott und seinem Thron, um als der Männliche im Gericht über Satan den Sieg davonzutragen. *Die Entrückung wird hier also in Beziehung gebracht zum Königspriesterdienst der Gemeinde*, und dieser Dienst ist Throndienst. Dadurch wird die Durchführung der Heilsgeschichte Israels ermöglicht, indem Satan aus dem Himmel geworfen wird (vgl. V. 7 ff), nachdem die vollendete Überwindergemeinde dort ihren Platz eingenommen hat.

Wie entscheidend die Ausreifung und Entrückung der Überwindergemeinde für den Endsieg des Königreiches Gottes ist, wird durch den gewaltigen Triumphgesang angedeutet, der den Himmel durchbraust: »Jetzt wird (Aorist) das Heil und die Kraft und das Königreich unseres Gottes und die Vollmacht seines Christus! Denn geworfen wurde der Verkläger unserer Brüder, der sie verklagt vor den Augen Gottes tags und nachts. Und sie überwinden ihn durch das Blut des Lammes und durch das Wort ihres Zeugnisses. Und nicht lieben sie ihre Seele bis an den Tod« (Kap. 12, 10. 11).

Die Vollendung der Überwindergemeinde und ihre Entrückung ist also *der Rechtsbeweis Gottes gegen den Ankläger*, der unwiderlegbare Beweis, daß der Sieg der Gnade auf dem Wege der undurchbrechbaren Heiligkeit und Gerechtigkeit Gottes errungen worden ist. Denn die Gerechtigkeit Gottes ist für Satan als Verkläger der eigentliche Rechtsgrund. An der Gemeinde wird der Beweis erbracht, daß Gnade und Gerechtigkeit keine unvereinbaren Gegensätze sind und daß das Heil durch Christus beides in vollkommenster Weise miteinander verbindet. *Das ist das Geheimnis des Kreuzes*, das Heil auf dem Wege des Sterbens und des Zeugnisses. Satan verliert den Riesenprozeß einer ganzen Weltzeit. Sein Platz im Himmel wird nicht mehr gefunden (Kap. 12, 8). Diesen Platz nimmt jetzt die Gemeinde ein.

Noch ist aber der große Kampf nicht zu Ende, aber was sich jetzt noch abspielt, hat seinen Schauplatz auf der Erde mit dem Land Israel als Mittelpunkt.

So ist die Vollreife der Überwindergemeinde entscheidend nach zwei Seiten hin:

unter dem Bild des vollendeten Tempels als Vorbedingung für das Gericht über Israel und die Wiederbelebung des prophetischen Zeugnisses auf dem Boden Israels, und unter dem Bild des neugeborenen Sohnes und seiner Entrükkung zu Gott und seinem Thron als Vorbedingung für den Sieg im Himmel über Satan, den Verkläger.

Nun ist der Weg frei für die Vollendung von Heil und Kraft, und das Werden des Königreichs Gottes ist gesichert. Die Durchführung der Königsherrschaft Gottes liegt in der Vollmacht seines Christus (vgl. 1. Kor. 15, 25-27).

Die »große Stimme in dem Himmel« geht von der vollendeten, am Thron befindlichen Gemeinde aus, und die mit »unsere Brüder« Bezeichneten sind die noch nicht Vollendeten aus Israel, gegen die der große Drache jetzt seine ganze Wut richtet. Auch diese *messiasgläubigen Juden, die Übrigen vom Samen der Frau*, die da halten die Gebote Gottes und haben das Zeugnis Jesu (Kap. 12, 17), werden zu Überwindern in derselben Ordnung wie auch die Gemeinde, nämlich durch das Blut des Lammes und das Wort ihres Zeugnisses. Sie erfahren die volle Blutskraft des Lammes und die volle Beweiskraft des Zeugnisses der zwei Zeugen, und sie bewähren sich in der Bereitschaft, im Glauben den Todesweg zum Leben zu gehen.

Wieder wird eine große gerade Linie zu Ende geführt, Israels Heilslinie. Aber durch welche Gerichte und großen Drangsale diese Linie noch hindurchführt, das wird in seiner Tiefe erst in den nächsten Kapiteln ganz enthüllt. Nach dem entscheidenden Sieg Michaels über den Drachen im Himmel folgt dessen völlige Überwindung auf Erden. Hier ist der Schauplatz der sichtbaren Siege des Herrn.

16. Die Überwindergemeinde der Endzeit in einer gerichtsreifen Welt

Auf dem Boden Israels wirkt die Überwindergemeinde der Endzeit nur durch das erfüllte Tempelzeugnis, sowohl im Altardienst (Räucheraltar) als auch im Zeugnisdienst (Öffnung des Tempels Gottes im Himmel), wie wir es ausgeführt haben. In den äußeren Gang der Geschichte Israels greift die Überwindergemeinde nicht mit ein. Da hilft Israel sich selbst nach Gottes Plan. Wenn das irdische Israel, die Frau, von dem Drachen, der Schlange, verfolgt wird, werden ihm die zwei Flügel des großen Adlers gegeben, damit es fliege in die Wüste an ihren Ort, wo es dort ernährt wird eine Zeitwende und Zeitwenden und eine halbe Zeitwende, weg von dem Angesicht der Schlange (Kap. 12, 14). Und wenn die Schlange aus ihrem Maul hinter der Frau wie einen Strom Wasser herwirft, damit sie vom Strom fortgeschwemmt werde, dann hilft das Land (Israel als Nation) der Frau (dem idealen Israel), und das Land öffnet seinen Mund und verschlingt den Strom, den der Drache aus seinem Mund wirft (V. 16).

Das nationale Israel fängt den Strom der vernichtenden Weltanschauung (Antisemitismus) in sich auf. Die Frau in der Wüste, das ideale Israel, wird dadurch bewahrt. Die Strömung, die judenfeindliche Weltanschauung, wird von dem nationalen Israel (dem Land) verschlungen und dadurch unwirksam gemacht. Als Schlange hat der Böse damit seine List ausgespielt, als Drache aber kann er noch weiter gegen den Überrest Israels streiten (V. 17). Der Zorn des Drachen kommt zur Vollendung in seinem Haß gegen die Überwindergemeinde, den Sohn, und nachdem diese ihm durch Entrückung entzogen worden ist, gegen den messiasgläubigen Teil Israels.

Wesentlich anders ist das Verhalten und das Verhältnis der Überwindergemeinde auf dem Boden der Völkerwelt. Da sehen wir die duldende Gemeinde im Reich des Tieres. Durch ihre Absonderung vom Schema der Welt und ihre Nichtbeteiligung an den antigöttlichen Bestrebungen des Tierwesens geraten die Überwinder konsequenterweise in die Stellung des Märtyrertums. Sie suchen das nicht, aber sie werden hineingezwungen, wenn sie nicht verleugnen wollen.

Darüber belehrt uns Kapitel 13 der Apokalypse. Das Tier darf nicht verwechselt werden mit dem Antichristen, der nur im Wirkungsbereich der sichtbaren Gemeinde, dem großen Haus (2. Tim. 2, 20), seinen Platz hat. Das Reich des Tieres, des Weltdiktators, ist das ganze Endsystem der Weltreiche in seinem häßlichen, tierischen Charakter. Ohne Gottesfurcht wird Menschentum zum Tierwesen, indem der einzelne unpersönlich gelenkt wird, wie in einem Termitenstaat, von einer alles normierenden, unsichtbaren Zentrale aus. Der Gesinnung nach stammt dieses Tier aus dem Abgrund (vgl. Kap. 11, 7 und 17, 8). Der Antichrist, der aus dem weiteren Gemeindebereich (der Mitte) heraus wird oder entsteht (vgl. 2. Thess. 2, 7, genaue Übersetzung), ist immerhin noch Mensch, wenn auch der Mensch der Gesetzlosigkeit, der Sohn des Verderbens (V. 3). Das Tier aber ist nur Seelenwesen, ohne Geist, regiert von Instinkten. In diesem Reich des Abgrundtieres kann der Überwinder nur dadurch wirklich ein Überwinder bleiben, wenn er das Martyrium bejaht.

Hinter dem Tier steht der Satan als Drache. »Und der Drache gab ihm seine Macht und seinen Thron und große Gewalt« (Kap. 13, 2b).

Der ganze Haß des Drachen richtet sich gegen die Überwindergemeinde. »Und der Drache stand vor der Frau, die im Begriff war zu gebären, auf daß er, wenn sie geboren hätte, ihr Kind fräße« (Kap. 12, 4 f). Durch die Entrückung des neugeborenen Sohnes wird dieser den direkten Angriffen des Drachen entzogen.

Es ist anzunehmen, daß das letzte antigöttliche Weltreich, das Tier, schon längere Zeit vor der Entrückung der Überwindergemeinde existiert. Es heißt nämlich: »Und ich sah aus dem Meer ein Tier aufsteigen« (Kap. 13, 1). Das Aufsteigen ist als ein allmähliches Werden und Wachsen zu denken. So hat die Überwindergemeinde vor ihrer Entrückung noch viel unter der Herrschaft des Tieres zu leiden. Sie wird nicht bewahrt »vor« der großen Drangsal, sondern »aus ihr heraus« gerettet, wie dem Engel der Gemeinde zu Philadelphia verheißen wird: »Weil du das Wort meines Ausharrens bewahrt hast, werde auch ich dich bewahren aus der Stunde der Versuchung heraus, die im Begriff ist über die ganze Wohnerde (oikumenä) zu kommen, zu versuchen die da wohnen (sich niedergelassen haben) im Lande (Israel)« (Kap. 3, 10). Mit der Stunde der Versuchung sind wahrscheinlich die zweiundvierzig Monate gemeint, in deren abgegrenzter Zeit das Tier die Vollmacht hat, zu tun und zu lassen, was es will (V. 5). Diese Vollmacht wird sich erstrecken über jeden Stamm und Volk und Zunge und Nation (V. 7).

Die Feindschaft des Tieres, die sich hauptsächlich gegen die Juden, die sich im Lande niedergelassen haben, richtet, wird auch die Überwindergemeinde mit treffen. Und wie diese durch die Entrückung dem vernichtenden Zugriff des Drachen entzogen wird, so wird sie auch den Nachstellungen des Tieres in der höchsten Not entrissen werden. Trotzdem setzt das Tier seinen Haß in ohnmächtiger Wut fort, indem es sein Maul öffnet zu Lästerungen gegen Gott, zu lästern seinen Namen und sein Zelt, (und) die in dem Himmel zelten (Kap. 13, 6). Bei der ausgesprochenen Diesseitsreligion des Tieres mit seiner Selbstvergötterung verlästert es alles Jenseitige, indem es dieses lächerlich und verächtlich macht.

Es wird uns nirgends eine Andeutung gemacht, daß die Überwindergemeinde im Diesseits die Aufgabe habe, die Welt zu verbessern. Sie ist der weltlichen Obrigkeit untertan, soweit es ihr möglich ist ohne Verleugnung des Glaubens. Die Überwinder suchen auch durch Dienstbereitschaft das Wohl ihrer Mitmenschen, indem sie ihre Leiber (ihr Leibesleben) darstellen zum Opfer, das da lebendig, heilig und

Gott wohlgefällig ist, aber sie stellen sich dabei nicht dem Schema dieses Äons gleich, sondern werden umgestaltet durch die Erneuerung ihres Denksinnes, damit sie prüfen mögen, was der Wille Gottes sei, das Gute und Wohlgefällige und Vollkommene (vgl. Röm. 12, 1. 2). Sie wissen, daß diese Gegenstandswelt nicht ihre Heimat ist, sondern sie haben ihr Bürgertum in den Himmeln (vgl. Phil. 3, 20).

17. Die Überwindergemeinde und die Weltvollendung

Offenbar ist der neue Himmel und die neue Erde mit dem neuen Jerusalem als Zentrale das Ziel der Darstellung des ganzen Buches.[1] Wie die Wirklichkeit einmal sein wird, das übersteigt weit unser Vorstellungsvermögen. Hierfür trifft das Wort des Apostels Paulus zu in 1. Korinther 2, 9 f: »Was kein Auge gesehen und kein Ohr gehört hat und in keines Menschen Herz gekommen ist, was Gott bereitet denen, die ihn lieben; uns aber enthüllt es Gott durch seinen Geist; denn der Geist erforscht alles, auch die Tiefen Gottes.«

Zur Veranschaulichung für unsere beschränkten Sinne gebraucht der Inspirator der Heiligen Schrift, der Heilige Geist, Bilder, die das Wesen der Dinge dergestalt symbolisieren, daß Bild und Wesen sich wahrheitsgetreu entsprechen. Wir sollten deshalb die prophetische Symbolsprache in der Auslegung der Apokalypse ganz ernst nehmen, indem wir uns hüten, durch neue Bilder aus unserer Phantasiewelt die einheitliche heilige Symbolsprache der Schrift zu verwirren. Es gehört zu den beglückendsten Entdeckungen des ehrlichen Schriftforschers, daß die Bilder in der Bibel stets sich gleichbleiben, so daß es möglich ist, Schrift durch Schrift zu erklären.

In unübertrefflicher heiliger Dramatik rollt das gewaltige Weltgeschehen vor unserm geistigen Auge ab, und wir erleben staunend, anbetend den Triumph des Menschensohnes mit, wie er königlich herrschend das All sich unterordnet und dem Vater zu Füßen legt, auf daß Gott sei alles in allem.

»Und es sprach der auf dem Thron Sitzende: Siehe, ich mache alles neu. Und er spricht zu mir: Schreibe, denn diese Worte sind gewiß und wahrhaftig« (Kap. 21, 5). Gott macht alles neu durch Christus;

[1] Siehe dazu Teil IV/1: »Daß Jesus siegt, bleibt ewig ausgemacht«.

»denn in ihm ist erschaffen das All, das in den Himmeln und das auf der Erde – das All ist durch ihn und zu ihm erschaffen, und er ist vor allem, und das All besteht zusammen in ihm« (Kol. 1, 16. 17).

Dieses All stellt Gott denen, die ihn lieben, die gemäß Vorsatz als Berufene ihr Wesen haben, zu ihrem Dienst zur Verfügung (Röm. 8, 28 f), damit sie in der Weltvollendung alles ererben. »Wenn aber Kinder, so auch Erben, Erben Gottes und Miterben Christi, wenn wir anders mitleiden, auf daß wir auch mitverherrlicht werden« (Röm. 8, 17). »Wer überwindet, wird dieses ererben, und ich werde ihm Gott sein, und er wird mir Sohn sein« (Offb. 21, 7). Als Kinder Gottes haben wir geburtsmäßig Anrecht auf diese Allerbschaft, als Überwinder gelangen wir in den Genuß derselben.

Wie nun die vollendete Überwindergemeinde, die mit dem Christus im Thron ihren Platz hat, mit ihm königlich herrscht bis zur Weltvollendung, das ist ihr gemeinsames Erbe mit dem Christus. »Wer überwindet, dem werde ich geben, mit mir in meinem Thron zu sitzen, wie auch ich überwunden und mich mit meinem Vater gesetzt habe in seinem Thron« (Offb. 3, 21). Die Weltvollendung geht von diesem Thron, dem Mittelpunkt des Alls aus. Himmel und Erde werden erneuert. »Und ich sehe einen neuen Himmel und eine neue Erde; denn der vorige Himmel und die vorige Erde vergehen« (Kap. 21, 1).

Auf der neuen Erde wird eine neue Zentrale für die Erneuerung des Kosmos geschaffen: das neue Jerusalem. Der Himmel als Gottes Thron bedarf keiner Erneuerung, wohl aber der zum Sonnensystem gehörende Planetenhimmel. Dieser steht in geistiger Beziehung in Verbindung mit der Erde und ihrer Geschichte. Beide haben eine parallele Entwicklung, und beide bedürfen der Erneuerung. Beide vergehen (parerchesthai), haben ausgedient. »Und die heilige Stadt, das neue Jerusalem, sehe ich herabsteigend aus dem Himmel von Gott, zubereitet wie eine für ihren Mann geschmückte Braut« (Kap. 21, 2). Dieses neue Jerusalem, das nicht zu verwechseln ist mit dem himmlischen Jerusalem droben (Gal. 4, 26; Hebr. 12, 22), ist nicht nur »wie« eine Braut, sondern es i s t die Braut, die Frau des Lammes selber (vgl. V. 9. 10).

Sicherlich wird auch eine neue Stadt Jerusalem das Zentrum auf der umgewandelten, neuen Erde bilden, von welchem sich die Segnungen über die ganze Erde verbreiten sollen. Bei der Beschreibung des neuen Jerusalem dürfen wir aber nicht vergessen, daß wir es mit Symbolen zu tun haben, deren Bedeutung wir herausfinden müssen. Daß das neue Jerusalem von Gott aus dem Himmel herabkommt, soll anzeigen, daß das Heilsresultat in dem Werden Israels nicht das Werk von Menschen ist, sondern allein Gottes Werk.

Was hat nun das alles aber mit der Gemeinde zu tun?

»Die Mauer der Stadt, wie sie zwölf Grundfesten hat, und auf ihnen zwölf Namen der zwölf Apostel des Lammes« (Kap. 21, 14). *Hier haben wir das Bild der heilsgeschichtlichen Vollendung des Königspriesterdienstes der Überwindergemeinde an Israel.* Was der Grundeckstein für den Tempel Gottes ist, nämlich der Plan, nach welchem das ganze Gebäude errichtet ist, das sind die *Grundfesten der Mauer* für die ganze Stadt. Die Mauer soll nicht zum Schutze der Stadt dienen; denn eines solchen bedarf das neue Jerusalem nicht, sondern sie soll die ganze Struktur der Stadt bestimmen. Die Fundamente der Stadt zeigen an, daß das heilsgeschichtliche Werden dieser Mauer, d. h. das Werden Israels aus der großen Hure zur Braut, zur Frau des Lammes, getragen wird vom Dienst der zwölf Apostel des Lammes. Sie vertreten die Gesamtgemeinde in ihrem Beruf für das Königreich des Christus. *Die zwölf Apostel* sind hier nicht zu verwechseln mit den Aposteln der Beschneidung im Unterschied zu Paulus, dem Apostel der Nationen, sondern gerade mit Einschluß des Paulus in seinem wichtigen Dienst für Israel die zwölf Apostel des Lammes. Die Zwölf wird hier nicht rechnerisch gezählt, sondern symbolisch gefaßt. Die Zwölf symbolisiert die Fülle einer heilsgeschichtlichen Entwicklung. Die Namen der zwölf Apostel weisen hin auf die Mannigfaltigkeit ihrer Charaktere und die Fülle ihres Dienstes. Betont wird die Größe und Höhe der Mauer, wodurch die Offenbarungshöhe dessen angezeigt werden soll, was das Werk der Apostel des Lammes in Verbindung mit Israel ist.

Das neue Jerusalem ist die Zentrale der großen Völkermission Israels.

Ist das neue Jerusalem als solches der große Anschauungsunterricht für die Nationenwelt, so symbolisieren die zwölf Tore den besonderen Beruf Israels als Frau des Lammes für die Völker, die durch sie eingehen sollen in die heilige Stadt und von Zion-Jerusalem Weisung empfangen werden. »Und wandeln werden die Nationen durch ihr Licht, und die Könige des Landes bringen ihre Herrlichkeit in dieselbe« (Kap. 21, 24). Auf der neuen Erde gibt es noch Nationen. Die Mission des vollendeten Israel erstreckt sich nicht nur auf die Nationen, die bereits im Völkergericht für den Eingang ins Königreich des Christus gerettet, aber noch nicht vollendet wurden (vgl. Matth. 25, 31-46), sondern auch auf die Nationen, die durch die Gerichte hinweggetilgt wurden und nun auf der neuen Erde wieder erscheinen.

Die Frage, wie diese Nationen überhaupt auf die neue Erde, die aus dem allgemeinen Weltbrand wieder entstanden ist, gelangt sind, wird hier nicht direkt beantwortet. Durch das Licht, welches vom neuen Jerusalem über die ganze Erde hin ausstrahlt, werden sie wandeln. Aber auch die Könige des Landes, die jüdischen Großen, die früher als die Autokraten und Plutokraten (unumschränkte Selbstherrscher und Geldherrscher) die eifrigsten Parteigänger der großen Hure waren (vgl. Kap. 17, 2; 18, 3), bringen jetzt ihre Herrlichkeit, ihre Gott geweihten Güter, in das neue Jerusalem. Alles dient jetzt zur Verherrlichung Gottes.

Welchen Anteil hat nun die vollendete Überwindergemeinde an diesem Dienst? Die Antwort auf diese Frage muß in der *Symbolik der Tore*, in engster Verbindung mit der Symbolik der Mauer gefunden werden; denn die Tore sind der wichtigste Teil der Mauer. Auch sie werden getragen von den Grundfesten mit den zwölf Namen der zwölf Apostel des Lammes. Nicht nur das heilsgeschichtliche Werden Israels aus der großen Hure zur Braut, zur Frau des Lammes, sondern auch der *eigentliche Königreichsdienst des wiederhergestellten Israel an der Nationenwelt* wird getragen von dem speziellen Dienst der zwölf Apostel des Lammes.

Das ist auch die tiefste Bedeutung des Gleichnisses von der Einen köstlichen Perle in Matthäus 13, 45. 46. Von den zwölf Toren heißt es: »Ein jegliches der Tore ist aus Einer Perle« (Kap. 21, 21). Das »Eine« betont den Umstand, daß der Herr, der ausging, schöne, edle, für den besonderen Zweck geeignete Perlen zu suchen, nur Eine sehr köstliche Perle fand, hinging und alles verkaufte, was er hatte, und diese Eine kaufte. Unter vielen Möglichkeiten für die Durchführung des Weltheils durch Israel fand der Herr die Eine besonders köstliche: im Königspriesterdienst der vollendeten Überwindergemeinde. Aus dieser Einen köstlichen Perle macht er die zwölf Tore des neuen Jerusalem.

Wenn auch der Standort der vollendeten Überwindergemeinde nicht die neue Erde und nicht das neue Jerusalem ist, sondern der Thron Gottes im Himmel, in und neben dem Christus, der sitzt zur Rechten des Vaters (Eph. 1, 20), so erstreckt sich doch ihre Wirksamkeit in der Königsherrschaft mit dem Christus von dort aus über die neue Erde mit dem neuen Jerusalem als Zentrale, um die *ursprüngliche*

Paradiesesmission Adams zu erfüllen. Deshalb lautet die Verheißung an den Überwinder im Ephesustyp: »Dem Überwinder, ihm werde ich geben (gewähren), zu essen aus dem Holz des Lebens, welches im Paradiese Gottes ist« (Kap. 2, 7). Die ganze Welt soll ein Paradies Gottes und zum wahren Leben verklärt werden. Für diesen *Weltverklärungsdienst* brauchen die Königspriester immer wieder neue Kraft durch das Essen vom Holz des Lebens. Die ursprüngliche Bedeutung des Baumes des Lebens in der Mitte des Gartens findet dadurch ihre Erfüllung (vgl. 1. Mose 2, 9).

Diese hohe Mission soll allen zugute kommen, sowohl den noch nicht vollendeten Heiligen aus Israel. als auch den noch fernstehenden Nationen. In Kapitel 22, 14 lesen wir: »Glückselig, die da spülen ihre Gewänder, damit es ihre Vollmacht sei über das Holz des Lebens und einzugehen durch die Tore in die Stadt«. Die Vollmacht über das Holz des Lebens ist etwas anderes als zu essen von dem Holz des Lebens. Vollmacht ist ein besonderer Dienst. Es kann sich nur um den Dienst an den noch fernstehenden Nationen handeln, die auch vom Holz des Lebens genießen sollen, nachdem sie durch die Blätter zur Genesung gelangt sein werden. Dieser Dienst liegt in den Händen des wiederhergestellten Israel. Die Vollmacht oder die Verwaltung des Eingehens in die Stadt für die Nationen erlangt Israel »auf Grund« der Tore, wie wir genau übersetzen müssen (es steht hier der dativus instrumenti).

Die zwölf Perlen symbolisieren also den besonderen *Perlendienst der vollendeten Überwindergemeinde für Israel*, damit dieses fähig gemacht wird, seinen Vollmachtsdienst für die Nationen zu erfüllen. Dazu müssen die noch nicht vollendeten Heiligen aus Israel ihre Gewänder spülen. Für Gewänder steht hier der Ausdruck stolä. Damit ist die vorläufige Überkleidung gemeint und der noch nicht vollendete Zustand gekennzeichnet. Sie müssen für den Vollmachtsdienst noch geheiligt werden. Der Perlendienst der Überwindergemeinde besteht also darin, den Heiligen in Israel zu helfen, durch wahre Heiligung des Lebens den Vollmachtsdienst zu erlangen.

Die große Kulturmission der Überwindergemeinde in der Völkerwelt ist selbstverständlich erst restlos durchführbar auf der neuen Erde. Dem Überwinder im Thyatiratyp wird verheißen: »Wer überwindet und bewahrt meine Werke bis ans Ende, ihm werde ich Vollmacht geben über die Nationen, und er wird sie weiden mit eisernem Stabe (Zepter), wie die Töpfergefäße zertrümmert werden, wie auch ich von meinem Vater empfangen habe, und ich werde ihm den Morgenstern geben« (Kap. 2, 26-28).

Wie wir oben gesehen haben, handelt es sich um die Durchführung der *Zerschlagung der entarteten Menschenkultur*, die nicht zur Ehre Gottes dient. Beim eisernen Stabe ist nicht an Gewalt zu denken, sondern an konsequente Führung. Der für Stab gebrauchte Ausdruck (rhabdos) bezeichnet vorzugsweise den Herrscher- oder Hirtenstab, das Zepter. Während das wiederhergestellte Israel die Vollmacht hat über das Holz des Lebens und das Eingehen der Heiden in die Stadt auf Grund der Perlentore oder des Perlendienstes der Überwindergemeinde, hat letztere die Mission der Kulturerneuerung bei den Nationen, und zwar in Verbindung mit Christus selber (»wie auch ich von meinem Vater empfangen habe«).

In dem Gleichnis von den anvertrauten Minas (Luk. 19, 17. 19) wird angespielt auf diese Herrschaftsmission der Überwinder in der Nationenwelt, indem die Knechte je nach Grad ihrer Diensttreue mit verschiedenen Herrschaftsgebieten (zehn Städte, fünf Städte) belohnt werden. Ihre Herrschermission wird ausgeübt vom Thron, dem Platz der Gemeinde, aus.

Zur vollen Welterneuerung und Weltvollendung gehört auch die *restlose Todesüberwindung*. Der Christus muß herrschen, »bis er alle Feinde unter seine Füße gelegt hat. Der letzte Feind, der weggetan wird, ist der Tod« (1. Kor. 15, 25. 26). Wenn wir nun Kapitel 20, 14 hinzunehmen: »Und der Tod und der Hades wurden in den Feuersee geworfen. Dies ist der zweite Tod, der Feuersee. Und wenn jemand nicht geschrieben gefunden wurde in dem Buch des Lebens, so wurde er in den Feuersee geworfen«, und gleich darauf: »Und ich sah einen neuen Himmel und eine neue Erde. Denn der erste Himmel und die erste Erde vergehen, und das Meer ist nicht mehr« (Kap. 21, 1), so dürfen wir annehmen, daß das in 2. Petrus 3, 5-7 geschilderte *Gericht des großen Weltbrandes*, daß nämlich die jetzigen Himmel und die Erde fürs Feuer aufgespeichert sind, *mit dem Feuersee identisch ist*. Der Tod wird als eine geistige Macht in diesem Feuersee weggetan (katargein = entkräften, außer Wirksamkeit setzen). Demnach wären die Nationen auf der neuen Erde nicht mehr unter der Herrschaft des Todes, müßten aber noch genesen. »Die Blätter des Baumes sind zur Heilung (therapeia = Heilung, Gesundheitspflege) der Nationen« (Kap. 22, 2). Das Leben auf der neuen Erde ist ein noch zunehmendes, wachsendes.

Doch was hat die Überwindergemeinde mit dem allen zu tun? Dem Überwinder im Smyrnatyp wird verheißen, daß er keineswegs beschädigt werde aus dem zweiten Tod (Kap. 2, 11). Es heißt nicht: »von dem zweiten Tod«, als käme dieser für den Überwinder noch als Möglichkeit in Frage, sondern »aus dem zweiten Tod heraus«. Die Überwinder werden ja längst vor dem sogenannten Weltuntergang entrückt. Für sie käme nur noch eine Teilnahme an der endgültigen Besiegung des Todes in Frage. Bei diesem Endkampf gegen den letzten Feind unter der Führung Christi sollen sie unbeschädigt bleiben. Es muß demnach ein sehr schwerer Kampf gegen alle im Feuersee vereinigten Satansmächte sein. Weiter führt uns das prophetische Wort nicht. Was schließlich aus Satan selber wird, darüber erfahren wir ebenso wenig, wie über seinen ersten Ursprung.

Der ganze Dienst der Überwindergemeinde in der Weltvollendung ist seligster Gottesdienst, ausgehend vom Thron Gottes und des Lammes. »Und der Thron Gottes und des Lammes wird in ihr sein. Und seine Knechte werden ihm Gottesdienst darbringen« (Kap. 22, 3).

Der Thron Gottes im Himmel erscheint hier auf der neuen Erde in dem neuen Jerusalem.

Das ist kein Widerspruch zu der bisher geschilderten Darstellung, sondern die Vollendung. Zwischen Himmel und Erde besteht dann keine Trennung mehr. Unter seinen Knechten sind hier die Überwinder zu verstehen, die im Dienste sind. »Und sie werden sehen sein Angesicht, und sein Name wird auf ihren Stirnen sein« (V. 4). Das *Angesicht Gottes sehen* ist ihre höchste Seligkeit. Der Vater ist nur durch den Sohn anschaubar (vgl. Joh. 14, 9). Christus ist als der Mittler der Offenbarung des unsichtbaren Gottes identisch mit dem Angesicht Gottes. Der Name Gottes an der Stirne symbolisiert den Charakter der Knechte Gottes als völlig in Übereinstimmung mit dem Charakter Gottes. »Und sie werden als Könige herrschen in die Äonenvollendung hinein« (V. 5).

Hiermit schließt die Reihe der Gesichte in der Apokalypse. Die Linie Israels mündet aus in das neue Jerusalem, die ewige Gottesstadt, nach welcher schon Abraham wartend ausgeschaut hat (vgl. Hebr. 11, 10), und die Linie der Gemeinde, die aus der Ewigkeit stammt vor Grundlegung der Welt, mündet hinein in die Äonenvollendung durch Christus.[1]

1 Das Grundkonzept von H. Langenberg findet durch andere Autoren Unterstützung: Heinz Schumacher, »Durch Gottesgerichte zum Gottesreich«, a.a.O.; Karl Merz,

18. Schluß

Es ist etwas Großes und Köstliches, um seine persönliche Berufung und Mitarbeit für das Königreich Gottes (vgl. Kol. 4, 11) zu wissen, um für den ewigen Kranz das arme Leben ganz einzusetzen. Paulus sagt in Philipper 3, 14: »Eins aber tue ich, das was dahinten vergessend, nach dem aber was vorne ist ausgestreckt, jage ich nach dem Ziele hin, zu dem Kampfpreis der Berufung Gottes nach oben in Christo Jesu.« Und Petrus ermahnt: »Darum, Brüder, befleißiget euch vielmehr, auf daß eure Berufung und Auserwählung festgemacht werde.«

Wie kann das geschehen? »Durch gute (d. h. angemessene) Werke; denn diese tuend würdet ihr keinesfalls jemals straucheln« (2. Petr. 1, 10). Nur Sieger oder Überwinder werden gekrönt. Die Verheißung gilt jedem, der sich ernstlich danach ausstreckt. Paulus bekennt ehrlich: »Nicht daß ich es schon ergriffen habe oder schon vollendet sei. Ich jage aber nach, ob ich es auch ergreifen möge, wozu ich auch ergriffen ward von Christo Jesu. Brüder, ich halte mich selbst nicht dafür, es ergriffen zu haben. Eins aber tue ich ... usw.« Er war kein Perfekter, aber ein nach dem Ziel hin Jagender und deshalb auf jeder

»Was in Kürze geschehen soll«, a.a.O. und »Über die letzten Dinge«, Anker Verlag, Frankfurt/M. 1961; Walter Nigg, »Das ewige Reich«, Artemis-Verlag, Zürich 1978, 2. Aufl. Walter Nigg schreibt in diesem Buch seelsorgerlich zur Überwindergemeinde: »Die Reichserwartung ist keine untätige Passivität, in der sich der menschliche Geist nutzlos verzehrt. Es ist ein hoffendes Warten und eine wartende Hoffnung, die das Angeld der Erfüllung bereits in sich hat und in ihrer unendlichen Spannung oft das Zukünftige schon als Gegenwart erlebt. Das sehnsüchtige Sichausstrecken nach dem Reich als Lebenshaltung verstanden, vermittelt dem Menschen eine innere Freude und wirft einen schimmernden Glanz über seinen Lebensweg. Die geduldig-ungeduldige Erwartung des Reiches ist eine bedrängende Begebenheit der christlichen Geschichte. Ihre erschütternde Gewalt braucht nicht noch unterstrichen zu werden, ist sie doch durch den Gegenstand selbst gegeben ... Nichts wirkt sich im Leben eines Menschen so finster aus, als völlige Hoffnungslosigkeit, und das rapide Schwinden jeglicher Hoffnung in der Gegenwart bildet ein verhängnisvolles Merkmal der modernen Christenheit ... Der Christ ist der Mensch, der wiedergeboren ist zu einer lebendigen Hoffnung, und mit dieser Einstellung hat er den lähmenden Pessimismus überwunden, weil er mit Paulus der Überzeugung lebt: ›Hoffnung läßt nicht zuschanden werden‹ (1. Petr. 1, 3; Röm. 5, 5). Wer die Hoffnung der Menschheit untergräbt, indem er sie als Illusion verhöhnt, betreibt ein teuflisch Werk, und wer die Christen dazu anfeuert, festzuhalten an der angebotenen Hoffnung (Hebr. 6, 18), der tut in aller Unscheinbarkeit eine vorbildliche Tat.«

Kampfesstufe ein Überwinder. Für solche ist die Apokalypse geschrieben. Die Glieder der Überwindergemeinde sollen durch Anschauen der Herrlichkeitsziele ermutigt werden, treu zu werden bis an den Tod, um den Kranz des Lebens zu empfangen (Kap. 2, 10).

Es ist eine besondere Verheißung für den Überwinder, daß sein Name nicht ausgelöscht werden soll aus dem Buch des Lebens (Kap. 3, 5). Der Name ist hier Ausdruck des besonderen persönlichen Charakters und Berufs für die Herrlichkeit im Königreich Gottes.

»Und ich werde bekennen seinen Namen vor meinem Vater und angesichts der Engel.« Das schließt alles ein, was wir zu erwarten haben, wenn wir durch Gottes Gnade Überwinder werden und bis zum Ziel hin bleiben. Der Apostel Paulus schreibt in Römer 8, 37: »Aber in diesem allen sind wir mehr als Überwinder durch den, der uns wirklich liebt.«

III

Die drei grossen Geheimnisse der Offenbarung

1. Das Geheimnis der sieben Sterne (Kapitel 1,10-3,22): Das Werden der Überwindergemeinde in ihrem Königreichsberuf[1]

IM ERSTEN HAUPTTEIL des Buches haben wir die erste Siebenheit, die von dem Geheimnis der sieben Sterne handelt. Auffallend ist, daß überhaupt von einem Geheimnis in Verbindung mit dem Begriff Gemeinde gesprochen wird. Die Gemeinde als solche (ekkläsia = Herausgerufene) aus Juden und Heiden ist, wie wir durch den Apostel Paulus belehrt werden, kein Geheimnis mehr, sondern geoffenbart den heiligen Aposteln und Propheten im Geist (vgl. Eph. 3, 5). Wenn Paulus aber schreibt, daß ihm die besondere Gnade gegeben sei,

»den Nationen den unausforschlichen Reichtum des Christus als Evangelium zu verkündigen und alle zu erleuchten, welches die Verwaltung (oikonomia) des Geheimnisses sei, das von den Äonen an in Gott, der das All erschafft, verborgen gewesen ist, auf daß jetzt den Fürstlichkeiten und den Vollmachten in den Himmlischen durch die Gemeinde kundgetan werde die mannigfaltige Weisheit Gottes nach dem Vorsatz der Äonen, den er macht in Christo Jesu, unserm Herrn« (Eph. 3, 8-11),

so deutet er damit schon an, daß die *Verwaltung des Geheimnisses* von dem unausforschlichen Reichtum des Christus und der mannigfachen Weisheit Gottes den Äonenvorsatz Gottes betrifft, den er sich in Christo Jesu als unserm Herrn (kyrios) vorgenommen hat. Dieser Äonenvorsatz Gottes, der das von Gott erschaffene All umfaßt, soll jetzt durch die Gemeinde den Fürstlichkeiten (archai) und Vollmachten (exusiai) in den Himmlischen bekannt gemacht werden. Die Gemeinde ist also das Zentralorgan bei der Durchführung dieses göttlichen Vorsatzes. Wir erfahren aber in den paulinischen Briefen noch nichts Näheres über den speziellen Königs-

[1] Siehe dazu auch Teil II/1-17.

priesterdienst der Überwindergemeinde in dem Königreich des Christus. Dies ist nun der Fortschritt in der Apokalypse, das *große neue Geheimnis*, welches den Charakter des ganzen Buches bestimmt. Hätten wir die Apokalypse nicht, so würde ein wichtiges Glied in der Gesamtoffenbarung des Wortes Gottes fehlen.

Nicht daß ein neuer Himmel und eine neue Erde geschaffen werden soll,

nicht daß Gott sich seines ehebrecherischen Bundesvolkes Israel wieder in Gnaden annehmen will,

nicht daß die Gerichts- und Regierungswege Gottes mit der ganzen Menschheit in Heil enden werden,

ist das neue Geheimnis; denn dieses alles haben schon die alttestamentlichen Propheten verkündigt, sondern daß die Überwindergemeinde das Mittel in Gottes Hand sein soll, um diese das All umfassenden Heilspläne Gottes zur Durchführung zu bringen. Wie das nach der mannigfachen Weisheit Gottes und dem unausforschlichen Reichtum des Christus geschehen kann, das ist das neue und große Geheimnis in der Apokalypse. Deshalb heißt es am Schluß in Kapitel 22, 16: »Ich, Jesus, sende meinen Boten, euch dieses zu bezeugen über die Gemeinden«.

Es heißt nun nicht »das Geheimnis der Gemeinde«, sondern *»das Geheimnis der sieben Sterne auf meiner rechten Hand und die sieben goldenen Leuchter«* (Kap. 1, 20). Es ist also alles das gemeint, was aus der wunderbaren Verbindung zwischen der rechten Hand (der Herrscherhand) des Christus und dem irdischen Leuchterdienst, also zwischen dem himmlischen und irdischen Sein der Gemeinde resultiert. Weil die richtige Deutung dieser Symbole so wichtig ist, wird gleich eine Erklärung hinzugefügt: »Die sieben Sterne sind Engel (Boten) der sieben Gemeinden, und die sieben Leuchter sind sieben Gemeinden.« Die Engel oder Boten der Gemeinden sind keine überirdischen Geistwesen, sondern Menschen, die als bevollmächtigte Sonderboten des Herrn, als Führer und Lehrer die Verantwortung tragen für den Zustand der von ihnen geleiteten Gemeinden. An sie sind die sieben Sendschreiben adressiert. Sie werden zunächst angeredet, weil sie die Repräsentanten der Gemeinden sind. Als Sterne haben sie dieselbe Mission wie die Leuchter, nämlich *die Lichtmission*. Der Unterschied besteht aber darin, daß die Sterne in der Nachtzeit vom Himmel her leuchten, während die Leuchter ihren festen Standort auf der Erde haben. Aus dem Umstand, daß die Standorte verschieden sind, ist nicht zu schließen, daß beide getrennt zu denken sind; denn die Gemeinde ist sowohl unten auf Erden als auch im Himmel. »In den Himmlischen« ist ihre geistliche Beheimatung. Philipper 3, 20: »Unser Bürgertum hat sein Wesen in den Himmeln«. Der Ausdruck *»Sterne«* für die von Christus bevollmächtigten Boten der Gemeinde weist hin auf ihren besonderen Dienst, in der Nachtzeit der Welt im prophetischen Geist Führer und Lehrer der Gemeinde zu sein (vgl. Hag. 1, 13; Mal. 2, 7). Daß sie »in« der rechten Hand des Menschensohnes sind (V. 16), ist ein Bild ihrer Verbundenheit mit ihm und ihrer Geborgenheit in ihm. Daß sie aber zu gleicher Zeit »auf« seiner rechten Hand sind (V. 20), zeigt an, daß sie diese rechte Regierungshand entscheidend mit beeinflussen. Gerade dieser Zug gehört mit zu dem Geheimnis, zu dem Neuen, was uns die Apokalypse bringt. Die ganze Beschreibung des Menschensohnes in seiner Richterherrlichkeit ist nicht neu, sondern in seinen einzelnen Teilen bekannt. Wer etwas vertraut ist mit der prophetischen Symbolsprache, kann ohne Schwierigkeit die Deutung selber finden.[1] Auch daß die Gemeinde durch gläubiges Anschauen der Herrlichkeit des Herrn in sein Bild verklärt wird von Herrlichkeit in Herrlichkeit hinein (vgl. 2. Kor. 3, 18), muß als bekannt vorausgesetzt werden. Neu aber ist die Stellung und Aufgabe der Boten der Gemeinde als Sterne auf der rechten Hand des Menschensohnes und die Wirkung dieser Tatsache für die Erziehung und Ausreifung der Überwinder innerhalb der Gemeinden.

Neu ist auch die Bezeichnung *»Leuchter«* (lychnia) für Gemeinde. Sonst werden die Glieder der Gemeinde »Licht (phos) in dem Herrn« (Eph. 5, 8). oder »Kinder des Lichtes« (1. Thess. 5, 5) oder »Lichtquellen (phostär) im Kosmos« (Phil. 2, 15) oder »das Licht (phos) des Kosmos« (Matth. 5, 14) genannt.

Der Ausdruck »Leuchter« für Gemeinde wird nur in der Apokalypse gebraucht (Kap. 1, 12. 13. 20; 2, 1. 5) im Vergleich mit den zwei Zeugen in Kapitel 11, 4 auf dem Boden Israels, die vor dem Herrn des Landes stehen. Dadurch soll auf den speziellen *Zeugnisdienst der Gemeinde für Israel* hingewiesen werden. Durch die Siebenheit soll die Vollkommenheit dieses Dienstes ausgedrückt werden. Die Offenbarung der Richterherrlichkeit des unter den sieben goldenen Leuchtern wandelnden Menschensohnes ertüchtigt die verschiedenen Gemein-

[1] Dazu Näheres Teil II: »Das Grundthema der Offenbarung: die Gemeinde Jesu Christi als Überwindergemeinde«.

den zur Überwindergemeinde und erzieht sie für den Königspriesterdienst. Darum heißt es in Kapitel 1, 6: »der uns macht zu einem Königtum, zu Priestern seinem Gott und Vater«. Wie nun die Überwindergemeinde mit dem Christus königlich herrschen (2. Tim. 2, 12) und priesterlich richten (1. Kor. 6, 2) wird, das erfahren wir allein in der Apokalypse, und zwar unter dem Bild des Tempels Gottes im Himmel mit dem goldenen Räucheraltar und der Lade des Bundes und dem Zelt des Zeugnisses.

In der Apokalypse wird *die Gemeindelinie*, die wir aus den paulinischen Briefen kennen dürfen, in ihrer heilsgeschichtlichen Durchführung weiter ausgezogen. Der Apostel Paulus verfolgte in seiner großen Mission den Grundsatz: »den Juden zuerst, dann auch den Griechen«. Er trachtete danach, irgendwie die Juden, die sein Fleisch sind, zur Eifersucht zu reizen und etliche aus ihnen zu retten (Röm. 11, 14). Er weiß auch, daß einmal ganz Israel gerettet werden soll, wenn das Pläroma der Nationen eingehen wird (Röm. 11, 25. 26). Paulus nennt dies ein Geheimnis. In der Apokalypse wird *dieses Geheimnis erweitert durch neue Einzelzüge*. Dazu gehört der erfüllte Leuchterdienst, den die vollendete Überwindergemeinde ausübt.

Als der Apostel Paulus das vervollständigte Pfingstzeugnis in Jerusalem ausrichten wollte (Apg. 21), wurde er niedergeschlagen und kam als Gebundener Christi Jesu (Eph. 3, 1) nach Rom. Dieses sein Zeugnis wird fortgesetzt und vollendet durch den Leuchterdienst der Gemeinde. Das große heilige Rätsel, welches durch die Erscheinung der Gemeinde im Gesamtrahmen der Offenbarungsgeschichte in den Vordergrund getreten ist, drängt zur Lösung. Hätten wir die Apokalypse nicht, so wäre die Lösung in den übrigen Heiligen Schriften, auch in den paulinischen Briefen, unvollkommen. Das Rätsel liegt in dem *gegenseitigen Verhältnis zwischen der Berufung der Gemeinde und der Berufung Israels*. Es ist unsere Aufgabe, eine große gerade Linie durch die verschiedenen Schriften des Neuen Testaments zu ziehen, wenn wir das heilige Rätsel befriedigend lösen wollen.

In der Apostelgeschichte haben wir das Werden der Gemeinde und die Beziehung der Gemeinde zu Israel bis zum Verstockungsgericht Israels, wie es der Apostel Paulus verkündigen mußte (Kap. 28, 25-28). Das Verhältnis der Gemeinde zu Israel während dieser Zeit war das Pfingstzeugnis des prophetischen Geistes an das ganze Israel unter Führung des Petrus und der Übergang dieses Zeugnisses an die Nationen unter Führung des Paulus. Hätten wir nur die Apostelgeschichte, so wären wir hinsichtlich der Lösung des heiligen Rätsels noch vollständig im dunkeln. Man könnte dann geneigt sein zu glauben, daß Israel endgültig beiseite gesetzt und die Gemeinde an die Stelle Israels getreten sei, sozusagen als Nachfolgerin in Israels Berufung. In der Tat hat man vielfach diese Meinung vertreten und dafür gestritten. Daß es sich aber nicht so verhält, darüber belehrt uns Paulus im Römerbrief (Kap. 9-11). Ihm war es auf Grund der unbereuten Gottesverheißungen durch die Propheten klar, daß das Verstockungsgericht nicht das letzte Wort über Israel sein konnte. »Hat Gott etwa sein Volk verstoßen? Das sei ferne!« sagt Paulus. Er stellt den Weg Israels in das helle Licht des prophetischen Wortes und zeigt, daß schließlich ganz Israel gerettet wird. Die Bekehrung des Überrestes erfolgt ähnlich wie die des Apostels Paulus. Er nennt sich darum auch eine unzeitige Geburt, d. h. Frühgeburt (1. Kor. 15, 8). Wenn der Herr wiederkommt, erscheint er Israel, wie er dem Saulus vor Damaskus erschienen ist. Und zwar kommt der Herr mit seiner Gemeinde (1. Thess. 4, 14: »Darum wenn wir glauben, daß Jesus starb und auferstand, also wird auch Gott die durch Jesum Entschlafenen mit ihm führen«; 1. Thess. 3, 13: »bei der Ankunft (Parusie) unseres Herrn Jesu mit allen seinen Heiligen«.) Das wird Israel zur heiligen Eifersucht reizen. Es wird Buße tun, indem Gott den Geist der Gnade und des Flehens über sein Volk ausgießen wird. Sie werden ihn ansehen, welchen sie zerstochen haben (Sach. 12, 10; Offb. 1, 7).

In der Apokalypse haben wir nun die Endpunkte dieser großen geraden Linie von dem heiligen Rätsel. Wie Israel nach der Entrückung der Überwindergemeinde gerettet wird, erfahren wir nur aus der Apokalypse. Hier wird uns nicht nur der Gerichtsweg Gottes mit diesem Volk gezeigt und das große Wunder des aus dem Himmel herabfahrenden neuen Jerusalem, sondern auch das Zentralorgan des Christus zur Durchführung des Vorsatzes Gottes: die Überwindergemeinde. Wie letztere zu diesem Dienst herangebildet und fähig gemacht wird, das wird uns in den Kapiteln 1, 10-3, 22 der Apokalypse gezeigt.

2. Das Geheimnis Gottes (Kapitel 4, 1-11, 14): Das Werden Jesu Christi als Löwe und Lamm im Weltheilsplan

Es handelt sich bei den drei großen Geheimnissen in der Apokalypse um Geheimnisse in der Offenbarung Jesu Christi, die Gott ihm gibt. So wie bei dem Geheimnis der sieben Sterne im ersten Hauptteil des Buches, so handelt es sich auch beim Geheimnis Gottes im *zweiten Hauptteil* um ein Geheimnis in der Offenbarung Jesu Christi. Es ist jedesmal eine neue Enthüllung Jesu Christi. Im Geheimnis der sieben Sterne wird Jesus Christus enthüllt in seiner Richterherrlichkeit zur Herausbildung der Überwindergemeinde. Im zweiten Teil des Buches (Kap. 4, 1-11, 14) wird das tiefste Geheimnis Gottes enthüllt, nämlich Jesus Christus als Gottes Löwe und Lamm. Dies ist *das Geheimnis Gottes in seinem Weltheilsplan*.

2.1 Das Buch mit den sieben Siegeln wird geöffnet.

Als Einleitung zu der großartigen Gesamtschau wird uns der Thron Gottes gezeigt und der *feierliche Gottesdienst der gesamten Schöpfung* vor seinem Thron (Kap. 4 u. 5) anschaulich gemacht.

Die Schöpfung wird vertreten durch die vierundzwanzig Ältesten und die vier Lebewesen. Die Ältesten sind keine Menschen; denn sie unterscheiden sich von ihnen in bezug auf das Erlösungswerk. In Kapitel 5, 9 f sagen sie:

»Würdig bist du, das Buch zu nehmen und seine Siegel zu öffnen; denn du bist geschlachtet worden und hast für Gott erkauft durch dein Blut aus jedem Stamm und Sprache und Volk und Nation, und machst »sie« unserm Gott zu einem Königtum und Priestern, und »sie« werden königlich herrschen im Lande.«

Die Ältesten haben das innigste Interesse an der Vollendung der Gemeinde, durch die ihnen die mannigfache Weisheit Gottes kundgetan worden ist nach dem Vorsatz der Äonen, den er in Christo Jesu, unserm Herrn, gefaßt hat (vgl. Eph. 3, 10 f). Sie gehören der höheren Schöpfungsordnung an, der Engel- oder Geisterwelt, die da begehrt, in das Geheimnis der Heilsdurchführung an der Gemeinde hineinzuschauen (vgl. 1. Petr. 1, 12).

Die vier Lebewesen vertreten wie die Cherubim die niedere Seelenschöpfung, wozu auch der Mensch von seiner Naturseite her gehört (vgl. Hes. 1, 10: Mensch, Löwe, Stier, Adler).

Die Überwindergemeinde ist bei dem himmlischen Gottesdienst vertreten durch die goldenen Schalen voll Räucherwerk, welche die

Gebete der Heiligen sind (Kap. 5, 8). Alles vereinigt sich zur Anbetung dessen, der da sitzt auf dem Thron und der da lebt für die Äonen der Äonen (Kap. 4, 10: in die Äonenvollendung hinein). Das Buch oder die Buchrolle in der rechten Hand des auf dem Thron Sitzenden, beschrieben innen und auf der Rückseite, mit sieben Siegeln versiegelt, enthält das Geheimnis Gottes betreffs der göttlichen Weltregierung, der Durchführung der Theokratie oder Gottesherrschaft (Kap. 10, 7). Das Geheimnis liegt im Lamm, das allein würdig ist, das Buch aufzutun und seine Siegel zu brechen. Das Lamm bringt die Gottesherrschaft zur Durchführung. Diese verläuft in drei Siebenheiten: sieben Siegel, sieben Posaunen und sieben Donner.

Über *die Zeit*, in der das Geschehen abläuft, haben wir auch für diesen Teil die in Kapitel 1, 19 gegebene Bestimmung gelten zu lassen, also Gegenwart und Zukunft. Der Ausdruck in Kapitel 4, 1: »nach diesem (meta tauta)« widerstreitet dieser Auffassung nicht; denn alles Weltgeschehen ist letzten Endes von der Entwicklung der Gemeinde abhängig. Es heißt Kapitel 1,19: »das was ist und das, was nach diesem im Begriff steht (mellei) zu geschehen«, was also aus dem Seienden heraus sich entfaltet.

Auf die innere Beziehung der Gemeinde zum großen Weltgeschehen weist das *neue Lied der anbetenden Schöpfung* in Kapitel 5, 8-10 hin. Es leuchtet ein, daß die ganze Engelwelt das innigste Interesse an allem nimmt, was die Gemeinde betrifft. Welch einen gewaltigen Eindruck muß es deshalb auf sie machen, wenn sie das Geheimnis der Welterlösung, welches sie mit Begierde an der Gemeinde studiert haben, voll enthüllt erkennen dürfen in der Enthüllung Jesu Christi als des geschlachteten Lammes. Die ganze Engelwelt stimmt ein durch die Himmel brausendes siebenfaches Loblied an: »Würdig ist das Lamm, das geschlachtet ist, zu nehmen die Kraft und Reichtum und Weisheit und Stärke und Ehre und Ruhm und Lobpreisung«, worauf die gesamte Schöpfung einstimmt in das vierfache Loblied: »Dem, der da sitzt auf dem Thron und dem Lamm sei die Lobpreisung und die Ehre und der Ruhm und die Gewalt in die Äonen der Äonen (die Äonenvollendung)«, Kapitel 5, 12. 13.

Bei der *Öffnung der Siegel* (Kap. 6) ist die Seelenschöpfung, vertreten durch die vier Lebewesen, mit beteiligt. Sie ruft mit Donnerstimme jedesmal: »Komm!« Sie fordert das Gericht über die Menschheit heraus. Beim fortschreitenden Brechen der Siegel rollt die Buchrolle allmählich ab und mit ihr die Weltgeschichte.

Die vier ersten Siegel gehören enger zusammen und geben uns ein anschauliches *Bild von den zerstörenden Gerichtsmächten*, die im Laufe der Jahrhunderte über die Erde hereingebrochen sind: Krieg, Hunger und Seuchen. So sagt es der Herr selber voraus in Matthäus 24, 6: »Ihr werdet aber von Kriegen und Kriegsgerüchten hören. Werdet verständnisvoll Sehende und laßt euch ja nicht aus der Ruhe bringen; denn alles muß geschehen, aber es ist noch nicht das Ende (telos = Ziel.« Dies ist die Signatur dieser ganzen Weltperiode. Die Rosse mit den darauf sitzenden Reitern werden angeführt von dem ersten Reiter auf weißem Roß, in dem wir unschwer den Herrn selber erkennen (vgl. Sach. 1, 8; 6, 1-3; Offb. 19, 11). In Kapitel 6, 2 wird ihm ein Siegeskranz gegeben, in Kapitel 19, 12 trägt er viele Diademe als Zeichen seiner Herrscherwürde. Der auffallende Wechsel der Bilder vom geschlachteten Lamm zum siegreichen Kriegshelden gehört mit zum Geheimnis, ebenso wie die Verbindung zwischen Löwe und Lamm (Kap. 5, 5 f). Es ist eine Enthüllung Jesu Christi, daß wir ihn hier als Anführer der zerstörenden Gerichtsmächte sehen. Nicht Satan regiert die Welt, sondern Christus. In Kapitel 6, 8 wird zusammenfassend gesagt: »Und »ihnen« (nicht: »ihm«) ward Vollmacht gegeben über das Viertel der Erde (des Landes), zu töten mit dem Schwert und mit Hunger und mit dem Tod (Seuchen) und durch die wilden Tiere der Erde (des Landes).« Es ist dabei zu entscheiden, ob der umfassende Begriff »Erde« nicht eingeschränkt werden muß auf das Land als Bezeichnung für Israel, im Gegensatz zu Meer als Bezeichnung für die Völkerwelt. Die Juden haben zum ersten Mal 70 n. Chr. bei der Zerstörung Jerusalems die Wahrheit dieses Wortes erlebt. Die ganze Geschichte der Juden zeugt von Blut und Tränen bis in unsere Zeit hinein. Aber es ist noch nicht das Ende. Der Ausdruck: »das Viertel der Erde« ist weder geometrisch noch rechnerisch zu fassen, sondern symbolisch (vgl. das Drittelgericht bei den vier ersten Posaunen, Kapitel 8, 7-12). Die Zahl Vier ist hier ein Ausdruck des weltlichen Vollmaßes im Gericht.

Je weiter die Öffnung der Siegel fortschreitet, desto mehr wird das Hinstreben zum Abschluß des Äons erkennbar. Die *Öffnung des fünften Siegels* gewährt uns einen Einblick in die Bedeutung einer besonderen Klasse von Märtyrern für die Vollendung der Gottesgerichte über die jetzige Welt. Hier erkennen wir unschwer *die Linie der Prophetenmorde* (vgl. Matth. 23, 34-36). Das Blut dieser Märtyrer um des Wortes Gottes und des Zeugnisses willen, das sie festgehalten, wird von dem Geschlecht der Juden gefordert. Deshalb fordern die Seelen unten am Altar die göttliche Rache an denen, die da wohnen auf der Erde (im Lande). Die Schuld der Juden muß erst voll sein, eher kommt das abschließende Gericht nicht. – *Die Öffnung des sechsten Siegels zeigt uns den kosmischen Hintergrund des Weltgeschehens* während dieser ganzen Periode. Hier wird aber schon ganz deutlich auf das Ende dieses Äons verwiesen. Trotzdem dürfen wir behaupten, daß während aller vorausgehenden Jahrhunderte auch eine kosmische Revolution stattgefunden hat. Die ganze Schöpfung muß mitleiden unter der Schuld des Menschen. Der Höhepunkt wird aber erreicht beim Anbruch des Tages des Herrn, der hier der große Tag seines Zornes genannt wird (Kap. 6, 17).

2.2 Die 144 000 Versiegelten und die grosse Schar

Wiederholt findet sich zwischen dem sechsten und siebten Teil einer Siebenheit eine wichtige Einschaltung, so zwischen dem sechsten und siebten Siegel die Versiegelung der 144 000 und die große Schar (Kap. 7), und zwischen der sechsten und siebten Posaune die sieben Donner, die Messung des Tempels und das wiedererwachte prophetische Zeugnis (Kap. 10, 1-11, 14). Diese Einschaltungen haben den Zweck, *die großen genetischen (entwicklungsmäßigen) Zusammenhänge* zwischen den Hauptteilen aufzuzeigen. Sie sind die wichtigen Verbindungslinien zwischen den großen geraden Linien, die mit den drei Geheimnissen zu tun haben.

Die Grundtypen der Erfüllung des Weltgeschehens sind in den ersten sechs Siegeln geoffenbart. Mit der Öffnung des siebten Siegels ist das erste prophetische Totalbild abgeschlossen. Auffallend dabei ist, daß uns in den Siegeln kein einziges weltgeschichtliches Ereignis genannt wird. Dies erklärt sich daraus, daß es sich in der Apokalypse nur um *die Enthüllung der Grundlinien der dynamischen Potenzen* (= der göttlich wirksamen Kräfte) handelt. Die Apokalypse ist kein Orakelbuch, sie bringt uns keine äußerliche Darstellung der Weltgeschichte, sondern enthüllt uns nur die verborgene innere Struktur in dem großen Drama des Weltgeschehens bis zur Weltvollendung.

Ehe nun die Endgerichte des großen Tages des Zornes Gottes und des Lammes hereinbrechen können, müssen zwei wichtige Entwicklungslinien ihre Endstufe gefunden haben, nämlich die der 144 000 und die der großen Schar (Kap. 7). Diese beiden Gruppen sind nicht die Überwindergemeinde. Diese als das Zentralorgan des Christus, des Weltvollenders, erscheint jetzt unter dem symbolischen Namen des Tempels Gottes im Himmel. Die beiden in Kapitel 7 beschriebenen Gruppen sind also keineswegs identisch mit den beiden Teilen der Leibesgemeinde, dem judenchristlichen und dem heidenchristlichen Teil, sondern sie gehören einer anderen heilsgeschichtlichen Ordnung an.

Die erste Gruppe, die 144 000, ist eine Auswahl aus Israel, und zwar aus jedem Stamme 12 000, die bewahrt werden vor dem Gericht des großen Tages Gottes, des Allmächtigen. Sie werden »Knechte unseres Gottes« genannt. Es fehlen irgendwelche Auszeichnungen, aus denen man auf ihre Glaubensstellung schließen könnte. Der Name »Knechte unseres Gottes« muß allein uns zum Auffinden der geraden Linie dienen. Sie sind zu unterscheiden von denen, die besonders als Knechte »Jesu Christi« bezeichnet werden (vgl. Kap. 1, 1; 2, 20; 19, 2. 5; 22, 3. 6). Knechte »Gottes« sind außer den 144 000 auch die alten Propheten (Kap. 10, 7; 11, 18) und Mose (Kap. 15, 3). Ganz Israel wird mit dem Ehrentitel Knecht Jahwes ausgezeichnet, aber das Volk hat sich nie dieses Titels würdig erwiesen. Nur eine kleine Schar von Jahwetreuen gab es zu allen Zeiten, die sich von der großen Masse unterschieden. Sie sind auch nicht identisch mit dem Rest nach Wahl der Gnade (Röm. 11, 5), von welchem Paulus sagt, daß sie es erlangt haben (Röm. 11, 7). Diese gehören zur Leibesgemeinde, während die 144 000 Versiegelten erst noch für das volle Heil erzogen werden müssen, wie wir aus Kapitel 14, 4 schließen dürfen. Sie sind auch nicht der Überrest nach Römer 9, 27, welcher das ganze Volk der Juden in seinem heruntergekommenen, degenerierten Zustand umfaßt.

Wie genau die Auswahl der 144 000 durchgeführt wird, wird uns durch die Zwölfzahl aus jedem Stamme Israels angedeutet. Die göttliche Mathematik übertrifft alle menschlichen Berechnungen, weil uns dafür die Maßstäbe fehlen. Das *Siegel Gottes* ist die Bestätigung des unerschütterlichen Gnadenrates Gottes, die Versiegelten in den Gerichtsstürmen zu bewahren, die über die Erde (Israel), das Meer (die Nationen) und die Bäume (die Großen) kommen werden. Daß der Name Dan hier nicht genannt wird, und daß dafür Manasse, Josephs zweiter Sohn, eintritt, beweist, daß Gottes Gnadenwahl beweglich ist, aber trotzdem unerschütterlich und bestimmt im Endresultat. Durch das Versiegeln an der Stirn wird der besondere Charakter als Knechte Gottes bestätigt. Sie werden als unverlierbares Eigentum Gottes bezeichnet.

Die *große Schar* (ochlos), welche niemand zählen (beschreiben) konnte, aus jeder Nation und Stämmen und Völkern und Sprachen, ist eine Gruppe, die selbst dem Seher Johannes erst erklärt werden muß. Sie stehen vor dem Thron und dem Lamm, angetan mit weißen Gewändern (stolä) und Palmen in ihren Händen.

Die Linie dieser Gruppe ist nicht so leicht zu erkennen. Wir haben in ihnen die große Masse gläubiger Christen zu sehen, die nicht zur Überwindergemeinde gehören.[1] Daß sie gläubig sind, beweist ihr Bekenntnis mit lauter Stimme: »das Heil unserm Gott, der auf dem Throne sitzt, und dem Lamm!« Daß sie Palmen in ihren Händen haben, weist darauf hin, daß sie das messianische Friedensreich erwarten. Aber ihre weißen Gewänder (stolä) sind noch keine weißen Kleider (himation), sondern nur vorläufige, lose übergeworfene Bekleidung, und ihr lautes Schreien (krazein) entbehrt des wohltuenden Rhythmusses. Die Erklärung, die einer der Ältesten dem erstaunten Johannes gibt, vermittelt uns den noch fehlenden Aufschluß über das Wesen dieser großen Schar. Sie kommen aus der großen Drangsal, die ja schon von Anfang an herrschte (vgl. Offb. 1, 9). Sie sind durch äußere Not zu Christus getrieben und kennen noch nicht das herrliche Fülle-Evangelium der überströmenden Gnade. Sie bedürfen deshalb noch der Tröstung von den ausgestandenen Drangsalen. Ihre Tränen werden noch abgewischt, und sie werden von dem Lamm, das da zur Mitte des Thrones hinauf ist, geweidet und zu den Quellen des Lebenswassers geführt. Sie spülen ihre Gewänder und machen sie weiß in dem Blut des Lammes; denn sie spüren, daß ihnen noch die volle Blutskraft des Lammes fehlt. »Darum sind sie angesichts des Thrones Gottes und bringen ihm Gottesdienst dar tags und nachts in seinem Tempel, und der da sitzt auf dem Thron, wird über sie hinüber zelten.« Das noch Fehlende sollen sie im himmlischen Tempel Gottes, d. h. in der vollendeten Überwindergemeinde lernen durch Teilnahme an dem himmlischen Gottesdienst. Sie werden aber nicht gekrönt. Dennoch ist die Tatsache, daß auch diese große Schar von unvollendeten Gläubigen (die doch wohl zu Lebzeiten Glieder christlicher Gemeinden oder Kreise gewesen sind) zum vollen Heil gelangen soll, so groß und anbetungswürdig, daß alle Engel um den Thron und um die

[1] Siehe dazu auch Teil II/11 »Der Tempeldienst der Überwindergemeinde und die große Schar«.

Ältesten und die vier Lebewesen niederfallen auf ihre Angesichter und Gott anbeten, indem sie sagen:

»Amen! Die Lobpreisung und die Herrlichkeit und die Weisheit und die Danksagung und die Ehre und die Kraft und die Stärke sei unserm Gott in die Äonenvollendung hinein! Amen!« (V. 11 u. 12).

Das Amen am Anfang und Schluß dieser siebenfachen Doxologie bedeutet völlige und freudige Zustimmung zu diesen Heilswegen Gottes. Auch wir dürfen mit einstimmen in diesen Jubelruf, weil viel mehr gerettet und zum vollen Heil geführt werden als die kleine Überwindergemeinde. Es darf aber nicht dazu verleiten, das Nachjagen, das Ziel anschauend, hin zu dem Kampfpreis der nach oben weisenden Berufung Gottes in Christo Jesu (Phil. 3, 14), zu vernachlässigen.

2.3 Die Posaunengerichte

Mit der Öffnung des siebten Siegels beginnt das Zorngericht Gottes über die Welt als Abschluß dieses Äons und Einleitung zum großen Tag seines Zornes. Beachtenswert ist der Übergang von Kapitel 7 zu Kapitel 8. In Kapitel 7 sehen wir die 144 000 Versiegelten aus Israel auf Erden und die große Schar im Tempel Gottes im Himmel, und in Kapitel 8 hören wir von den furchtbaren Posaunengerichten. Dazwischen wird uns in einem kurzen Vers (Kap. 8, 1) berichtet: »Und als es (das Lamm) das siebte Siegel öffnete, wurde ein Schweigen in dem Himmel bei einer halben Stunde.«

Dieses *Schweigen im Himmel* hat gewiß einen ähnlichen Sinn wie das Schweigen in der Urgemeinde in Jerusalem beim Bericht des Apostels Paulus über die Zeichen und Wunder Gottes unter den Nationen (Apg. 15, 12). Es ist nicht bloß ein Aufhören mit Reden, sondern ein anbetendes Sichversenken in neu enthüllte Heilswege Gottes und die innere Gleichschaltung mit Gottes Führung. Dies kann nur im gläubigen Schweigen geschehen. Dies ist ein »Werden«. Deshalb heißt es: »wurde ein Schweigen in dem Himmel«. Die Zeitangabe: »bei einer halben Stunde« weist auf die außerordentliche Wichtigkeit hin. Das Halbe symbolisiert das Überschüssige bei irgendeinem Maß, z. B. bei den Decken der Stiftshütte das Überhängende, der halbe Teppich (vgl. 2. Mose 26, 12 f), also das, was noch über das Vollmaß hinausgeht. Bei Zeitangaben in der Apokalypse bedeutet die letzte Halbzeit die entscheidende Zeit. So ist bei dem heilsgeschichtlichen Werden das Schweigen bei einer halben Stunde die wichtigste Entscheidung. Daß dieses stattfindet, bevor die Gerichtsposaunen erschallen, zeigt die tiefe, gläubige Ergebenheit in Gottes Gerichtswege an. Es wird nicht gesagt, wer geschwiegen hat. Es heißt einfach: »Es wurde ein Schweigen in dem Himmel.« Das ganze große Gerichts- und Heilsgeschehen in der Welt Gottes ist ein Werdeprozeß, eine Aufeinanderfolge der Äonen, und da ist dieser Schweigeäon eine wichtige Stufe.

Die sieben *Posaunen* tragen alle Gerichtscharakter. Es sind Posaunenstöße der *Herausforderung zum Endkampf um die Weltherrschaft*. Die damit verbundenen Gottesgerichte werden als Erhörung der Gebete der Heiligen hingestellt (Kap. 8, 3-5), als Gottes abschließende Antwort auf alles Fragen nach seiner gerechten Weltregierung. Jetzt redet Gott durch Gericht. Die ganze Schöpfung wird in dieses Gericht einbezogen, ausgehend von Israel:

das Land (Israel),
das Meer (die Nationen),
die Wasserströme und Quellen,
das Sonnensystem.

Die Quellen sind hier die natürlichen Kraftreserven des gottentfremdeten Menschen, und die Wasserströme das mächtig dahinflutende, durch seine Ufer abgegrenzte nationale Leben der Völker, und das Meer mit seinen salzigen Fluten ein Bild der tobenden, gottfeindlichen Völkerwelt. Im Gerichtsvollzug werden alle Kräfte aufgeboten, selbst der Abgrund wird geöffnet, um den dämonischen Mächten Raum zu geben, und die bis dahin zurückgehaltenen, von Verderbensengeln angeführten Menschenmassen jenseits des Stromes Euphrat dürfen über die Menschen (die Juden) herfallen. Alle diese Gerichte führen aber nicht zur Buße, sondern zeigen nur die völlige Unverbesserlichkeit der Menschen an.

Zu beachten ist, daß mit dem Ausdruck »Menschen« in der Apokalypse im weiteren Sinn nicht die ganze Menschheit gemeint ist, sondern speziell das Volk der Juden. Diese werden sowohl Menschen als auch Bewohner des Landes genannt. Wenn der Ausdruck »Menschen« gebraucht wird, so ist der Mensch in seiner physischen und geistigen Natur, der Adam, gemeint, also die Juden als Volk. »Bewohner des Landes« oder genauer: »die sich ansässig gemacht haben im Lande« sind diejenigen Juden, die sich aus eigener Kraft das verheißene Land angeeignet und sich dort niedergelassen, seßhaft gemacht haben. Im Gegensatz zum Seßhaftmachen (katoikein) steht für das gottwohlgefällige Wohnen der Ausdruck »zelten« (skänun, Kap. 12, 12; 21, 3).

Mit den *ersten sechs Posaunen* (Kap. 8 und 9) werden wir wieder bis zum Abschluß einer geraden Linie geführt, die den Nachweis erbringen soll, daß alle Bußposaunen des Gerichts den einzigen Zweck haben, den *Zerbruch aller menschlichen Möglichkeiten* herbeizuführen. Die Zahl Sechs ist die Zahl des Menschen, der nicht zur Ruhe kommen kann, im Unterschied zur sabbatlichen Sieben. Gott aber wird den Menschen dahin bringen, und zwar durch Gerichte hindurch. Wie er das Ziel erreicht, das ist das große Geheimnis Gottes, welches er an der Geschichte Israels anschaulich werden läßt.

Die siebte Posaune wird die Entscheidung bringen, wenn das Geheimnis Gottes vollendet wird, daß die Gerichte Gottes Geburtswehen sind, aus denen eine neue Schöpfung erstehen soll.

2.4 Die sieben Donner, die kleine Buchrolle, die Messung des Tempels, die zwei Zeugen

Die ersten vier Posaunen gehören, ähnlich wie die vier ersten Siegel, enger zusammen. Die drei letzten Posaunen werden auch die drei Wehe genannt, aus denen dann die Wiedergeburt Israels erfolgt. Der ganze zweite Hauptteil der Apokalypse handelt von dem Geheimnis Gottes, aber es wird noch nicht gänzlich enthüllt, ehe es vollendet sein wird in den Tagen der siebten Posaune (Kap. 10, 7). Das *Geheimnis Gottes* in der Weltgeschichte, in seinen Regierungs- und Gerichtswegen, die für unseren Verstand und unser Rechtsempfinden unausspürbar sind, ist die Durchführung seiner Heilsabsichten mit der ganzen Welt, wobei Israels Gericht und Wiederherstellung der Anschauungsunterricht ist.

Ein anderer starker Engel fungiert als Vermittler bei der Enthüllung des Geheimnisses (Kap. 10, 1). In dieser Aufgabe ähnelt er dem ersten starken Engel (Kap. 5, 2). Beide haben es mit der Schriftrolle zu tun. Der erstere mit dem großen Offenbarungsbuch, das versiegelt war mit sieben Siegeln, der zweite mit der *kleinen Buchrolle*, die nach Entfernung der sieben Hüllenblätter übriggeblieben ist.

Diese enthält die spezielle Endgeschichte Israels.

Deshalb treten Engel als ausführende Organe der Gerichte Gottes auf. Wie der alte Bund durch Anordnung der Engel zustande gekommen ist (Apg. 7, 53; Gal. 3, 19), so soll auch die Wiederherstellung Israels durch Vermittlung der Engel geschehen. Weil es sich hier um eine so gewaltig große Aufgabe handelt, muß ein starker, mächtiger Engel vom Himmel herabkommen. Dieser *zweite starke Engel* wird besonders ausgezeichnet durch seine Christusähnlichkeit: bekleidet mit einer Wolke, der Regenbogen über seinem Haupte, sein Antlitz wie die Sonne und seine Füße wie Feuersäulen. Daß er seinen rechten Fuß auf das Meer setzt und seinen linken auf das Land, ist eine Geste der Besitzergreifung beider Gebiete, handelt es sich doch im dritten Hauptteil der Apokalypse um den Höhepunkt des Kampfes gegen Gott und Christus von seiten Israels und der Völkerwelt. Seine gewaltige Löwenstimme erinnert an die Stimme Jahwes, wenn er aus Zion brüllt (vgl. Joel 4, 16; Am. 1, 2). Daß der Löwe zugleich das Lamm ist, das ist das Geheimnis Gottes. Wie das Lamm aber den vollen Sieg erringt, das ist noch zu enthüllen, und das ist der Inhalt der kleinen offenen Buchrolle in der Hand des Engels.

Es ist alles in höchst gesteigerter Spannung. Der Engel schreit laut mit seiner Löwenstimme, und *die sieben Donner* geben ihr siebenfaches Echo. Was die Donner redeten und den Seher besonders stark interessierte, durfte er nicht niederschreiben, sondern mußte es versiegeln. Es muß aber mit Israels Erlösung aus der Hand der Feinde zusammenhängen, wie die Löwenstimme des starken Engels schon andeutet. Israel muß unter Donner und Blitzen erlöst werden (Sach. 9, 14). Es ist die Gerichtsoffenbarung Gottes zugunsten Israels gegen seine Feinde, die er mit seinem Donner und den Strahlen seiner Blitze schreckt und zu Boden schmettert (vgl. 2. Sam. 22, 14 f). Bei den sieben Donnern muß es sich um einen noch unbekannten Charakter der Gerichtswege Gottes handeln, der vorerst noch nicht enthüllt werden soll: um ein *besonderes Gerichtsheil für Israel*.

In seinem heiligen Eifer erhebt der Engel seine rechte Hand zum Himmel empor und schwört, daß nun *keine Verzögerungsfrist mehr* sein soll, um das Geheimnis Gottes zu vollenden. Der Seher empfängt aus der Hand des Engels *die kleine Buchrolle, muß sie aufessen* und somit den Inhalt ganz in sich aufnehmen und dabei auch das Weh mit empfinden, das in dieser Buchrolle aufgezeichnet ist (vgl. Hes. 3, 1-3). Dann bekommt er den Auftrag, abermals zu weissagen über Völker und Nationen und Sprachen und viele Könige. Johannes bekommt einen *erweiterten Dienstauftrag*. Er hat vorher geweissagt und soll fernerhin weissagen. Wie Jeremia vom Boden der alten Theokratie aus weissagen sollte über Nationen und Königreiche, um auszurotten und niederzureißen und zu zerstören und abzubrechen, um zu bauen und zu pflanzen (Jer. 1, 10), so soll *Johannes vom Boden der Gemeinde aus ein Völkerprophet* sein, um das Geheimnis Gottes als Evangelium (vgl. Kap. 10, 7) zu bezeugen. Für das prophetische Zeugnis auf dem Boden Israels erweckt sich Gott seine besonderen Werkzeuge (vgl. Kap. 11, 3 ff). Das Niederschreiben der empfangenen Offenbarung wird hier als ein *Weissagen* bezeichnet. Dieses kann also mündlich und schriftlich geschehen. Es ist sehr lehrreich, darauf zu achten, was als echtes biblisches Weissagen betrachtet werden darf: es ist ein Weitergeben erhaltener Gottesoffenbarung mit innerstem Erleben. Wohl muß Johannes über Nationen weissagen, aber das Interesse dreht sich um das Geschick Israels. In dem neuen Auftrag an den Seher werden besonders die vielen Könige erwähnt. Sie sind die Spitzen und verantwortlichen Führer, die in erster Linie vom Gericht getroffen werden.

Ehe die siebte Posaune ertönt, also vor der letzten Entscheidung, werden noch zwei besondere Linien gezeigt, die in Beziehung zu Israels Endschicksal stehen: die *Messung des Tempels Gottes* und die *Wirksamkeit der zwei Zeugen* (Kap. 11, 1-13). Dies hat den Erfolg, daß ein israelitischer Überrest dem Gott des Himmels Ehre gibt (Kap. 11, 13).[1] Das Heilsziel der Gerichte Gottes ist damit näher gerückt. In Kapitel 9, 20 wurde gezeigt, wie der Überrest der Menschen (Juden) trotz aller Gottesgerichte in seiner Unbußfertigkeit verharrt. In Kapitel 11, 13 sehen wir, daß in Israel etwas Neues beginnt. So kommt Israel den Nationen gegenüber wieder in seine führende Stellung, und zwar durch die Wirksamkeit des prophetischen Wortes, welches auf israelitischem Boden wieder lebendig wird.

Wie sehr *Israels Umkehr den Wendepunkt für die ganze Weltgeschichte* bildet, geht schon aus der ganzen Anlage des Buches der Apokalypse hervor, indem der neue Anfang mit dem Ertönen der siebten Posaune zusammenfällt. Die Kapitel 11 und 12 bilden das Herzstück des Buches, die Mitte. Die Messung des Tempels weist hin auf die Reife des Gemeindezeugnisses für Israel, und die zwei Zeugen repräsentieren das wiedererwachte prophetische Zeugnis auf israelitischem Boden, das mit dem ausgereiften Gemeindezeugnis und der Sammlung der Anbeter im Tempel korrespondiert.

Israels Verfall ist eine Folge der Verstockung gegen das prophetische Geisteszeugnis.

Israels Wiederherstellung wird eingeleitet durch die Neubelebung des prophetischen Wortes.

[1] Dazu auch Teil II/13 »Die Messung der Überwindergemeinde und die zwei Zeugen«.

Durch die Bemerkung: »Diese sind die zwei Ölbäume und die zwei Leuchter, welche vor dem Herrn der Erde (des Landes) stehen« (Kap. 11, 4), werden *die zwei Zeugen* auf die in Sacharja 4 geoffenbarte Linie gestellt, wonach die Wiederherstellung Israels nicht durch äußere Machtmittel, sondern durch den Geist geschehen soll. Wer diese zwei Zeugen sein werden, wird nicht gesagt. Sie werden mit besonderen Vollmachten ausgerüstet, und erst dann, wenn sie ihr Zeugnis voll abgelegt haben, werden sie von dem aus dem Abgrund aufsteigenden Tier (Weltmacht) überwunden und getötet. Mitten in Jerusalem werden ihre Leichname dreieinhalb Tage lang auf der Straße liegen. Die im Lande ansässigen Juden empfinden die Beseitigung dieser ihnen so lästigen Zeugen als eine Befreiung. »Und die aus den Völkern und Stämmen und Sprachen und Nationen sehen ihren Leichnam dreieinhalb Tage und erlauben nicht, ihre Leichname ins Grab zu legen« (V. 9). Juden und Heiden nehmen an diesem vermeintlichen Triumph teil. Aber nach den dreieinhalb Tagen werden die getöteten Zeugen zu neuem Leben erweckt und steigen in einer Wolke auf zum Himmel. Damit haben sie den unwiderlegbaren Gottesbeweis erbracht. Zu gleicher Zeit findet ein großes Erdbeben statt, wodurch der zehnte Teil der Stadt zerstört und 7000 Namen der Menschen getötet werden. Unter Namen der Menschen sind besonders ausgeprägte Charaktere und Berufe gemeint.

Zwei neue Bilder werden dem Gesamtgemälde hinzugefügt:
die große Stadt und
das Tier aus dem Abgrund.

Die große Stadt, wo auch Jesus gekreuzigt wurde, ist zweifelsohne Jerusalem. Geistlicherweise wird sie Sodom und Ägypten genannt. Dieser Name ist die geistige Signatur der Endzeit, während Babylon die weltliche Signatur ist. Jerusalem wird mit Sodom verglichen in Jesaja 1, 9 f; 3, 9; Jeremia 23, 14; 5. Mose 32, 32, und mit Ägypten in Hesekiel 23, 3. 4. 8. 19. Sodom ist typisch für die Unnatur und Ägypten für die Naturvergottung. Daß der Name Jerusalem nie mehr für das alte geographische Jerusalem gebraucht wird, sondern nur noch Umschreibungen wie »die heilige Stadt« (V. 2) oder »die große Stadt«(V. 8), hat wohl seinen besonderen Grund. Wahrscheinlich ist überhaupt nicht mehr von dem alten Jerusalem die Rede, sondern von dem über die ganze Erde zerstreuten Judentum.

Das Tier aus dem Abgrund (abyssos) wird hier als etwas Bekanntes dargestellt. Wir werden dadurch genötigt, hierfür die betreffende Linie aufzufinden. Im Buch Daniel wird das Weltreich unter dem Bilde des Tieres beschrieben, also eines geistlosen Seelenwesens, das durch Instinkte beherrscht wird. Diese Weltreichslinie läuft hier weiter und verzweigt sich in Kapitel 13 in zwei verschiedene Tierlinien. Das Weltreich der Endzeit hat seinen geistigen Ursprung im Abyssos, d. h., es ist ein dämonisiertes Weltreich mit einer erstaunlichen, übermenschlichen Macht.

2.5 Die siebte Posaune

Mit dem Ertönen der siebten Posaune beginnt *der dritte oder letzte Hauptteil des Buches* (Kap. 11, 15-22, 5). Er wird eingeleitet durch *die Siegesvorfeier mit einem himmlischen Triumphgesang* (Kap. 11, 15-19). Die Feier gilt der Aufrichtung des Königreichs unseres Herrn und seines Christus.

»Und es werden große Stimmen in dem Himmel, welche sagen: Es wird das Königreich des Kosmos unseres Herrn und seines Christus, und königlich herrschen wird er bis in die Äonenvollendung.«

Die Tatsache, daß aus den furchtbaren Gerichtswehen die Wiedergeburt Israels erfolgen und dann der Segen Gottes über die ganze Welt kommen soll, ist so bedeutungsvoll, daß schon im voraus vom Himmel her das Kommen des Königreiches verkündigt werden kann.

Neu ist hier der Ausdruck: *»das Königreich unseres Herrn (kyrios) und seines Christus«*. Eine zeitliche Trennung zwischen dem Königreich Gottes und dem Königreich des Christus ist schriftwidrig. Das Königreich ist immer Gottes Königreich, und Christus hat die Vollmacht des Königs. Das Königreich des Christus ist abhängig von dem Königreich des Vaters, der dem Sohn das Königreich oder die Königsherrschaft gestiftet hat (Luk. 22, 29) und der auch die Ordnungen dieser Königsherrschaft bestimmt (Matth. 20, 23; 25, 34). Das Königtum Gottes offenbart die Gestaltungskräfte, die Gott zur Durchführung seiner Heilsabsichten einsetzt. Deshalb danken die Ältesten, die da angesichts Gottes auf ihren Thronen sitzen, Gott mit den Worten: »Wir danken dir, Herr, Gott, der Allgewaltige, der Seiende und der da war, weil du angenommen hast deine Kraft, die große, und du herrschest königlich« (V. 17).

Die große Kraftprobe Gottes ist die Durchführung seiner Heilsziele mit Israel gegen die ganze Welt und alle satanischen Mächte. Darum heißt es in V. 18: »Und die Nationen sind zornig geworden, und es kommt dein Zorn und die Zeitwende (kairos) der Toten, gerichtet zu werden, sowohl zu geben den Lohn deinen Knechten, den Propheten, und den

Heiligen und denen, die da fürchten deinen Namen, den Kleinen und den Großen, als auch zu verderben die, die das Land verderben.«

Es ist die große Abrechnung Gottes mit den Nationen zugunsten Israels.

Gott handelt nicht parteiisch, wenn er Israel in der großen Weltgeschichte eine Vorrangstellung gibt und an diesem Volk anschaulich macht, was er in seiner Heiligkeit, Gerechtigkeit und Gnade aus einem so verdrehten, halsstarrigen, verrannten und verstockten Volk machen kann. Dazu muß er seine volle Kraft einsetzen, um durch Gericht Israel zur Buße zu bewegen und in der weiteren Folge die Nationen durch ein wiedergeborenes Israel zu gewinnen. Zorn gegen Zorn, der heilige Liebeszorn Gottes gegen den unheiligen Zorn der Nationen. Welcher Zorn siegen wird, das entscheidet sich am Tag des Herrn, *dem Tag des Zornes Gottes, dem Tag der ausgleichenden Gerechtigkeit Gottes*.

Fünf Kreise werden hier gezeigt von solchen, die diese ausgleichende Gerechtigkeit Gottes erfahren sollen:

die Toten, d.h. die verstorbenen Generationen (Gott wird denen, die ihn ernstlich gesucht haben, ein Belohner sein, Hebr. 11, 6);

die Propheten, die die Erfüllung ihrer Hoffnung erleben werden;

die Heiligen, d.h. hier die Frommen in Israel;

die den Namen des Herrn fürchten, die frommen Proselyten;

Kleine und Große, allerlei Leute ohne Ansehen der Person (vgl. Kap. 19, 5).

Diese *große Wiederherstellung* (apokatastasis panton, Apg. 3, 21) wird alle Kreise betreffen, von Israel ausgehend alle und alles umfassend.

Was nun die Gemeinde mit dieser Wiederherstellung, der Apokatastasis, zu tun hat, wird uns gleich anschließend gezeigt.

»Und geöffnet wird der Tempel Gottes in dem Himmel, und sichtbar wird die Lade seines Bundes in seinem Tempel, und es werden Blitze und Stimmen und Donner und ein Beben und großer Hagel« (Kap. 11, 19).

Unter dem Bild des Tempels Gottes ist die Gemeinde zu verstehen (vgl. 1. Kor. 3, 16; 2. Kor. 6, 16; Offb. 3, 12; 7, 15; 11, 1. 2). Wenn ausdrücklich gesagt wird: »der Tempel Gottes in dem Himmel«, so wird damit die vollendete Überwindergemeinde bezeichnet im Unterschied von der noch zu messenden Gemeinde auf Erden (Kap. 11, 1. 2).

Die Öffnung des himmlischen Tempels bedeutet den Beginn einer neuen Mission der Gemeinde in engster Beziehung zur Endgeschichte Israels. Das Sichtbarwerden der Bundeslade soll Israel zeigen, daß Gott seinen Bund hält und bis zum Ziel trotz Israels Versagen durchführt. Dies soll dem Volk Israel anschaulich werden durch die Erkenntnis, die es aus der Tatsache der vollendeten Überwindergemeinde gewinnt. Die *Bundestreue Gottes* erfordert aber, daß er auf dem Wege des Gerichts Israels Heil durchführt. Dieses Gericht wird durch die Gemeinde vermittelt (vgl. Matth. 19, 28). Daher kommen die Gerichtsengel als Vollstrecker des Gerichts einer nach dem andern aus dem himmlischen Gottestempel heraus (Kap. 14, 15. 17; 15, 6).

Die Auswirkung des Sichtbarwerdens der Bundeslade im Tempel Gottes wird sofort angekündigt: »Und es werden Blitze und Stimmen und Donner und ein Beben und großer Hagel.« In der Fünferreihe der göttlichen Gerichtsmanifestationen stehen die Donner genau in der Mitte. Sie symbolisieren Gerichtsheil. Es dreht sich alles um diese Mitte zur Zeit der siebten Posaune, die nicht verwechselt werden darf mit der »letzten Posaune« in 1. Korinther 15, 52 oder der »Posaune Gottes« in 1. Thessalonicher 4, 16. In den Tagen der Stimme des siebten Engels, wenn er sich anschickt zu posaunen, ist auch vollendet das Geheimnis Gottes, wie er es als Evangelium verkündigt seinen Knechten, den Propheten (Kap. 10, 7).

2.6 Die Linie der Frau und die Linie des Drachens

Der Entscheidungskampf zwischen Gottesreich und Weltreich spielt sich auf dem Boden Israels ab. In Kapitel 12 wird uns in zwei Zeichen vom Himmel enthüllt, welche geistigen Mächte bei diesem gewaltigen Ringen den eigentlichen Hintergrund bilden. Hinter der »irdischen Frau« Israel, mit dem irdischen Samen, steht die »himmlische Frau«, das Urbild, welches unser aller Mutter ist (vgl. Gal. 4, 26), mit dem himmlischen Samen: die vollendete Gemeinde (vgl. Eph. 4, 13). Und hinter dem Kampf auf Erden zwischen Satan und dem irdischen Samen der Frau steht der Kampf im Himmel zwischen Michael samt seinen Engeln und dem Drachen samt seinen Engeln. Des Erzengels Michaels Eintreten im Himmel für die Interessen Israels kennen wir aus dem Buch Daniel (Dan. 10, 13. 21). Die Berufung der Gemeinde in den Himmlischen kennen wir aus dem Epheserbrief (vgl. Eph. 2, 6; 3, 10; 6, 12). Nun lernen wir in dem großen Zeichen in Kapitel 12 *die entscheidende Bedeutung der Gemeinde für Israels Endgeschichte* kennen. Erst muß die Gemeinde zum vollen Mann herangereift sein (Eph. 4, 13) und zu Gott und seinem Thron entrückt werden, um für Israels Heil die Entscheidung herbeizuführen. Die *Entrückung* wird hier nicht wie in 1. Thessalonicher 4, 17 als eine Begegnung mit dem Herrn, dem Haupt der Leibesgemeinde, in der Luft beschrieben, sondern als eine Entrückung des neugeborenen Sohnes, der sich anschickt, alle Nationen mit eisernem Stabe zu weiden. Es ist also die Entrückung in Beziehung gebracht zum Königreichsdienst der Gemeinde, zum Throndienst.

Der große Drache, die uralte Schlange, die da heißt Teufel und Satan, die da irreführt die ganze bewohnte Erde, wird nun überwunden. Dem Ringen auf Erden entspricht *der Krieg im Himmel* zwischen Michael mitsamt seinen Engeln und dem Drachen mitsamt seinen Engeln. Vom Himmel ertönt der Triumphgesang: »Jetzt ist geworden das Heil und die Kraft und das Königreich unseres Gottes und die Vollmacht seines Christus. Denn geworfen ist der Verkläger unserer Brüder, der sie verklagt vor unserm Gott Tag und Nacht« (Kap. 12, 10). Rechtlich wird der Teufel im Himmel durch die Entrückung der Überwindergemeinde überwunden. Dadurch hat er seinen Rechtsprozeß verloren, indem Gott den heilsgeschichtlichen Beweis an der Gemeinde erbracht hat: ihr Heil wurde nämlich auf Grund der undurchbrechbaren Gerechtigkeit Gottes bewirkt. Das Geheimnis des Kreuzes löst diese Rechtsfrage in einer Weise, vor der auch Satan verstummen muß. Deshalb heißt es: »Sie überwinden ihn um des Blutes des Lammes willen und um des Wortes ihres Zeugnisses willen, und sie lieben ihre Seele nicht bis an den Tod« (Kap. 12, 11). Das ist keine bloße forensische (= gerichtliche) Rechtsprechung, sondern eine lebensmäßige Gerechtmachung.

Dem Kampf im Himmel folgt eine *Weiterführung des Krieges auf Erden*. Das im Himmel verlorene Spiel sucht der Teufel mit vermehrtem Eifer fortzusetzen, um den Verlust wieder wettzumachen. »Wehe dem Lande und dem Meer; denn der Teufel stieg herab zu euch und hat einen großen Grimm, da er weiß, daß er eine geringe Entscheidungszeit hat« (V. 12). Seine Angriffe, die zuvor gegen die Ausreifung der Überwindergemeinde gerichtet waren, konzentrieren sich jetzt auf das Land Israel. Der Drache verfolgt die Frau, die mit den zwei Flügeln des großen Adlers an einen für sie bereiteten Bergungsort in der Wüste entfliehen kann, um so dem Blick der Schlange entrückt zu werden. Hier *wechselt das Bild der Frau*. Sie ist nicht mehr das himmlische Urbild, sondern das irdische Israel. Der Wechsel des Bildes entspricht dem Wechsel des Kampfplatzes, der nun nicht mehr im Himmel, sondern auf der

Erde, speziell in dem Lande Israel ist. Die *Kampfesweise des Drachen* ist eigenartig. Mit einem Wasserstrom aus seinem Maul sucht er die Frau hinwegzuschwemmen. Wenn Wasserströme Bilder von geistigen Mächten sind, so ist hier dieser Wasserstrom eine vom Teufel inspirierte weltanschauliche Verderbensflut. Der Vernichtung entgeht die Frau nur dadurch, daß das Land ihr zu Hilfe kommt, indem es den Strom verschlingt, d. h. die ganze Wut der Verfolgung auf sich lenkt. Es ist zu beachten, daß diese Frau noch *Übrige ihres Samens* hat, solche, die Gottes Gebote bewahren und fest an dem Zeugnis Jesu Christi halten. Diese müssen von dem judenchristlichen Teil der Leibesgemeinde unterschieden werden. Das Zeugnis Jesu Christi, das sie haben, ist nach Kapitel 19, 10 der Geist der Weissagung. Demnach ist d i e s e r Teil die kleine messiasgläubige Schar innerhalb des Volksganzen, wie sie zu jeder Zeit vorhanden war und in der Endzeit durch das wiedererweckte prophetische Wort neu belebt werden wird. Es ist der heilige Same (Jes. 6, 13).

Zur Linie der Frau läuft parallel *die Drachenlinie*, das andere Zeichen im Himmel. Die Angriffe des Drachen richten sich in erster Linie gegen den neugeborenen Sohn und die Übrigen vom Samen der Frau. Der große Drache ist die alte Schlange, welche genannt wird der Teufel (als Versucher) und der Satanas, der die Heilspläne Gottes zu sabotieren sucht, der Verführer der ganzen Welt. Die Drachenlinie zieht sich durch die ganze Menschheitsgeschichte hindurch, von der Schöpfung an bis zum Feuersee. Die rote Farbe ist eine teuflische Nachäffung des Lichtes. Seine sieben Köpfe und zehn Hörner und die sieben Diademe auf seinen Köpfen sind Zeichen seiner angemaßten irdischen Herrschaft (vgl. Eph. 2, 2; Joh. 12, 31 ; 14, 30; 16, 11).

2.7 Die zwei Tiere

Während der Drache auf dem Sand des Meeres steht (so muß Kap. 12, 18 gelesen werden, und nicht: »und ich stand auf dem Sand des Meeres«) sieht der Seher Johannes ein Tier aus dem Meer aufsteigen. Dieses Tier ist ein Bild von dem *endgeschichtlichen Weltreich aus den Nationen*. Es ist beachtenswert, daß in der Apokalypse niemals vom Antichristen die Rede ist, während doch gerade Johannes es ist, der in seinen Briefen diesen Begriff geprägt hat (1. Joh. 2, 18. 22; 4, 3; 2. Joh. 7). Das hat seinen Grund sicher darin, daß der Antichrist oder Anstattchrist es nur mit der Gemeinde zu tun hat. Paulus gebraucht dafür das Wort: »der Gesetzlose« oder »der Mensch der Gesetzlosigkeit« und »der Sohn des Verderbens« (2. Thess. 2, 3. 8), der »aus der

Mitte heraus werden« muß (V. 7). Die Anschauung, daß der Antichrist sich in den Tempel von Jerusalem setzt, ist irreführend, weil der Ausdruck »Tempel (naos) Gottes« (2. Thess. 2, 4) nur für die Gemeinde gilt (vgl. 1. Kor. 3, 16; 2. Kor. 6, 16). Um die verkehrte Deutung zu stützen, war man gezwungen, die Hypothese vom Wiederaufbau des Tempels in Jerusalem zu erfinden. Das Gesicht Hesekiels vom neuen Tempel (Hes. 40-43) weist in eine andere Erfüllungszeit. Das oder der »Aufhaltende« in 2. Thessalonicher 2, 6 f ist nicht die Gemeinde, sondern eben der werdende »Gesetzlose« (V. 8), und das, was aufgehalten wird, ist der »Tag des Herrn« (V. 2). Die Meinung, daß erst die Gemeinde entrückt werden müsse, ehe der Antichrist kommen kann, ist nicht nur schriftwidrig, sondern dazu angetan, das ganze Bild von der Eschatologie (Lehre von den letzten Dingen) zu verwirren. Das mag mit dazu beigetragen haben, das Tier in Offenbarung Kapitel 13 mit dem Antichristen zu verwechseln.

Das »Tier« ist hier wie in Daniel 7 ein genereller Begriff und bezeichnet ein System, das wahrscheinlich auch eine persönliche Spitze haben wird. Aber der Nachdruck ist nicht auf die Persönlichkeit zu legen, sondern auf das System. Deshalb ist auch der Ausdruck »Tier« gewählt. In Daniel wird das Bild von vier Tieren gebraucht, um im Gegensatz zu dem Menschenbild (Dan. 2) das gottfeindliche Wesen der Weltreiche zu kennzeichnen. Die Zahl »vier« bei Daniel hat symbolischen Wert und bezeichnet die weltliche Allseitigkeit. In dem einen Tier in Offenbarung 13 ist dies angedeutet, indem es alle einzelnen Züge der vier Weltreiche in sich vereinigt. Es ist verfehlt, das endgeschichtliche Weltreich (Offb. 13) mit dem vierten Weltreich in Daniel gleichzusetzen und auf das römische Reich in seinen Nachfolgestaaten zu deuten oder gar sich auf eine Wiederherstellung des römischen Imperiums für die Endzeit festzulegen. Alle diese abwegigen, auf falschen Übersetzungen beruhenden und von falschen Voraussetzungen ausgehenden Deutungen sind Konstruktionsfehler, die das einheitliche Bild der Apokalypse verzerren. Der Ausdruck »Tier« stellt das Wesen des letzten Weltreiches als geistloses, von Instinkten beherrschtes System dar, das von einem dämonischen Geist gelenkt wird. Das Tier ist wohl ein Seelenwesen, aber es hat keinen Geist. Ohne Gottesfurcht wird Menschentum zu geistlosem Tierwesen. Darum werden Gott widerstrebende Menschen oft mit Tieren verglichen: Pharao mit einem großen Drachen (Hes.29, 3), oder mit einem Nilpferd (Jes.30, 6), Nebukadnezar mit einem Ochsen (Dan. 4, 22; 5, 21); vgl. auch Titus 1, 12; 2. Petrus 2, 12; Judas 10. Das Bild des

Tieres symbolisiert ein *Kollektivsystem*, in welchem der einzelne nur noch wie ein Teil einer großen Maschine existiert und funktioniert, die von einem fremden Geist dirigiert wird. »Und der Drache gibt ihm seine Macht und seinen Thron und große Vollmacht« (V. 2).

Dieses System ist ein allmählich werdendes, was durch das Aufsteigen des Tieres aus dem Meer veranschaulicht wird. Es wird uns in Kapitel 13 eine andere Seite des Kampfes des Drachen gegen das Königreich Gottes geschildert. Der Drache beginnt einen neuen Operationsplan, in welchen auch die Nationen mit eingeschaltet werden, um schließlich doch zum Ziel zu gelangen. Dieser Plan ist jedoch noch nicht der letzte. Mit dem reinen Kollektivsystem erreicht der Drache auch nicht seine Absicht. Deshalb muß er schließlich zu einem Kompromiß greifen durch die Vereinigung des Kollektivsystems mit dem plutokratischen Magnatensystem (Magnat = Großgrundbesitzer), wie wir es in Kapitel 17 kennenlernen werden in dem Geheimnis Babylons, der großen Hure. Dieses ganze System ist eine Schöpfung Satans.

Das Tier aus dem Meer stammt aus dem Abgrund (Kap. 11, 7), hat sieben Köpfe und zehn Hörner, und auf seinen Hörnern zehn Diademe, und auf seinen Köpfen Namen der Lästerung. Es gleicht also dem Drachen (Kap. 12, 3), doch mit dem Unterschied, daß das Tier die Diademe auf den zehn Hörnern hat, während diese bei dem Drachen mit den sieben Köpfen verbunden sind. Beim Tier liegt also das Schwergewicht seiner Macht nicht in den Köpfen, (es braucht nicht zu denken), sondern in den Hörnern, den ausführenden Werkzeugen. Der Drache verkörpert die geistigen Potenzen, das Tier dagegen den weltlichen Machtapparat. Auf den sieben Köpfen des Tieres stehen Namen der Lästerung. Die *eingebildete geistige Macht des Weltreiches* ist nichts als anmaßende Selbstüberhebung, daher Lästerung gegen Gott. Die zehn Hörner, die von Anfang an zum ganzen Tierbild gehören, werden in Kapitel 17, 12-14 als vom Tier getrennt dargestellt. Die zehn Hörner, die aggressive Stoßkraft des Tiersystems in ihrer weltlichen Fülle (Zehn), kommen erst später hinzu, um nach Abwerfung der großen Hure vom Tier dem Kompromiß ein Ende zu bereiten und zur absoluten antigöttlichen Diktatur überzugehen.

Zur Vollmacht des Tieres kommt noch *der religiöse Nimbus* dazu, daß scheinbar ein Wunder an ihm geschieht. Einer seiner sieben Köpfe wird tödlich verwundet, aber seine Todeswunde wird wieder heil. Wer die Todeswunde verursacht, wird nicht gesagt. Vielleicht ist es die letzte Protestbewegung gegen die nicht mehr aufzuhaltende Entwicklung. Dieses Wunder bewirkt, daß das ganze Land (Israel?) bewundernd hinter dem Tier her ist und den Drachen anbetet, weil er dem Tier die Macht gegeben, und auch das Tier selber göttlich verehrt. Hier wird *der Schluß der Verfallslinie Israels* sichtbar. Israels Sünde ist von jeher das Vergaffen in die Weltmacht gewesen.

Des Tieres Größe liegt vor allem in seinem großen Maul, zu reden große Worte und Lästerungen. Und es wird ihm Vollmacht gegeben, zu tun, was es will, 42 Monate. Dies entspricht der Zeit, in welcher der Vorhof von den Nationen zertreten wird (Kap. 11, 2). Die für diese Ausreifung des Bösen begrenzte Zeit ist in Monate, d. h. in Wachstumsperioden, eingeteilt. Es handelt sich um ein Werden und Wachsen des Tierwesens bis zur ganzen überfließenden Fülle des Bösen. Hier haben wir augenscheinlich eine Umschreibung der dreieinhalb Jahre, eine Karikatur der göttlichen überströmenden Fülle (symbolischer Wert von dreieinhalb; vgl. Kap. 12, 14). Wir dürfen alle die Zeit- und Zahlenangaben nicht chronologisch nehmen, sondern müssen uns bemühen, die prophetische Symbolik zu ergründen.

Das Tier gebraucht seine *Vollmacht in antigöttlicher Weise*, zur Lästerung gegen Gott, zu lästern seinen Namen und sein Zelt und die im Himmel zelten. Die Gemeinde und die im Himmel Zeltenden sind seinem Zugriff entzogen. Daher schleudert das Tier seinen wütenden Haß gegen alles Jenseitige in maßlosen, aber ohnmächtigen Lästerungen mit seinem großen Lästermaul. Aber noch sind die Heiligen da, die Übrigen des Samens der Frau (Kap. 12, 17). »Und es wird ihm gegeben, zu streiten mit den Heiligen und sie zu überwinden, und Vollmacht wird ihm gegeben über jeden Stamm und Volk und Sprache und Nation« (V. 7). Es kommt *zur letzten universalen Weltreligion* durch Überwindung der Heiligen und Anbetung des Tieres. Noch werden die Juden Heilige genannt, weil sie beim Streit des Tieres gegen Gott immer noch als die für Gott Abgesonderten betrachtet werden, die auf Gottes Seite stehen. Aber es wird dem Tier gegeben, dieses letzte Bollwerk zu sprengen und aus dem Weg zu räumen. Der *Krieg gegen die Heiligen* endet damit, daß diese überwunden werden, die Waffen strecken und das Tier anbeten. »Und alle, die sich im Lande seßhaft gemacht haben, werden es anbeten, ein jeder, dessen Name nicht geschrieben ist in dem Buch des Lebens des geschlachteten Lammes von Grundlegung der Welt an« (V. 8). Dieser Streit mit den Heiligen ist der wichtigste Teil der Weltpolitik des Tieres. Nun ist die ganze Welt ihm untertänig und seinem Kollektivsystem gleichgeschaltet, aber noch nicht endgültig. Zunächst ist die letzte widergöttliche Weltmacht nicht judenfeindlich. Es kommt sogar so weit, daß es durch Israel beherrscht wird. Das kommt zum Ausdruck in dem Doppelbild von dem Tier und der großen Hure, die auf dem Tier reitet (Kap. 17). Daß es so weit in der Entwicklung der universalen Weltmacht kommen kann, darüber werden wir durch das Bild vom zweiten Tier belehrt.

Das zweite Tier steigt aus der Erde auf, d.h. dem Land (dem Judentum). Nach Kapitel 19, 20 ist dieses Tier identisch mit dem falschen Propheten. Dieses bringt es fertig, alle Welt durch Anbetung des ersten Tieres, des antigöttlichen Kollektivsystems, durch eine imponierende Weltreligion zu einigen. Es führt *die Linie des falschen Prophetentums auf dem Boden Israels* zu Ende, indem es Christus nachzuahmen und zu überbieten sucht. Es hat zwei Hörner wie ein Lamm, redet aber wie ein Drache. Es ist im ganzen antigöttlichen Weltreich des Tieres die führende Macht und übt die ganze Vollmacht des ersten Tieres vor ihm aus und macht, daß das Land und die sich in ihm seßhaft gemacht haben, das erste Tier, dessen Todeswunde geheilt worden ist, anbeten. Auch ist es fähig, große Zeichen zu tun wie ein Prophet, so daß es auch Feuer vom Himmel fallen läßt und so durch Zeichen vom Himmel (Matth. 16, 1) Israel verführt. Es ist der Andere, von dem Jesus gesagt hat, daß er in seinem eigenen Namen komme (Joh. 5, 43). In seiner *abgöttischen Verehrung für das Tier* bringt er es so weit, daß er die, die sich im Land seßhaft gemacht haben, veranlaßt, dem Tier ein Bild zu machen. Es wird ihm gegeben, dem Bild des Tieres Geist zu verleihen, so daß das Bild des Tieres reden und bewirken kann, daß alle, die das Bild des Tieres nicht anbeten, getötet werden. Auch veranlaßt er die Kennzeichnung aller Anhänger des Tieres durch ein Malzeichen auf ihrer rechten Hand oder an ihrer Stirn. Ohne dieses Erkennungszeichen kann keiner kaufen noch verkaufen. Das Malzeichen ist entweder der Name des Tieres oder die Zahl seines Namens, nämlich sechsundsechzig und sechshundert. Es ist also symbolisch die Zahl des Menschen in höchster Potenzierung, dem es nicht gelingt, in die Sabbatruhe der Sieben einzugehen. Er bleibt in der Sechs stecken, also in seinem eigenen Wirken, das er bis zur höchsten gigantischen Spitze treibt. Es ist das äußerste Maß dessen, was der Mensch ohne Gott in seiner eigenen Kraft zu leisten wähnt und weit mehr als alle Roboter oder Elektronengehirne mit ihren erstaunlichen Leistungen und ihrem Kontrollsystem. Es ist satanisches Blendwerk.

Es ist der Versuch, das, was nur Gott kann, nachzumachen und zu übertrumpfen, nämlich Leben und Geist zu schaffen. Höher kann es die vom Satan beherrschte Kultur des gottfeindlichen Menschen nicht mehr bringen. Dies ist die ausgestreckte Titanenhand, die sich den Himmel dienstbar machen will. Aber »der im Himmel wohnt, lacht, der Herr spottet ihrer« (Ps. 2, 4).

Bei der Berechnung der Zahl des Namens des Tieres handelt es sich nicht um das Zusammenzählen der Zahlenwerte der hebräischen Buchstaben eines menschlichen Eigennamens, etwa des Nebukadnezar. Es sind in dieser Beziehung schon viele sich gegenseitig widersprechende und dadurch aufhebende Rechenkünste gemacht worden. Für »zählen« werden im griechischen Urtext zwei verschiedene Wörter gebraucht: arithmein = zählen, beschreiben und psäphizein = abzählen, berechnen, überlegen. Den letzten Begriff finden wir außer in unserer Stelle noch in Lukas 4, 28, wo vom Berechnen der Kosten beim Turmbau die Rede ist. Die Zahl des Tiernamens zu berechnen, kann nichts anderes bedeuten, als über den symbolischen Wert der Sechs in höchster Potenzierung ernstlich nachzudenken.

2.8 Allerletzte Möglichkeiten vor dem Gericht

Mit der Herrschaft der beiden Tiere scheint jede Hoffnung auf Durchführung der Königsherrschaft Gottes endgültig aus zu sein. Die Menschheit ist gerichtsreif. Wir stehen vor der ernsten Frage, was Gott wohl noch mit dieser Welt anfangen kann. Immer dunkler und undurchsichtiger wird dieses Geheimnis. Der Mensch, der sich von Gott emanzipiert hat und zum Tier geworden ist, hat sein höchstes Ziel mit Hilfe Satans erreicht. Nun aber beginnt der eigentliche Tag Gottes, an dem er zeigt, wie er seinen Heilsplan trotz alles Versagens des Menschen durchführen kann, und wir werden erkennen, welchen Heilswert die Gerichtswege Gottes haben. Doch ehe die Endgerichte eintreffen, werden uns einige Szenen gezeigt, die uns anschaulich machen sollen, wie Gott eine gerichtsreife Welt bis zum äußersten mahnt und warnt und einen heiligen Samen hindurchrettet.

Die erste Szene ist ein gar liebliches Bild: *das Lamm stehend auf dem Berg Zion und die 144 000* (Kap. 14, 1-5). Mit dem Berg Zion kann nur der Zionshügel in Jerusalem gemeint sein als Symbol der davidischen Königsherrschaft. Wenn der Seher Johannes in einem Gesicht das Lamm auf dem Berg Zion stehend sieht, so bedeutet das in der prophetischen Symbolsprache, daß er Christus schaut als den, der im Begriff ist, das davidische Königreich wieder aufzurichten, deshalb wird er hier als »stehend« dargestellt. Wenn der Herr für alle sichtbar wiederkommen wird, werden seine Füße aber nicht auf dem Zionshügel, sondern auf dem Ölberg stehen (vgl. Sach. 14, 4; Apg. 1, 11. 12). Es fällt auf, daß Christus hier nicht als König erscheint, sondern als Lamm. *Der König als das Lamm*, das der Welt Sünden hinweggenommen, ist das Geheimnis Gottes, das mit der Wiederkunft Christi völlig enthüllt wird. Und daß in Verbindung mit dem Lamm die 144 000 erscheinen, die da haben seinen Namen und den Namen seines Vaters an ihren Stirnen geschrieben, soll uns veranschaulichen, wie Christus als das Lamm Gottes *die Linie des heiligen Samens* zur Durchführung bringt (vgl. Jes. 6, 13). In den 144 000 werden uns die Erstlinge vorgestellt, die aus den Menschen (aus Israel) für Gott und das Lamm erkauft worden sind (V. 4). Den Erstlingen wird die Vollernte folgen, die Volkswiedergeburt. Diese 144 000 sind dieselben, die Kapitel 7, 3 als Knechte Gottes an ihren Stirnen versiegelt worden sind. Das Siegel bestand demnach in dem Namen des Lammes und seines Vaters, und das Resultat ihrer Versiegelung sehen wir nun hier. Sie gehen ungefährdet durch die große Krisis und bilden den Kern des neuen Israel, den heiligen Samen. Nun begreifen wir auch, warum in Kapitel 7 so gewissenhaft die Namen der zwölf Stämme aufgezählt werden. Die Verheißungen für Israel sollen nicht aufgehoben werden – trotz aller Gerichtswege Gottes mit diesem Volk. Wenn der Herr an jenem Tage kommen wird, wird er verherrlicht werden in seinen Heiligen und bewundert in allen denen, die da wirklich glauben (2. Thess. 1, 10). Daß es sich um eine himmlische Szene handelt, geht aus dem Folgenden hervor: »Eine Stimme aus dem Himmel wie das Rauschen vieler Wasser und das Rollen eines lauten Donners. Und die Stimme war wie von Harfensängern, die auf ihren Harfen spielen« (V. 2). Wer die Harfensänger sind, wird nicht gesagt, aber wer ein musikalisches Gehör für Himmelsmusik hat, hört unschwer heraus, daß es sich um die vollendete Überwindergemeinde handeln muß, die das Heil Israels preist. Davon zeugen die Heilsstimme wie das Rauschen vieler Wasser und das laute Donnerrollen. Sie singen ein neues Lied angesichts des Thrones und der vier Lebewesen und der Ältesten. Ein neues Lied setzt neue Heilsoffenbarung voraus und enthält deshalb einen neuen Text, der die Wunder Gottes preist (vgl. Ps. 98, 1). Dieses neue Lied hat den besonderen Heilsweg für die 144 000 zum Inhalt. Deshalb sind auch nur diese imstande, das Lied zu lernen. Die

Darstellung ist so, daß die 144 000 erst jetzt beginnen, dem Lamm zu folgen, d.h. als sein Gefolge erscheinen.

Ihr *Charakter* wird beschrieben: »Diese sind es, die sich mit Frauen nicht befleckt haben; denn sie sind Jungfräuliche.« Das ist im geistigen Sinne zu verstehen. Die jungfräuliche Gesinnung ist im theokratischen Verständnis das Gegenteil des von Gott abgefallenen Israel, der großen Hure. »Jungfräuliche« steht im Urtext mit männlichem Pronomen, es sind also keine Unverheirateten weiblichen Geschlechts. In ihrem Munde ward keine Lüge gefunden; denn makellos sind sie.

»Diese sind es, die dem Lamme folgen, wohin irgend es geht.« Damit wird angedeutet, daß das Lamm auf dem Zionsberg nicht bleiben, sondern von dort aus seine Königswege antreten wird. Somit gehört diese Szene als Darstellung des prophetischen Wortes vom heiligen Samen (vgl. Jes. 6, 13) zu den allerletzten Möglichkeiten vor dem Gericht. Die drei darauf folgenden Engelsbotschaften zeigen uns noch andere Möglichkeiten. Sie alle müssen bis zum Letzten voll ausgeschöpft werden, eher wird das abschließende Gericht nicht hereinbrechen.

Bevor der entscheidende Endkampf beginnt, also noch vor Ausgießung der sieben Zornschalen, wird die ganze Welt durch Engelsbotschaft zur Umkehr aufgefordert (Kap. 14, 6. 7). Das ist *das äonische Evangelium* im Unterschied zum Evangelium der Gnade Gottes (vgl. Apg. 20, 24). Das äonische Evangelium ist das, welches diesen Äon abschließt. Es verkündigt: »Die Stunde seines Gerichts ist gekommen.« Es ist das einzige Evangelium, das nur Gericht zum Inhalt hat und von dort aus zur Buße auffordert. Menschen, die solche Botschaft verkündigen könnten, sind nicht mehr da. Deshalb muß es durch Engelsmund geschehen. Der *Mittelhimmel* (Zenit) ist der Ort, von wo aus die Stimme von allen Menschen gehört werden kann. Dieses Evangelium ist universal, alles umfassend, und ergeht deshalb aus dieser denkbar höchsten Perspektive an alle Menschen. Es wendet sich an alle Welt, sowohl an die im Lande Israel Wohnenden als auch an die ganze Nationenwelt, Gott zu fürchten, ihm die Ehre zu geben und den anzubeten, der den Himmel und die Erde und das Meer und die Wasserquellen macht. Dieses äonische Evangelium ist jedoch kein verkürztes Evangelium, obwohl darin nichts von Christus und von Sündenvergebung gesagt wird. Es ist eine Vorstufe zum Vollevangelium, ein erster Anfang auf dem Heilsweg zum Leben.

»Und ein zweiter, anderer Engel folgt und sagt: Sie fällt, sie fällt! Babylon, die Große, die, die mit dem Wein des Grimmes ihrer Hurerei getränkt hat alle Nationen« (Kap. 14, 8). Die drei Heroldsengel in Kapitel 14 gehören einer anderen Abteilung an als die früher genannten. Der zweite in dieser Dreierreihe kündigt den *Fall Babylons* an. Der Fall selber wird in Kapitel 18 berichtet. Auch diese Botschaft soll die Menschen zur Besinnung und Umkehr bewegen. Der Ausdruck »Babylon, die Große« begegnet uns hier zum ersten Mal. Wer und wo ist dieses Babel der Endzeit? Ist es überhaupt ein geographischer Begriff? Wir müssen annehmen, daß es ebenso wie das neue Jerusalem, das vom Himmel herabkommt, *eine symbolische Bezeichnung für Israel* ist. Das alte geschichtliche Babel soll nach Gottes Urteilsspruch nicht wieder aufgebaut werden (vgl. Jer. 50, 39 f). Das Geheimnis Babylons wird erst in Kapitel 17 enthüllt, und es wird deutlich, daß das von Gott abgefallene Volk Israel die Rolle Babels übernommen hat und das Tier, das Weltreich, beherrscht. Der Fall Babylons bedeutet also das Gericht über das von den Juden beherrschte Weltreich der Endzeit; denn Babylon hat mit dem Eiferwein ihrer Hurerei alle Nationen getränkt.

Ein dritter, anderer Engel bringt eine ernste *Warnung und Androhung des Gerichts an alle Anbeter des Tieres*. Keiner geht ungewarnt ins Verderben. Wer nicht hören will, der muß fühlen. »So wird er auch trinken von dem Wein des Grimmes Gottes, der unvermischt gemengt ist in dem Becher seines Zorns, und er wird gequält werden mit Feuer und Schwefel vor den Augen der heiligen Engel und vor den Augen des Lammes. Und der Rauch ihrer Qual steigt auf in die Äonenvollendung hinein« (Kap. 14, 10 f). Es entspricht dem *Gerechtigkeitsmaß des göttlichen Gerichts*, daß aus dem Taumelkelch der Sündenlust der Zorneskelch Gottes wird, d.h., daß der Mensch damit gestraft wird, womit er gesündigt hat. Die Sünde erreicht erst durch die Vermischung mit der Weltreligion der Endzeit ihren gefährlichsten Grad, den Grad der Berauschung und des dauernden Taumelzustandes. Gerade dieser Zustand der Vermengung ist Gott ein Greuel. Er reicht deshalb den *Kelch seines Zornes* mit dem Wein seines Grimmes, der unvermischt gemengt ist, den Anbetern des Tieres dar, damit sie aus ihrem Rausch ernüchtert werden. Das Gequältwerden mit Feuer und Schwefel ist ein furchtbares Erwachen aus dem Taumelzustand. Der ganze Gerichtszorn Gottes wird fühlbar angesichts heiliger Engel und des Lammes, die das Gericht vollziehen. Es ist die quälende, ohnmächtige Wut des Menschen gegen das heilige Gericht Gottes. Die Qual besteht im Entbehren und vergeblichem Verlangen. Der Rauch ihrer Qual ist das Ergebnis des göttlichen Gerichtsfeuers.

Die Folge des Gerichts ist *die Höllenqual, die bis zur Äonenvollendung* andauert, bis zu einem gewissen Äonenziel.

Die Zwischenbemerkung: »Hier ist das Ausharren der Heiligen, welche bewahren die Gebote Gottes und den Glauben Jesu«, zeigt, daß *die Linie der Heiligen ungebrochen hindurch geht durch alle Krisen und Gerichte* (V. 12; vgl. Kap. 13, 10). Nach Kapitel 12, 17 und Kapitel 13, 7 sind die Heiligen diejenigen aus Israel, die die Gebote Gottes halten und das Zeugnis Jesu haben. Gerade diese messiasgläubigen Juden stehen im Brennpunkt des Endkampfes auf israelitischem Boden und haben die große Enddrangsal mit zu erdulden. Deshalb wird wiederholt das Ausharren (hypomonä = das Darunterbleiben) betont. Sie werden nur durchhalten können, wenn sie die Gebote Gottes und den Glauben (= die Treue) Jesu bewahren. Ihr Ausharren muß sich an die rechte Quelle halten, an das, was Gott durch Jesus durchführt. Sie kommen durch echte Treue im mosaischen Gesetz über das prophetische Wort zur Erkenntnis Jesu Christi. Auch das ist eine letzte Möglichkeit vor dem Gericht.

»Und ich höre eine Stimme aus dem Himmel, die sagt: schreibe! Glückselig die Toten, die in dem Herrn sterben von jetzt an! Ja, spricht der Geist, damit sie ruhen von ihren Mühen; denn ihre Werke folgen mit ihnen« (V. 13). *Die Seligpreisung der im Herrn Sterbenden* bezieht sich auf die, die in der letzten großen Drangsal während der Herrschaft des Tieres gläubig sterben. Der Befehl zum Schreiben wird vor allem da gegeben, wo es sich um die Glückseligkeit der Menschen und die Herrlichkeit Gottes handelt (vgl. Kap. 1, 3. 11. 19; 14, 13; 19, 9; 21, 5). *»Damit sie ruhen«*, d. h., nach oben hin zur Ruhe kommen (anapauein) in dem Herrn, heraus (ek) aus den Mühen. Dann wird das Wirken in einem reineren, vollkommeneren Sinn fortgesetzt; denn *ihre Werke folgen mit ihnen*. Wer zur Ruhe kommt, hört im Wirken nicht auf, sondern sein Wirken erreicht das Ziel.

»Wenn wir hier unser Tagwerk enden, bleibt ein halbes Werk zurück. Dieses Werk noch zu vollenden, ist uns seliges Geschick.«

2.9 Israels Ernte als Anfang des Gerichts

Dieser Äon schließt für Israel mit der Ernte ab, die der Menschensohn vollzieht, indem er als König erscheint. »Und ich sah: und siehe, eine weiße Wolke, und auf der Wolke hin saß einer gleich einem Menschensohn, welcher auf seinem Haupt eine goldene Krone und in seiner Hand eine scharfe Sichel hatte« (Kap. 4, 14).

Das *Bild der Ernte* für Gericht ist in den prophetischen Schriften bekannt. Grundlegend hierfür ist die Stelle in Joel 4, 9 ff. Jahwe fordert die Völker auf, sich zu einem heiligen Krieg zu versammeln. Auch Israel soll sich unter Führung Jahwes zur Entscheidung ins Tal Josaphat begeben. Das Gericht an Israel erfolgt durch die Völker, und die Rettung und Rechtfertigung des Gottesvolkes soll ebenfalls in Gegenwart der Vertreter der ganzen gottfeindlichen Völkerwelt geschehen. Jahwe fordert daselbst die Völker zum letzten Akt in ihrem Gericht an Israel auf, aber in diesem Gericht soll Israel durch das Eingreifen Jahwes auf wunderbare Weise gerettet werden. Was der Prophet Joel damals zusammen geschaut hat, wird in der Apokalypse in seine einzelnen Teile zerlegt. Hier kommt im Gericht zunächst Israel an die Reihe. Jesus sagt in dem Königreichsgleichnis vom Sämann, daß die Ernte der Abschluß des Äons ist (Matth. 13, 39). *Der Sohn des Menschen* ist der Sämann (Matth. 13, 37) und der Erntende. Als Menschensohn hat der Herr die Mission Adams, des Menschen, erfüllt und die für den Menschen verlorene Krone wiedergewonnen. Daher erscheint er hier mit einer goldenen Krone auf seinem Haupt, und in seiner Hand eine scharfe Sichel, sitzend auf einer weißen Wolke als der vom Himmel Wiederkommende mit großer Kraft und Herrlichkeit. In V. 14 heißt es »auf die Wolke hin sitzend« und in V. 15: »der auf der Wolke sitzt«. In Kapitel 1, 7 hieß es: »Er kommt mit den Wolken« und Matthäus 24, 30: »kommend auf den Wolken des Himmels«. Es findet also eine gewisse Entwicklung des Bildes statt. *Das Sitzen auf der Wolke* symbolisiert die völlige Herrschaft über die Wolke. Der auf der Wolke Sitzende ist derjenige, der die alttestamentliche Offenbarungshülle beseitigt hat, weil er der Menschensohn ist, der überwunden hat. Die Wolke ist ein Symbol des Gerichts und des Segens, beides in einem. Die weiße Wolke ist die Schekina, die Herrlichkeitswolke, wie wir sie aus dem Alten Testament kennen (2. Mose 40, 34-38). Die scharfe Sichel symbolisiert die Krönung seiner Richtermission. Durch diese Erscheinung wird *eine neue Stufe in der Offenbarung Jesu Christi* markiert. In Kapitel 1, 13-18 erscheint er als Menschensohn in seiner Richterherrlichkeit, aber in Verbindung mit den Gemeinden, hier dagegen in Verbindung mit der Gerichtsernte Israels.

Die Aufforderung an den Herrn der Ernte geht von Engeln aus, die aus dem himmlischen Tempel, ja aus dem Räucheraltar hervorgehen. Die kühne Komposition des Bildes, wie sie nur in der prophetischen Symbolsprache möglich ist, zeigt uns die enge Verbundenheit zwischen oben und unten, Himmel und Erde in der göttlichen Wirklichkeitswelt. Das Gericht findet auf der Erde statt, im Land Israel, die Gerichtsengel kommen aus dem himmlischen Tempel, und der Menschensohn sitzt auf der weißen Wolke.

Der *Tempel* (naos) im Himmel ist die vollendete Überwindergemeinde, die berufen ist, mit dem Christus zu richten. Die Überwinder sind nicht die Gerichtsvollstrecker, sondern die Vermittler des Gerichts durch ihr Zeugnis und ihre Gebete.

Die Engel sind die Schnitter (vgl. Matth. 13, 39), d.h. die ausführenden Organe. Daß der Engel den Herrn der Ernte auffordert, seine Sichel zu senden, ist auf den speziellen Dienst der Engel zurückzuführen, über das Ausreifen der Ernte zu wachen. Daher die Meldung: »Die Stunde des Erntens ist gekommen; denn die Ernte des Landes ist dürre geworden.« Es ist göttlicher Grundsatz, das Gute und das Böse völlig ausreifen zu lassen. Die Gerichtsengel als Schnitter haben eine andere Aufgabe als die Erntearbeiter (vgl. Matth. 9, 38; Luk. 10, 2).

Für die Gerichtsernte Israels wird ein *Doppelbild* gebraucht, das einer Kornernte und einer sich daran anschließenden Weinernte, wie auch in Israel jedes Jahr auf die Kornernte die Weinernte folgte. Die erste Ernte ist Gottes Gericht an Israel allein, und die zweite Ernte ist das Gericht an Israel mitten im Völkergericht, bei welchem Israel eine wunderbare Errettung erlebt. Von der ersteren heißt es: »Und das Land wird geerntet« (V. 16), d. h. das Volk in seinem natürlichen Bestand. Es ist auffallend, daß über das Ergebnis dieser Ernte nichts ausgesagt wird, sondern gleich anschließend von der Weinernte gesprochen wird. Das ist gewiß Absicht, um auf *das Geheimnis der Doppelernte* hinzuweisen. Das Ergebnis kann nichts anderes sein als der Nachweis von Israels völliger Ohnmacht und Gottes absoluter Gnade.

Noch zwei andere Engel kommen aus dem himmlischen Tempel heraus. Der dritte oder letzte kommt heraus aus dem Altar, der Vollmacht hat über das Feuer (des Altars), und der dem zweiten, der die scharfe Sichel hat, mit großer Stimme zuruft und ihn auffordert, die scharfe Sichel zu senden und die Trauben des Weinstocks des Landes abzulesen; denn gereift sind seine Beeren (V. 17 f).

Von Kapitel 8, 5 an wird das Gericht an Israel und den Nationen geschildert, welches mit der Öffnung des siebten Siegels beginnt, zuerst in den sogenannten Bußposaunen (Kap. 8 und 9). *Das Gericht geht aus von dem Altar des Tempels Gottes im Himmel*, also von der vollendeten Überwindergemeinde. Ein Engel mit einem goldenen Weihrauchfaß erhält viel Räucherwerk, daß er es gebe zu den Gebeten der Heiligen auf den goldenen Altar, der da ist angesichts des Thrones. Der Rauch des Räucherwerks steigt dann auf mit den Gebeten der Heiligen aus der Hand des Engels angesichts Gottes. Der Engel nimmt alsdann das Weihrauchfaß und füllt es ganz mit dem Feuer des Altars und wirft es in das Land. Die dann folgenden Gerichte werden also als Antwort Gottes auf die Gebete der Heiligen hingestellt. Die Schilderung in Vers 8 und 9 (die sechs ersten Posaunen) korrespondiert mit der Schilderung in Kapitel 16 (die sieben Zornschalen). In den Posaunengerichten haben wir vorlaufende Gerichte, die zur Buße leiten sollen, aber mit dem Ergebnis der völligen Unbußfertigkeit der Menschen (Kap. 9, 21). In den Zornschalengerichten während der siebten Posaune haben wir das abschließende Gericht über Israel und die Nationenwelt. Es ist wohl nicht ein und dasselbe Gericht, sondern es sind zwei Gerichtsstufen. Dazwischen fällt die Gerichtsernte als spezielles Gericht über Israel.

Der Weinstock des Landes ist ein bekanntes prophetisches Bild von Israel (vgl. Jer. 2, 21; Hos. 10, 1). Jahwe hat Edelreben gepflanzt, aber sie sind entartet in Bastarde eines wilden Weinstocks. Jahwe hat den Weinstock aus Ägypten geholt (Ps. 80, 9), seine rechte Hand hat ihn gepflanzt (Ps. 80, 16). Während Israel zu einem entarteten Weinstock wurde, ist Jesus der wahre Weinstock (vgl. Joh. 15, 1), indem er das ganze Volk in seiner Person vertritt. In der Apokalypse wird nicht vom Weinberg gesprochen, sondern vom Weinstock des Landes, während die Propheten vom Gericht über den Weinberg Jahwe Zebaoths reden (vgl. Jes. 5, 5 ff; 27, 2 ff).

»Und der Engel wirft seine Sichel in das Land, und er liest ab den Weinstock des Landes und wirft in die große Kelter des Zornes Gottes« (V. 19). *Das Bild der Kelter und des Keltertretens* für Gericht ist von den Propheten her wohlbekannt (vgl. Joel 4, 2. 12. 13; Jes. 63, 1-3; Klag. 1, 15). Das Keltergericht findet im Tale Josaphat in Verbindung mit dem Völkergericht statt. Der Höhepunkt des Gerichts über Israel bringt auch zugleich die große Heilswende für Israel durch das Eingreifen Gottes (vgl. 2. Chron. 20, 1-30). Ohne den Hintergrund der bekannten prophetischen Bilder würde das Keltergericht in Offenbarung 14 schwer zu verstehen sein, besonders was die Pferde (V. 21) dabei bedeuten sollen. Die im Tal Josaphat versammelten Völkerheere sollen das Gericht an Israel vollstrecken, werden aber durch das Erscheinen des Herrn selber gerichtet. Er tritt die Kelter allein, und von den Völkern steht ihm niemand bei (Jes. 63, 3). Es wird nicht gesagt, was der Engel in die große Kelter wirft, nachdem er die Trauben abgelesen hat. Darin liegt gewiß eine Absicht, weil ja nicht die Trauben allein, sondern auch zu gleicher Zeit die Nationen selber gekeltert werden soIlen. Das Geheimnis liegt darin, daß die Nationen gerichtet werden nach dem Maß ihres Verhaltens gegenüber Israel (vgl. Matth. 25, 40. 45).

»Und getreten wird die Kelter außerhalb der Stadt, und heraus kommt Blut aus der Kelter bis an die Gebisse der Pferde von tausendsechshundert Stadien her« (V. 20). Anstatt Wein als Traubensaft fließt Blut aus der Kelter, nicht Israels Blut allein, sondern auch das Blut der Völkerheere, die sich gegenseitig umbringen. Die Kelter ist nicht mitten im Weinberg, sondern außerhalb der Stadt, mitten unter den feindlichen Völkerheeren. Das Blut geht bis an die Gebisse der Pferde, trifft also die Feinde Israels an der Stelle, wo ihre Vollmacht liegt (vgl. Kap. 9, 19). Es ist der große Tag der Rache Gottes. Tausendsechshundert Stadien symbolisieren das äußerste Maß der Prüfung, vierzig mal vierzig, und zeigen die ganze Wegstrecke für Israels Wanderung von Ägypten an bis zum Erntegericht beim Abschluß des Äons. Das Blut, welches Israel während all der Jahrhunderte durch die Nationen ausgepreßt worden ist, kommt auf die Nationen zurück. Das ist die Generalabrechnung Gottes mit den Nationen im Tal Josaphat. Die tausendsechshundert Stadien oder Wegstrecken sind mit Blut gezeichnet.

Als *Ort der Ernte* wird die Gegend außerhalb der Stadt genannt. Aus den Propheten wissen wir, daß es die Ebene Jesreel ist. Das Tal Josaphat ist ein symbolischer Name und bedeutet: Jahwe richtet.

2.10 Die Überwinder an dem gläsernen Meer

Wurde in Kapitel 14, 14-20 die Ernte der Erde, also das Gericht an Israel durch die Nationen, als Ertrag und Abschluß des Äons gezeigt, so haben wir in Kapitel 5 und 16 das siebenfache Zornschalengericht als Vollendung des Zornes Gottes. Dieses Gericht bringt die letzte große Entscheidung. Bevor aber die letzten sieben Plagen auf die Menschen herabkommen, wird uns schon der Triumph der Überwinder des Tieres vor Augen geführt.

Eine Erscheinung wie *ein gläsernes Meer mit Feuer gemengt* ist der Schauplatz. Es ist wie jenes Rote Meer am Anfang der Geschichte Israels – ein Meer der wunderbaren Rettung. Daß es wie Glas mit Feuer gemengt erscheint, weist hin auf die Feuerglut des Zornes Gottes und das Ziel der Zorngerichte, alles Unreine zu verzehren.

Am Ufer der Rettung (»auf das Meer hin«) stehen die *Überwinder mit Harfen Gottes*. Die Harfe ist das Symbol der reinsten Anbetung Gottes, und die Harfe Gottes ist das zur Anbetung gestimmte Weltall. Die rauschende Gottesmusik durchbraust das ganze Weltall, wenn die Heils- und Regierungswege Gottes offenbar werden. »Die Harfen Gottes haben« (Kap. 15, 2) bedeutet, die Harmonie der universalen Gerichtswege Gottes verstehen und anbetend preisen.

»Wer den Ton gefunden, der im Grund gebunden hält den Weltgesang, hört im großen Ganzen keine Dissonanzen, lauter Übergang.«

In diesen Überwindern haben wir hier die Zusammenfassung aller einzelnen vorher schon gezeigten Gruppen derer, die aus der großen Drangsal heraus gerettet wurden:

die 144 000,
die übrigen vom Samen der Frau und
die große Schar,
und schließlich das ganze Volk, das noch gerettet werden soll.

Sie singen *das Lied Moses, des Knechtes Gottes, und das Lied des Lammes*. Am Roten Meer wurde einst das Lied Moses gesungen (vgl. 2. Mose 15; 5. Mose 32), jetzt ist durch das Lamm die Geschichte der Rettung Israels erfüllt. Beide Lieder sind nun in wundervoller Harmonie der Zusammenklang der Anfangs und Endgeschichte Israels. Im voraus, ehe die Gerichte hereinbrechen, wird uns *das Heilsziel der Gerichte Gottes für ganz Israel* vor Augen gestellt. Darum wird in dem Lied Gott als Richter gepriesen:

»Groß und erstaunlich sind deine Werke, Herr, Gott, der Allgewaltige! Gerecht und wahrhaftig sind deine Wege, du König der Äonen! Wer sollte dich nicht fürchten, Herr, und nicht verherrlichen deinen Namen? Denn du allein bist huldreich; denn alle Nationen werden kommen und anbeten vor dir; denn deine Rechtstaten sind offenbar gemacht worden« (Kap. 15, 3-4).

2.11 Die letzten sieben Plagen

Die Einleitung zu den Zornschalengerichten oder den letzten sieben Plagen ist die *Öffnung des Tempels des Zeugniszeltes im Himmel* (Kap. 15, 5). Diese Öffnung des Tempels im Himmel unterscheidet sich von derjenigen in Kapitel 11, 19 beim Ertönen der siebten Posaune. Dort wurde die Bundeslade Gottes als Zeichen der unerschütterlichen Bundestreue Gottes sichtbar, hier tritt *der Charakter des Zeugnisses Gottes* in den Vordergrund. Es ist das Zeugnis Gottes von seiner

Heiligkeit wider die Sünde des Volkes. Daß nun das Zelt des Zeugnisses im Tempel Gottes im Himmel anschaulich wird, zeigt an, daß es sich bei den Endgerichten vor allem um die Offenbarung der Heiligkeit Gottes handelt. Wenn wir erkennen dürfen, daß mit dem Tempel Gottes im Himmel die vollendete Überwindergemeinde bezeichnet wird, so wird uns die Öffnung dieses Tempels besonders bedeutungsvoll.

Die Tatsache der Gemeinde ist die große Anklage Gottes gegen Israel, der heilsgeschichtliche Nachweis der schuldhaften Verstockung des Volkes.

Aus diesem himmlischen Tempel gehen die sieben Engel hervor, welche die sieben letzten Plagen haben (Kap. 15, 1. 5). *Engel sind die Vollstrecker der göttlichen Gerichte.* Ihre Erscheinung wird beschrieben: angetan mit reiner, glänzender Leinwand und umgürtet um die Brust mit goldenen Gürteln. Nach diesen Symbolen sind sie Priesterkönige der höheren Geisterwelt. Aber nicht die Engel geben den Impuls zur Ausführung der Gerichte, sondern die vier Lebewesen, die himmlischen Repräsentanten der irdischen Seelenschöpfung. Die ganze Schöpfung, die da sehnsüchtig auf die Enthüllung der Söhne Gottes wartet, fordert dringend die ausgleichende Gerechtigkeit Gottes. Sie ächzt und leidet Wehen mit uns (vgl. Röm. 8, 19 ff). Die Erlösung der Menschen bedeutet auch für sie Befreiung.

Wir begreifen, daß der Antrieb zum Endgericht von den vier Lebewesen ausgeht. Eins derselben gibt den sieben Gerichtsengeln sieben goldene Schalen voll von dem Zorn Gottes, der da lebt in die Äonenvollendung. Weil Gott das absolute Leben ist, muß sein Zorn entbrennen über die Sünde als Lebenszersetzung. Diese *Heiligkeitsoffenbarung Gottes ist zugleich Herrlichkeit*. Das wird dadurch anschaulich, daß der Tempel Gottes so lange von der Herrlichkeitswolke erfüllt wird, bis die sieben Plagen vollendet sind (Kap. 15, 8). Aus dieser Herrlichkeitswolke heraus ergeht der Befehl zum *Ausgießen der Zornschalen* (Kap. 16, 1). Daß diese auf das Land gegossen werden, obgleich nur die erste buchstäblich das Land selber trifft, beweist uns, daß bei dem Gericht über Israel die ganze Welt, selbst der Kosmos, in Mitleidenschaft gezogen wird: das Meer, die Wasserströme und Quellen, die Sonne, der Thron des Tieres, der Euphrat, die Luft. Aber es dreht sich letzten Endes alles um Israel.

Fünf von den sieben Zornschalen ähneln fünf von den zehn Plagen Ägyptens, woraus wir jedoch nicht den Schluß ziehen dürfen, daß auch die Zornschalengerichte ebenso materiell zu verstehen sind wie die zehn Plagen Ägyptens. Hinter den Bildern stehen geistige Realitäten. Ein Vergleich mit den sieben Posaunengerichten zeigt ganz bestimmte Parallelen, die jedoch *eine Höchststeigerung aller einzelnen Gerichtslinien* erkennen lassen, wie auch das siebte Zornschalengericht bis zu Ende durchgeführt wird, ohne daß eine nochmalige Einschaltung wie zwischen der sechsten und siebten Posaune stattfindet. Die sieben Zornschalen bringen als das dritte Wehe *das abschließende Endgericht*.

Aus der fünften Zornschale ersehen wir auch *den dämonischen Hintergrund des Weltverderbens*: den Thron des Tieres, die unreinen Geister gleich Fröschen aus dem Maul des Drachen, des Tiers und des falschen Propheten. Diese Dämonengeister, welche auch Wunderzeichen tun, gehen aus, um die Könige der ganzen Wohnerde für den Krieg jenes großen Tages Gottes zusammenzubringen. Diese Zornschalengerichte ergehen in schneller Aufeinanderfolge.

Zwischen der dritten und vierten Zornschale befindet sich eine *wichtige Zwischenrede*. Solche Einschaltungen sind zur Deutung der großen Linien unentbehrlich. So wird durch die Zwischenrede (V. 5-7) bestätigt, daß es sich um *das Gericht über Israel* handelt; denn an diesem Volk soll das vergossene Prophetenblut gerächt werden. Die Wiedervergeltung nach dem Maß der ausgleichenden Gerechtigkeit Gottes wird vom Altar anerkannt; d. h., die vollendete Überwindergemeinde erkennt dankbar die Erhörung ihres zusammengefaßten Gemeindegebets und preist deswegen den Herrn: »Ja, Herr, Gott, Allmächtiger, wahrhaftig und gerecht sind deine Gerichte.« (Kap. 16, 7).

Das sechste Zornschalengericht betrifft die *Beseitigung des Grenzschutzes durch den Euphrat* (V. 12 bis 16), so daß die kriegerischen Horden des Ostens ins Land hineinströmen können. Das bedeutet ein furchtbares Gottesgericht für Israel und die übrige Welt. Die Entscheidungsschlacht findet auf israelitischem Boden in der Ebene Jesreel bei Harmagedon, d.h. bei dem Berg Megiddo, statt.

3. Das Geheimnis Babylons (Kapitel 11, 15-22, 5): Das Werden des neuen Jerusalems aus Gericht und Untergang der alten Welt[1]

3.1 Die Enthüllung des Geheimnisses der Frau

Von Kapitel 17, 1 an wird abschließend ein Gesamtbild von dem Sieg des Herrn über Babylon und der Wiederherstellung Israels als Frau des Lammes gegeben (Kap. 17, 1-19, 21).

Kapitel 17 bringt die große Überraschung in den Gesichten: die *Enthüllung des Geheimnisses der Frau*. Einer der sieben Zornschalenengel tritt dabei als Sprecher und Erklärer auf. Er zeigt dem Seher Johannes den *Gerichtsprozeß der großen Hure*. Zunächst gibt er eine ausführliche Beschreibung. Sie thront über vielen Wassern. Dieses Bild paßt auf das alte geschichtliche Babel am Euphratstrom (vgl. Jer. 51, 13). Aber hier soll es anders verstanden werden. Darum gibt der Engel eine ausführliche Deutung, die Johannes von sich aus nicht ohne weiteres hätte finden können.

»Die Wasser, die du gesehen hast, worauf die Hure sitzt, sind Völker und Volksmassen und Nationen und Sprachen« (V. 15).

Schon dadurch erkennen wir, daß wir es hier nicht mit dem geographischen Babel zu tun haben, sondern daß dieser Name Babylon nur symbolisch gebraucht wird. Mit der großen Hure haben die Könige des Landes (Israel) gehurt, und die Bewohner des Landes (die sich im Land seßhaft gemacht haben) wurden trunken vom Wein ihrer Hurerei. Dies ist die traurige Geschichte Israels, seiner Könige und des Volkes. Israel, die Frau Jahwes, ist zur Ehebrecherin, ja zur großen Welthure geworden. Diese Darstellung ist echt prophetisch und für den Seher nichts Neues. Neu aber ist *die Verbindung der großen Hure mit dem Tier* oder dem Weltreich. Johannes wird im Geist in eine Wüste gebracht. Die Wüste ist symbolisch immer der Ort des Neuanfangs. So ist auch hier etwas ganz Neues in Erscheinung getreten: die Frau reitend auf dem Tier. Das Tier, in welchem wir das gleiche wie in Kapitel 13, 1 erkennen, mit seinen sieben Köpfen und zehn Hörnern, wird hier noch eingehender beschrieben. Es ist scharlachrot und voll von Namen der Lästerung. Auch die Frau ist bekleidet mit Purpur und Scharlach und übergoldet mit Gold und kostbarem Edelstein und Perlen. Es ist bei beiden die an-

[1] Vgl. dazu Karl Layer, »Israel – ein Lehrbuch für Christen …«, a.a.O. Insbes. S. 31 ff.

gemaßte weltliche Pracht und Herrlichkeit. Die Frau ist hier die alles beherrschende Macht, selbst das Tier wird von ihr gelenkt und muß ihr gehorchen. Sie hat einen goldenen Kelch in der Hand, voll der Greuel und Unreinigkeiten der Hurerei des Landes. An der Stirn trägt sie einen Namen geschrieben: *Geheimnis: Babylon, die Große, die Mutter der Huren und der Greuel des Landes.* Das ist das Geheimnis, die große Überraschung für den Seher und für uns, daß das abgefallene, bundesbrüchige Israel, die große Hure, die Rolle Babels übernommen hat, indem es durch die Verbindung mit dem Tier dieses entscheidend beherrscht und lenkt (vgl. Sach. 5, 11).

Zum Charakter der großen Hure gehört auch der *Inquisitionsrausch*. Sie ist die geistige Urheberin und Anstifterin der Verfolgungen unter den jahwetreuen Juden und den Zeugen Jesu. Wie das Heil von den Juden gekommen ist, so kommt auch das Unheil von ihnen. Im Zentrum des Unheils steht die Verfolgung der Gläubigen. Zu diesem Zweck haben sie stets den Arm des Weltreichs als Werkzeug benutzt. Im goldenen Taumelkelch sind die Greuel und Unreinigkeiten der Hurerei des Landes, d. h. der Juden. Das Geheimnis ist *die Vereinigung von Weltreich und Judentum.* Diese Vereinigung hat ihre eigenartige Geschichte. Das Tier oder Weltreich hat sieben Häupter und zehn Hörner, wie der Drache (Kap. 12, 3; 13, 1). Häupter und Hörner werden beide als Könige bezeichnet (V. 9 u. 12) mit dem Unterschied, daß *die zehn Hörner* ein Reich noch nicht erhielten, sondern sie erhalten wie Könige eine Stunde mit dem Tier Vollmacht. Demnach scheinen alle zehn zugleich aufzutreten, und zwar kurz vor dem Abschluß der Zeit des Tieres.

Anders erscheint *die Werdegeschichte der sieben Häupter* (V. 9-11). Sie umspannt wohl die ganze Zeit der Entwicklung. Die sieben Häupter oder Könige werden auch Berge genannt. Berge sind in der Symbolsprache der Schrift Stätten der Neuorientierung. Wir müssen bei der Deutung der sieben Häupter Abstand nehmen von dem Vorurteil, daß die bei Daniel Kapitel 2 und 7 aufgeführte Reihe von Weltmonarchien einfach ihre historische Fortsetzung bis zum Abschluß des Äons erhalten soll. Es sind nicht verschiedene, aufeinanderfolgende Tiere wie in Daniel 7, sondern nur ein Tier, und zwar das aus dem Meer aufsteigende, *das letzte Weltreich mit sieben verschiedenen Häuptern*, d. h. Neuorientierungen, etwa durch Systemwechsel.

Rätselhaft klingt die Erklärung des Engels: »die fünf fallen (Aorist), der eine ist, der andere kam noch nicht, und wenn er kommt, muß er kurze Zeit bleiben« (V. 10). Die Zeit des Geschehens muß vom Standort des Sehers als zukünftig angesehen werden, als gleichzeitig mit dem aus dem Meer aufsteigenden Tier. Die Systeme scheinen schnell zu wechseln, wenigstens die fünf ersten. Sie fallen. Die Zeitform der Vergangenheit: »sie sind gefallen«, ist hier verkehrt. Das sechste ist oder hat Bestand. Das siebte ist noch nicht gekommen, muß dann aber kurze Zeit bleiben. Das Tier selber ist aus den sieben. Es ist also sowohl Persönlichkeit als auch System. Es ist *ein achtes System* (V. 11). Acht ist die Zahl der Neuschöpfung, der Auferstehung. Hierdurch wird angedeutet, daß aus dem wunderbaren Wiedererstehen des Tieres, das da war und nicht ist und wieder anwesend sein wird (V. 8), also welches die Todeswunde mit dem Schwert empfangen hat und wieder ersteht (Kap. 13, 3), ein besonderes System gemacht wird, allerdings ein Täuschungssystem, wodurch *Passion und Ostern nachgeäfft* werden.

Weil diese Deutung des Engels tieferes Schriftverständnis voraussetzt, deshalb wird die Bemerkung eingeschoben: »Hierher der Denksinn, der Weisheit hat« (V. 9a). Das ist *das Wundersystem der Endzeit*. Die Menschen brauchen keine göttlichen Wunder mehr, sie machen alles selber (siehe das redende Bild, Kap. 13, 14 f). Das Wiedererstehen des Tieres ist ein Aufsteigen aus dem Abgrund. Satanische Kräfte stehen hinter diesem ganzen Werden. Aber es fährt dahin ins Verderben (V. 8 u. 11). Das ist das unabwendbare Gerichtsschicksal für das Tierwesen der Menschheit.

Es kommt zum *Entscheidungskampf zwischen dem Tier und dem Lamm*. Die zehn Könige oder Hörner geben ihre Kraft und eigene Vollmacht dem Tier. Dadurch kommt es zu der universalen Weltherrschaft. Alle werden gemeinsame Sache machen und mit dem Lamm streiten. Dieser Streit endet mit dem Sieg des Lammes; denn es ist der Herr der Herren und der König der Könige. Über den Kampf selber wird an dieser Stelle noch nichts berichtet, sondern erst in Kapitel 19. In Begleitung mit dem siegreich wiederkehrenden König kommen die Berufenen und Auserwählten und Treuen. Wer diese sind, erfahren wir hier nicht, sondern müssen es aus anderen Schriftstellen ergänzen (vgl. Kap. 19, 14). Es scheint so, als ob der Grund der Einigung der zehn Hörner *der gemeinsame Judenhaß* (Antisemitismus) sein wird. »Diese haben einen Sinn« (V. 13). Das Hurenweib auf dem Tier führt ein drückendes und auf die Dauer unerträgliches Regiment. Aufgrund des Hasses gegen die große Hure wird alle Welt einig. Sie werden die

Hure verödet und nackend machen (V. 16) und werden ihr Fleisch fressen und sie selber mit Feuer verbrennen.

Alle diese furchtbaren Tatsachen werden auf *die alleinige Kausalität* Gottes zurückgeführt. »Denn Gott gibt es in ihre Herzen, zu tun seine Meinung und zu tun eine Meinung und zu geben ihre Königsherrschaft dem Tier, bis vollendet sein werden die Worte Gottes« (V. 17).

Um ganz sicher zu gehen im Verständnis dieses großen Bildes, erklärt der Engel nochmals: »Und die Frau, welche du siehst, ist die große Stadt, welche die Königsherrschaft hat über die Könige des Landes« (V. 18). Die große Stadt, ohne daß eine Nennung ihres Namens nötig ist, kann keine andere sein als – Jerusalem.

3.2 Das Gericht über Babylon

Die Ausführlichkeit der bis ins einzelne gehenden Schilderung von Babylons Untergang beweist an sich schon, welche Bedeutung diese Tatsache für die ganze Apokalypse hat. Die ganze Struktur des Buches ist auf diese entscheidende Linie angelegt. Es hat den Anschein, als ob das Babel der Endzeit mit Feuer zerstört werden soll. Ein vom Himmel niederfahrender Engel von großer Gewalt, von dessen Glanz das Land erleuchtet wird, kündigt mit gewaltiger Stimme den Untergang der großen Babylon an (Kap. 18, 1). Während wir sonst in der Apokalypse oft von großen Stimmen hören, haben wir hier ausnahmsweise den Ausdruck: »gewaltige Stimme«, weil es sich hier um eine besondere Kraftprobe des göttlichen Gerichts handelt. Babylon soll zur Wohnstätte oder zum Verbannungsort von Dämonen und zu einem Kerker unreiner Geister und Vögel werden. An der Stelle des alten zerstörten Babel am Euphrat, das nie wieder aufgebaut und besiedelt werden soll, werden wilde Wüstentiere (Uhus, Strauße, Bocksgeister, Schakale, Wildkatzen) hausen (vgl. Jes. 13, 21 f; Jer. 50, 39).

Anders verhält es sich mit dem Babylon der Apokalypse. Daselbst werden geistige Mächte gefangengehalten. In Kapitel 14, 8 wird von der großen Babylon gesagt, daß sie mit dem Wein des Grimmes ihrer Hurerei alle Nationen getränkt hat. Hier wird die Schuld der Nationen betont, die aus dem Wein des Grimmes ihrer Hurerei getrunken haben. Schuldig an dem allgemeinen Welttaumelgeist sind sie alle: Verführer und Verführte. Die Kaufherren des Landes werden reich aus der Kraft ihres Luxus. Anstatt eines Königreichs von Priestern ist Israel als die große Hure eine Welthandelsmacht geworden. Mammonismus und Komfortismus ist die Signatur des letzten Weltreiches.

Eine andere Stimme vom Himmel fordert die Getreuen auf, aus dem dem Untergang verfallenen Babylon zu fliehen (Kap. 18, 4). Diese Getreuen werden »mein Volk« genannt. Wir sehen, wie die *Linie des heiligen Samens* sich bis zum Ende hindurchzieht. Der Ausdruck »Volk« (laos) wird nur gebraucht, im Unterschied von Nation (ethnos), wenn es sich um ein Volk handelt, das in den Anordnungen und Geboten Gottes seinen Bestand hat. Das Wort »Nation« bezeichnet ein heidnisches Gemeinschaftsgebilde, das sich nach eigenen Gesetzen auf Grund nationaler Stammeszugehörigkeit aufbaut. Die Trennung, zu welcher die Gläubigen in Israel aufgefordert werden, bezieht sich auf das entartete religiöse und soziale Gemeinschaftsleben. Damit hören diese nicht auf, Juden zu sein, sondern sie sind im Gegenteil das wahre Israel, »mein Volk«.

Das Gericht über Babylon erfolgt nach den *Grundsätzen der göttlichen Vergeltung*. Nur so kommt die Gerechtigkeit Gottes zur befriedigenden Durchführung. Die Aufforderung (V. 6 f) ergeht an die Vollstrecker des Gerichts, nämlich an die zehn Hörner und das Tier. Das Vergeltungsgesetz gehört zum Fundament der sittlichen Weltordnung, die eine Offenbarung der Gerechtigkeit Gottes ist. Der Sinn der Vergeltung, die Gott übt, ist niemals gemeine Rache, die nur ihre Selbstbefriedigung sucht, sondern eine göttliche Rache, die letzten Endes nur das Wohl des Menschen, an dem sie geübt wird, im Auge hat. Im Hebräischen des Alten Testaments steht für »vergelten« bezeichnenderweise ein Wort (gamal), welches die Grundbedeutung hat: etwas zur Reife, zu seinem Lohn bringen.

Nur von dieser Erkenntnis aus verstehen wir auch das *Maß der Vergeltung*, nicht nur der einfachen Bezahlung, Gleiches mit Gleichem, sondern der Verdoppelung. In der Hand der Menschen wäre dieser Grundsatz unerträglich, ja die schreiendste Ungerechtigkeit (vgl. 1. Mose 4, 23 f), aber für das Gerichtshandeln Gottes ist dieser Maßstab seinen Heilsabsichten angemessen und daher nicht im Widerspruch mit seiner Gerechtigkeit und Liebe. Das Gericht Gottes bringt die Sünde der Menschen durch Vergeltung zur Reife und schafft dadurch die Voraussetzung zur Heilung. Sie müssen den Taumelkelch der Lust im doppelten Maße trinken bis zum Ekel und Überdruß ihrer eigenen Hurerei.

An einem Tage werden die Plagen über dieses stolze Babylon, das gottlose Weltjudentum, hereinbrechen (V. 8-10). Auch dieser Zug ist schon in den alten Weissagungen zu finden (vgl. Jes. 47, 9). So sehr hat das bundesbrüchige Volk der Juden die Rolle Babels übernommen, so sehr ist es selber zum Babylon geworden, daß es mit dem alten geschichtlichen Babel auch die Gerichtsweissagungen teilt. Das plötzliche Hereinbrechen des Gerichts und aller Plagen an einem Tage ist ein Beweis für die Stärke Gottes, des Herrn, der sie tatsächlich richtet (krinas, Aorist Partizip). »In einer Stunde kam dein Gericht.« So tönt es dreimal in dem Wehegeschrei der Betroffenen (V. 10. 17. 19). »Wehe, wehe, die große Stadt, Babylon, die starke Stadt!«

Das Gericht über Babylon wird durch *drei Doppelwehe* (V. 10. 16. 19) charakterisiert. Drei Gruppen von Wehklagenden werden unterschieden:

die Könige des Landes (V. 9-10),
die Kaufleute (V. 11-17a),
die Seefahrer (V. 17b-19).

Sie stehen von ferne aus Furcht vor ihrer Qual, weinen und wehklagen. Das große Babylon selbst als Stadt, im Unterschied von der großen Hure oder dem Weltjudentum, wird durch Feuer zerstört werden. *Daß mit dieser großen Stadt tatsächlich Jerusalem gemeint* ist und nicht das alte Babel am Euphrat, geht aus Vers 24 hervor, wo als Grund des Gerichtsurteils das in ihr vergossene Propheten und Märtyrerblut angegeben wird. Das ganze Weltjudentum als große Hure kommt in das Feuergericht des Zornes Gottes, und die Stadt Jerusalem als Zentrum wird durch eine Feuersglut zerstört.

Der Anteil der drei Stände am Gericht: Sie stehen von ferne und wehklagen über den Verlust alles dessen, was der Inhalt ihres Lebens war. Die Könige des Landes sind die jüdischen Autokraten und Plutokraten; die Kaufleute sind diejenigen, die durch die Kraft des Luxus der großen Babylon reich geworden sind. Im egoistischen kaufmännischen Interesse werden Kulturgüter der Menschheit wie Ware oder Schiffsfracht behandelt, ja selbst Menschenleiber und Seelen werden zum Handelsobjekt. Die Arbeitnehmer als dritter Stand, hier symbolisch als Seefahrer bezeichnet, sind alle die Organe, die den Welthandel ausführen, die eigentlichen Stützen desselben.

Wieder hören wir einen Zuruf wie in Vers 4. von unbekannter Herkunft. Es ist eine *Aufforderung zur Freude über das Gerichtsurteil Gottes über Babylon* (V. 20). Das an diesem Babylon vollzogene Gerichtsurteil (krima) ist die Erfüllung aller Weissagungen über Babel, die sich als gerade Linie durch die prophetischen Schriften bis zur Apokalypse hindurchziehen. Das Babylon der Endzeit trägt solidarisch die Gesamtschuld aller babylonischen Vorläufer und empfängt das Gerichtsurteil für alle. Während bei der Welt nur Jammer herrscht, ist bei den Streitern für Gottes Reich lauter Jubel und Frohlocken: Gott verherrlicht sich im Gericht. Wie ein schwerer, großer Mühlstein, den ein starker Engel ins Meer wirft, so soll mit stürmischer Gewalt Babylon, die große Stadt, geworfen werden, und nimmermehr wird sie gefunden werden (V. 21).

In vier Bildern wird *die babylonische Kultur* dargestellt, die wegen ihrer völligen Entartung durch das Gericht völlig vernichtet wird:

die Kunst (Musik),

das Gewerbe (Mühlstein),

das gesellschaftliche Leben (Licht einer Leuchte),

das Ehe- und Familienleben (Stimme des Bräutigams und der Braut).

Kultur an sich ist gottgewollt, aber die rücksichtslose Ausnützung zu egoistischen Zwecken führt zur Entartung. Geistige Güter pflegen, um sich damit selbst groß zu machen, ist deren Umfälschung in Handelsware. Der gewaltig imponierende Erfolg dieses Kaufmannsgeistes wirkt bezaubernd auf die Nationen (V. 22 f).

3.3 Die Hochzeit des Lammes und der Königbräutigam

Wie nun aus der großen Hure die Frau des Lammes wird, das ist die brennende Frage, die beantwortet werden muß. Ganz eigenartig ist die Antwort, die uns die Apokalypse gibt. Von der Bekehrung Israels, also der menschlichen Seite der großen Umwandlung, wird in der Apokalypse nur eine ganz schwache Andeutung gemacht (Kap. 11, 13:« Der Überrest gibt dem Gott des Himmels Ehre«). Desto herrlicher aber wird die Alleinmacht Gottes herausgestellt, der das Heilsziel mit Israel durch eine neue Schöpfung erreicht. (Vgl. Jer. 31, 22: »Fürwahr, etwas Neues schafft Jahwe auf Erden, die Frau wird den Mann umgeben.«) Die heilige Stadt, das neue Jerusalem, steigt aus dem Himmel herab von Gott (Kap. 21, 2. 20).

Hätten wir nur den Bericht der Apokalypse, so würden wir das *eigentliche Problem* nicht klar genug sehen. Es könnte dann den Anschein haben, als seien die große Hure und die Frau des Lammes zwei ganz verschiedene Körperschaften. Dann läge die endgeschichtliche Lösung der Heilsfrage auf einer ganz anderen Ebene. Dann würden nur diejenigen gerettet, die gewisse Bedingungen erfüllen, wie die

Überwinder, während alle anderen in den Gerichten zu Grunde gehen. Tatsächlich ist dies auch die Anschauung aller derer, die das Wort Gottes nicht in seinen großen geraden Linien sehen und nicht unterscheiden zwischen Errettung und Berufung zum Dienst. Sie bleiben deshalb im subjektiven Heilserlebnis hängen und sind überdies leicht geneigt, diejenigen der Irrlehre zu bezichtigen, die aus dem Heilsuniversalismus der prophetischen Schriften und der paulinischen Briefe die Gewißheit einer größeren Hoffnung schöpfen.

Es ist daher beachtlich, wie in der Apokalypse das *universale Heilsproblem* gelöst wird. Die Geschichte Israels ist der große Anschauungsunterricht. Auf den Bericht von dem Gericht über Babylon, die große Hure, folgt ganz unvermittelt die Ankündigung von der Hochzeit des Lammes und der Bereitung seiner Frau. Diese Unmittelbarkeit und dieser plötzliche Wechsel der Bilder ist echt prophetisch, um zu zeigen, wie eng Gericht und Heil miteinander verbunden sind. Kein Heil ohne Gericht und kein Gericht ohne Heil: das ist schon fundamentaler Lehrsatz der alten Propheten, der hier seine wunderbare Bestätigung findet. Das Auseinanderreißen beider Begriffe, Gericht und Heil, ist verhängnisvoll und mitschuldig an der Lehre von einem ewigen Dualismus (das Nebeneinanderbestehen zweier entgegengesetzter Prinzipien).

»Nach diesem höre ich wie eine große Stimme einer zahlreichen Schar im Himmel, die sprachen: Halleluja! Das Heil und die Herrlichkeit und die Kraft unseres Gottes« (Kap. 19, 1). Mit »nach diesem« wird in der Apokalypse nicht die chronologische Reihenfolge betont, sondern der innere kausale Zusammenhang (vgl. Kap. 1, 19; 4, 1). Aus dem Sehen des Gerichts über die große Hure entfaltet sich das neue Hören des Propheten. Von der Hochzeit des Lammes selbst wird uns nur als von einer noch nicht vollendeten Tatsache berichtet durch eine große Stimme einer zahlreichen Schar im Himmel. Es ist die Schar derer, die vom Himmel aus triumphierende Zeugen dieses Ereignisses sind. Es beginnt mit einem jauchzenden Halleluja, dem *großen Hochzeits-Halleluja.* Der Kreis der Zeugenschar, der sich zusammenschließt zur Anbetung Gottes und seiner Heilswege mit Israel, wird immer größer:

Die 24 Ältesten und die vier Lebewesen beten Gott an, der da auf dem Thron sitzt, und sagen: »Amen! Halleluja!«

Eine Stimme vom Thron fordert alle Knechte Gottes und Gottesfürchtigen zum Lob Gottes auf.

Eine zahlreiche Schar preist die Regierungswege Gottes und verkündet die bevorstehende Hochzeit des Lammes und die Zubereitung der Braut.

Die Übersetzung: »hat sich bereitet« ist ungenau. Der Aorist (häteumasen) ist keine Zeitform, sondern ein Modus (Art und Weise), der das Tatsächliche betont.

Der erklärende Engel gibt Johannes dann den Auftrag zum Schreiben: »Glückselig die zum Hochzeitsmahl des Lammes Berufenen. Dies sind die wahrhaftigen Worte Gottes« (V. 9). Diese Aufforderung zum Schreiben bildet *eine Einschaltung*, wie wir manche in der Apokalypse finden, die zum richtigen Verständnis der Bilder wichtige Fingerzeige geben. Hier ist die Seligpreisung der zum Hochzeitsmahl Berufenen eine Mahnung an die Leser der Apokalypse, auf die eigentliche Hauptsache der ganzen Darstellung zu achten *und der Berufung nachzujagen*. Berufen oder eingeladen sind nämlich alle, aber nur die, die ihre Berufung erfaßt haben und der Einladung gefolgt und Teilnehmer am Hochzeitsmahl geworden sind, werden glückselig gepriesen.

Johannes selbst wird von der unmittelbaren Wirkung dieser seligen Aussicht so ergriffen, daß er niederfallen und anbeten muß. In der großen Erregung versieht er sich aber in dem Objekt der Anbetung und muß sich vom Engel zurechtweisen lassen. Der Engel sagt: »Dein Mitknecht bin ich und deiner Brüder.« Er macht also einen Unterschied zwischen Mitknecht und Bruder, da er zwar nicht zur Bruderschaft der Gemeinde gehört, wohl aber zur Dienerschaft Gottes.

Das beide Teile einigende Band ist *das Zeugnis Jesu oder der Geist der Prophetie*. Das Zeugnis Jesu ist beides, objektiv und subjektiv das Zeugnis, welches Jesus zum Inhalt hat, also von ihm handelt, und welches Jesus selber gibt. Alle, die das Zeugnis Jesu wirklich haben, sind solche, die den Geist der Prophetie, also den innersten Kern derselben erfaßt haben, daß die ganze Prophetie Jesus zum Urheber und Inhalt hat.

Nach dieser Vorfeier im Himmel erscheint *der Bräutigam* selber (Kap. 19, 11). Noch ist nichts von der Braut zu sehen, die sich während der ganzen Zeit für die Hochzeit bereitet. Die Hochzeit ist kein Ereignis, das sich an einem Tag vollzieht, sondern das über einen langen Zeitraum sich erstreckt. Die Braut tritt erst in Erscheinung, wenn alle die Vorbereitungen und Vorfeiern vollendet sind, aber dann wird ihr Erscheinen ausführlich beschrieben (vgl. Kap. 21, 9).

Zuerst soll die Aufmerksamkeit auf den Bräutigam gelenkt werden. So ist es schon in den Evangelien. In der Apokalypse sehen wir ihn, *wie er aus dem Himmel als ein Kriegsheld herniederkommt* auf weißem Streitroß, im Begriff, das Völkergericht zu vollstrecken. Die enge Verbindung von Hochzeit des Lammes und Völkergericht, von Israels Errettung und dem Vergeltungsgericht liegt schon klar im Blickfeld der Propheten. Aber diese Erscheinung des Herrn ist eine neue Offenbarung oder Enthüllung Jesu Christi. E r e r s c h e i n t h i e r n ä m l i c h n i c h t a l s d a s L a m m , s o n d e r n a l s K ö n i g . Er heißt: »Treu und Wahrhaftig«, und in Gerechtigkeit richtet und streitet er. Seine Augen sind eine Feuerflamme, und auf seinem Haupt viele Diademe. Er hat einen geschriebenen Namen, den niemand weiß als nur er selbst. Die Feuerflammenaugen zeigen an, daß er alles sieht und seinem Geistesblick nichts entgeht, und die vielen Diademe auf seinem Haupt zeugen von seiner Herrschermacht, und der nur ihm bekannte Name weist hin auf einen ganz besonderen, noch keinem bekannten Charakterzug, der erst dann offenbar werden kann, wenn er als eifernder Königbräutigam kommt.

»Und umhüllt ist er mit einem Obergewand, getaucht in Blut, und sein Name heißt: das Wort Gottes« (V. 13). Von der Erscheinung des Menschensohnes wird in Kapitel 1, 13 ausgesagt, daß er angekleidet ist mit einem bis auf die Füße reichenden Priestergewand (podäräs). Das ist sein bleibender Charakter. Nun erscheint er umhüllt mit einem Oberkleid (himation), getaucht in Blut. Das Blut der besiegten Feinde ist an seinem Kleid (vgl. Jes. 63, 1-3; Joel 4, 13; Offb. 14, 18-20; 19, 15). Er kommt als der Sieger aus dem Völkergericht. Und sein Name heißt: das Wort Gottes. Dieser Ausdruck umfaßt die gesamte Heilsoffenbarung, den ganzen das Universum einschließenden Heilsplan Gottes.

Umgeben ist der Königbräutigam mit *himmlischen Heeren auf weißen Rossen* (V. 14). Es wird hier nicht gesagt, wer diese Heere sind, ob es Scharen heiliger Engel sind oder vollendete Heilige, die Berufenen, Auserwählten und Treuen (Kap. 17, 14). Es scheint, daß es die letzteren sind, nicht die Glieder der Leibesgemeinde, sondern die vollendeten Glieder der Braut. Darauf deutet ihre Kleidung: weißer, reiner Byssus, wie auch die Kleidung der Braut (V. 8). Wir dürfen einen gewissen Fortschritt der Entwicklung erkennen: Der Braut wird es gegeben, sich zu umhüllen mit Byssus, glänzend (lampros) und rein (katharos). Die himmlischen Heere sind bereits bekleidet mit Byssus, weiß (leukos) und rein (katharos). Sie kommen nicht, um zu streiten; denn der Herr tritt die Kelter allein. Sie sind sein festliches Gefolge, um mit zu feiern.

Der *eigentliche heilige Krieg,* die Entscheidungsschlacht, wird ganz kurz geschildert. Vom Königbräutigam wird gesagt, daß aus seinem Mund ein scharfes Schwert (rhomphaia) hervorgeht, daß er damit schlage die Nationen. Und er selbst wird sie weiden mit eisernem Stabe. Das Schwert seines Mundes ist das richtende Wort. Damit werden die Feinde vollständig durchgerichtet. Das ist die erste Stufe des Völkergerichts. Die zweite ist das Weiden mit eisernem Stabe. Dies ist zu unterscheiden von Kapitel 12, 5, wo von dem Sohn der Frau ausgesagt wird, daß er alle Nationen mit eisernem Stabe weiden wird. Letzteres ist mit einer radikalen Kulturerneuerung verbunden (vgl. Kap. 2, 27). Hier dient das Weiden mit eisernem Zepter zur Züchtigung der Nationen und zur Scheidung der Schafe von den Böcken (vgl. Matth. 25, 32). Auf seinem Kleid und auf seiner Hüfte hat er einen Namen geschrieben: *»König der Könige und Herr der Herren.«* Sein Beruf (Name) stimmt völlig überein mit seinem wahren Wesen (Kleid) und entspricht auch dem Vollmaß seiner Kraft (Hüfte).

Eine gewaltige Niederlage erleiden jetzt alle Anbeter des Tieres, so daß alle Aasgeier des Himmels von den Leichnamen gesättigt werden. Ein Engel, in der Sonne stehend, fordert sie auf zu dem *großen Mahl Gottes* (V. 17-18). Der Lichtengel, der vom Aufgang der Sonne aufsteigt (Kap. 7, 2), um die 144 000 Knechte Gottes zu versiegeln, demonstriert den Sonnenaufgang zum großen Tag Gottes, während das Völkergericht den vollen Tag bringt. Deshalb steht dieser Heroldsengel »in« der Sonne.

Es kommt zur *Entscheidungsschlacht*. Das Tier und die Könige des Landes und ihre Heere sind versammelt, Krieg zu machen mit dem, der da sitzt auf dem Pferd und mit seinem Heer. Das Tier und der falsche Prophet werden gegriffen und lebendig in den *Feuersee* geworfen, der mit Schwefel brennt. Dieser Feuersee nimmt bereits vor Beginn des Tausendjährigen Reiches seinen Anfang. Zwischen der Ausgießung der vierten Zornschale in die Sonne (Kap. 16, 8) und dem in Kapitel 19, 20 erwähnten Feuersee scheint ein gewisser Zusammenhang zu bestehen. Über die Bedeutung des Feuersees als zweiter Tod siehe Kapitel 21, 8.

»Die übrigen wurden getötet mit dem Schwert dessen, der auf dem Pferd saß, welches aus seinem Mund hervorging; und alle Vögel wurden von ihrem Fleisch gesättigt« (V. 21). Das Schwert hat also eine doppelte Wirkung, geistig und körperlich. Nachdem es als das Wort durchrichtend gewirkt hat, bewirkt es auch den leiblichen Tod.

3.4 Das Tausendjährige Reich

Nachdem die irdischen Widersacher des Herrn restlos besiegt sind, wird auch der Satan unschädlich gemacht, der hinter dem allem steht (Kap. 20, 1-3).[1] Ein Engel vom Himmel mit dem Schlüssel des Abgrunds und einer großen Kette ergreift den Drachen, die uralte Schlange, die da ist der Teufel und der Satan, und bindet ihn tausend Jahre und wirft ihn in den Abgrund. Der Abgrund wird verschlossen und versiegelt. In diesen tausend Jahren kann er also die Nationen nicht mehr irreführen. Der vom Himmel herabsteigende Engel hat den Schlüssel des Abgrunds. Er ist der Schlüsselverwahrer des Abgrunds (abyssos). Außerdem hat er eine große Kette (halysis = Handschelle).

»Auch die Engel, die ihre ursprüngliche Herrschaft nicht festhielten, sondern die eigene Behausung verließen, hat er zum Gericht des großen Tages mit unsichtbaren Banden unter Finsternis festgehalten« (Jud. 6). »Gott hat sündigende Engel nicht verschont, sondern mit Stricken der Finsternis zum Tartarus übergeben als zum Gericht Festgehaltene« (2. Petr. 2, 4).

Unsichtbare Bande unter Finsternis oder Stricke der Finsternis bezeichnen ein Gebundensein an eine Macht der Finsternis, die nach Gottes Willen und Plan existiert. Diese Bande bestimmen die festen Grenzen ihrer Bewegungsfreiheit. Die *große Handschelle*, womit Satan gebunden wird, ist ein Bild von der großen Gewalt, die ihm alles Handeln unmöglich macht. Der Engel, der ihn bindet, hat diese Handschelle nicht in, sondern auf seiner Hand, d. h. er hat sie in seiner Vollmacht.

Daß der große Widersacher hier mit *vier Namen* genannt wird, von denen der Ausdruck Drache an erster Stelle steht, ist von besonderer Bedeutung. Das Ergriffenwerden ist nämlich das Ende als Drache. Wenn er nach den tausend Jahren noch einmal für kurze Zeit befreit wird, dann tritt er nicht mehr als Drache auf, sondern als Satan (Kap. 20, 7). Seit Kapitel 12, 9 hat er den vierfachen Namen. Als die uralte Schlange ist er damals entlarvt worden. Teufel heißt er als Versucher, und als Satan ist er der große Prozeßgegner und Saboteur der Heilspläne Gottes.

Das sogenannte *Tausendjährige Reich* wird in der Apokalypse auffallend kurz behandelt. Nach der Bedeutung, wie in den prophetischen

[1] Otto Betz, »Die Güldene Zeit – Apokalyptisch-Eschatologisches Denken bei Fr. Chr. Oetinger« in »Lebendige Hoffnung…«, a.a.O., S. 157 ff.
Fr. Chr. Oetinger, »Heilige Philosophie«, Ernst Franz Verlag.

Schriften das *messianische Heilsreich* besprochen wird, sollte man eine ausführlichere Schilderung in der Apokalypse erwarten. Die Erklärung besteht darin, daß das Bild, wie es in den alten Propheten gezeichnet worden ist, in der Apokalypse differenziert gebracht wird. Es wird in zwei größere Heilsperioden geteilt, wovon das Tausendjährige Reich nur die erste ist, während die eigentliche Erfüllungszeit in die zweite fällt, nämlich in die Periode der neuen Erde und des neuen Himmels.

Diese *neue differenzierte Schau* ist ein bedeutender Fortschritt gegenüber der Schau der alten Propheten. Von all den Segnungen der messianischen Heilszeit, die in den prophetischen Schriften so ausführlich geschildert werden, finden wir in der Darstellung in Kapitel 20 nichts, sondern erst in Kapitel 21 und 22.

Wir vermissen auch eine ausführliche Darstellung von Israels wunderbarer Errettung während des großen Völkergerichts. Das Vollheil für ganz Israel, welches die Propheten unmittelbar in Verbindung mit dem Völkergericht schauten, wird scheinbar weiter hinausgeschoben, bis die Fülle der Nationen eingegangen sein wird (vgl. Röm. 11, 25. 26). Wir erfahren aber, daß die Fülle oder die Vollreife (das Pläroma) der Nationen identisch ist mit der Vollreife der Gemeinde. Durch die Entrückung des neugeborenen Sohnes wird der Weg frei für die Errettung von ganz Israel.

In der Apokalypse erhalten wir scheinbar ein ganz anderes Bild von Israels Volkswiedergeburt, als wir es nach den Aussagen der alten Propheten erwarten müssen. In Sacharja 12, 10-14 wird in ergreifenden Bildern die Volksbuße Israels geschildert, wenn sie auf den Herrn blikken werden, den sie durchbohrt haben. Das geschieht, wenn der Herr über das Haus Davids und über die Bewohner Israels den Geist der Gnade und des Flehens ausgießen wird. In Offenbarung 1,7 heißt es mit Bezug auf Sacharja 12: »Siehe! Er kommt mit den Wolken, und sehen wird ihn jedes Auge, auch die, welche ihn durchstechen, und wehklagen werden über ihn alle Stämme des Landes.« Wie ganz anders ist nun das Bild von Israels Volksbuße und Volkswiedergeburt in der Apokalypse, als wir es uns in unserer Phantasie ausmalen, wenn wir nur die alten prophetischen Weissagungen kennen. Und doch besteht *kein Widerspruch zwischen Weissagung und Erfüllung*. Die Tendenz der Apokalypse ist offenbar die, die große Gerichtslinie, die durch das Tausendjährige Reich unterbrochen wird, erst ganz durchzuführen und dann am Ende die *große Umwandlung Israels als Neu-*

schöpfung Gottes in Verbindung mit dem neuen Jerusalem auf der neuen Erde zu schildern.

Wenn von *Vollendung der tausend Jahre* gesprochen wird, so bedeutet das mehr als nur den Abschluß einer Zeit, nämlich die Vollendung dessen, was innerhalb der Zeit geschieht, was in dieser Zeit ein gewisses Ziel erreicht. Das Tausendjährige Reich ist eine *Periode großen Natursegens und Lebenssieges über die Todesmächte*, nachdem derjenige, der des Todes Gewalt hat (Hebr. 2,14), gebunden ist. So wird uns berichtet von solchen, die mit Christus herrschen, und von einer ersten Auferstehung.

»Und ich sah Throne, und sie setzten sich auf sie, und Gerichtsurteil wird ihnen gegeben, und (ich sehe) die Seelen derer, die enthauptet worden sind um des Zeugnisses Jesu und um des Wortes Gottes willen, und die nicht anbeten das Tier noch sein Bild, und die nicht nehmen das Erkennungsmal auf ihre Stirn und auf ihre Hand. Und sie leben und herrschen als Könige mit dem Christus tausend Jahre. Die übrigen der Toten leben nicht, bis daß die tausend Jahre vollendet sind. Diese Auferstehung ist die erste« (Kap. 20, 4. 5).

Es wird uns hier nicht gesagt, welchen Zweck die Throne haben, die Johannes sah, und wer diejenigen sind, die sich auf die Throne setzen und denen Gerichtsurteil gegeben wird. Dies setzt etwas Bekanntes voraus, und wir müssen es aus dem prophetischen Totalbild der Schrift ergänzen.

In Matthäus 19, 28 heißt es: »Wahrlich, ich sage euch: ihr, die ihr mir nachfolgt: in der Wiedergeburt, wenn der Sohn des Menschen sitzt auf dem Thron seiner Herrlichkeit, werdet auch ihr sitzen auf zwölf Thronen und richten die zwölf Stämme Israels.«

Die Zeit der Wiederherstellung Israels währt wahrscheinlich die ganzen tausend Jahre hindurch. Während dieser Zeit wird die vollendete Überwindergemeinde mit Christus Israel richten, d. h. zurechtbringen. Ihr wird Gerichtsurteil (krima) gegeben. Als Resultat dieser *Richterfunktion der Gemeinde* wird hier die Auswahl derer genannt, die teilhaben an der ersten Auferstehung.

Diese *erste Auferstehung* ist nicht zu verwechseln mit der Ausauferstehung aus Toten (Phil. 3, 11; 1. Thess. 4, 16), die sich auf die in Christo entschlafenen Glieder der Leibesgemeinde bezieht. Die erste Auferstehung ist im Verhältnis zu der allgemeinen Auferstehung der Toten die erste. Es handelt sich hierbei um die Seelen der Märtyrer und Überwinder aus der Zeit der Herrschaft des Tieres. Auffallend ist hier der Ausdruck »Seelen«. Johannes sah nicht die Toten, wie in Kapitel 20,12, sondern die Seelen der Märtyrer, wie in Kapitel 6, 9, wo Johannes unter dem Altar die Seelen derer sieht, die hingeschlachtet wurden um des Wortes Gottes willen und um des Zeugnisses willen, das sie hatten.

In beiden Stellen wird der Ausdruck »Seelen« betont, weil es sich um Tote handelt, die sich noch wegen ihrer Bindung an ihre Leiblichkeit in einem unvollendeten Zustand befinden. Daß sie unter dem Altar sind, bedeutet, daß die Gemeinde an ihnen eine Aufgabe durch den Gebetsdienst erfüllt. Dieser Dienst findet seine Fortsetzung und Vollendung, wenn im Laufe der Endzeit die Zahl der israelischen Märtyrer voll werden und der vollendeten Gemeinde das Gerichtsurteil gegeben wird. Hier wird das erfüllt, worauf die Seelen unter dem Altar (Kap. 6, 9) noch warten sollten, nämlich *die Zurechtbringung durch Gerichtsurteil und erste Auferstehung*.

Dies ist ein ganz neuer Gesichtspunkt für die Erwartung der Wiederherstellung Israels. Demnach wird nicht ganz Israel bei Beginn des messianischen Friedensreiches wiederhergestellt, sondern vorerst nur ein Teil. Es ist aber durchaus nicht gesagt, daß etwa nur die hier genannten Seelen der Märtyrer und Überwinder des Tieres an der ersten Auferstehung teilhaben. Diese werden hier nur deshalb besonders genannt, weil es sich um deren königliche Stellung handelt. Die erste Auferstehung ist die besondere Hoffnung Israels, an der alle Gerechten teilhaben (Luk. 14, 14: Auferstehung der Gerechten; Joh. 5, 29: Auferstehung des Lebens; Luk. 20, 35: Auferstehung aus Toten). Aus der Seligpreisung derer, die da teilhaben an der ersten Auferstehung (V. 6), dürfen wir schließen, daß sich der Kreis der Teilhaber noch weit über die hier Genannten hinaus ausdehnen wird. Die erste Auferstehung nimmt ihren Fortgang während der ganzen Zeit des Tausendjährigen Reiches. Die Tatsache der Auferstehung wird hier in den Ausdruck gekleidet: »Und sie leben.« Damit soll der *Sieg des Lebens über alle Todesmächte* ausgedrückt werden. Dieser Sieg ist jetzt möglich, da derjenige, der des Todes Gewalt hat, während der tausend Jahre diese Gewalt nicht ausüben kann. Der Ausdruck »sie leben« und »sie leben nicht« steht in der Aoristform, wodurch das Tatsächliche betont wird. Sie haben also Anteil an dem tatsächlichen Leben des Tausendjährigen Reiches oder auch nicht. Sie leben im wahren Sinn des Wortes und herrschen königlich mit dem Christus, und sie sind Priester Gottes und des Christus (vgl. Jes. 61, 6).

Ihr Dienst im Königreich des Christus ist also ähnlich dem der Leibesgemeinde, doch mit dem Unterschied, daß sie »bei dem Christus« oder »mit ihm« (met' autu, V. 6) sein werden, also als seine Begleiter, während die Glieder der Leibesgemeinde »in« dem Christus sind und so mit ihm verbunden sein werden (vgl. 1. Thess. 4, 17: »und also werden wir mit (syn) dem Herrn zusammen sein«). Über diese hat der zweite Tod keine Vollmacht. Von den Überwindern der Leibesgemeinde heißt es jedoch, daß sie nicht beschädigt werden aus dem zweiten Tod (Kap. 2, 11). Dieser Unterschied ist wichtig, da es sich beim Nichtbeschädigtwerden um den Kampf der vollendeten Überwindergemeinde handelt. Sie kämpft mit dem Christus gemeinsam gegen den letzten Feind, den Tod (vgl. 1. Kor. 15, 25 f). Nicht unter Vollmacht des zweiten Todes stehen heißt, für sich persönlich den Sieg über den Tod erlangt zu haben. In Jesaja 65, 20 lesen wir von der erhöhten Lebenskraft im messianischen Friedensreich:

»Nicht soll es dort geben einen Säugling, der nur einige Tage alt würde, noch einen Greis, der nicht auf die volle Dauer brächte seine Lebenstage, sondern als Hundertjährige werden die Jünglinge sterben, und als Hundertjährige werden die Sünder vom Fluch getroffen werden.«

Das ist die Erfüllung einer alten theokratischen Segensverheißung (2. Mose 20, 12; 23, 26). Sünde und Tod sind noch nicht für immer überwunden (Jes. 25, 8), aber dadurch beschränkt, daß die Gerechtigkeit zum herrschenden Prinzip geworden ist. Der Sieg des Lebens in der Gerechtigkeit über den Tod und die Todesmächte wird dann durch eine fortlaufende Auferstehung erlangt. Fortlaufend gibt es da Durchbrüche des Lebens aus Toten heraus. Diese Durchbrecher werden glückselig gepriesen.

Der zweite Tod hat jedoch noch eine Vollmacht über die, die nach der allgemeinen Auferstehung der Toten vor dem großen weißen Richterthron verworfen werden, weil sie nicht im Buch des Lebens geschrieben gefunden werden (vgl. Kap. 20, 15).

3.5 Die letzte Rebellion, Gog und Magog

»Und wenn vollendet sind die tausend Jahre, wird der Satan aus seinem Kerker gelöst werden« (Kap. 20, 7).

Dies wird in V. 3 als ein Muß hingestellt. Selbst die unermeßlichen Segnungen des Tausendjährigen Reiches sind nicht imstande, das wirklich Neue zu bewirken, eine neue Menschheit zu schaffen. Der absolute

Bankrott des Menschen muß erst offenkundig werden, damit Gott »auf den Trümmern aller menschlichen Gipfelmöglichkeiten seine Möglichkeit« errichten kann: die in Christus geoffenbarte Möglichkeit.

Auch Satan gegenüber besteht *ein göttliches Muß*. Er muß die Chance haben, sein Äußerstes zu tun, um so überführt zu werden, daß all sein Tun nur negativ ist. Die Zahl Tausend symbolisiert die ganze Fülle aller weltlichen, menschlichen und satanischen Möglichkeiten. Die letzte satanische Möglichkeit, sein Meisterstück, ist die *Rebellion Gogs und Magogs*. Der Widersacher wird noch einmal Satan genannt (V. 7), weil er versucht, den Heilsplan Gottes zu sabotieren, und Teufel (V. 10), weil er als Verführer der Massen sich selbst übertrifft.

»Er wird ausgehen, irrezuführen die Nationen an den vier Ecken des Landes, den Gog und Magog, um sie zu versammeln in den Krieg, deren Zahl ist wie der Sand des Meeres« (V. 8).

Für Satan ist das Resultat der tausendjährigen Einkerkerung die Ausreifung dieses großen Sabotageplanes. Es scheint ihm zu gelingen, die Segnungen des Friedensreiches des Christus völlig in Frage zu stellen. Wie er das fertigbringt, die Nationen so radikal irrezuführen, daß sie einen *Vernichtungskrieg gegen das Lager der Heiligen und die geliebte Stadt* beschließen, wird uns nicht gesagt. Von allen vier Seiten des heiligen Landes ziehen die ungezählten Streiterscharen gegen das inzwischen wieder emporgeblühte jüdische Volk in den Krieg. Wie Gott von jeher sein Heilshandeln für die Menschheit an Israel demonstriert, so bildet das Tausendjährige Friedensreich mit Jerusalem als Zentrale den Gipfelpunkt und Schlußakt in diesem großen Anschauungsunterricht. Gleicherweise ist die Rebellion Gogs und Magogs der Gipfelpunkt und das Meisterwerk des großen Gegenspielers, es ist die *Kriegserklärung gegen Gott selbst und die Gottesherrschaft*.

Nach Hesekiel Kapitel 38 u. 39 sind Gog und Magog oder Gog im Lande Magog (Hes. 38, 2) große Heidenvölker an den äußersten Enden der Erde oder des Landes, die nach der messianischen Heilszeit sich gegen Gott empören. Während die älteren Propheten, auch Jesaja noch, das große Völkergericht in einem Bilde schauten, hat Hesekiel dasselbe schon in zwei Teile geteilt. Nach all den Kämpfen mit den Nachbarn Israels und der Aufrichtung des messianischen Reiches und der Wiederbringung (apokatastasis) Israels wird noch ein letztes Mal ein gewaltiger Angriff stattfinden. Er geschieht vonseiten der fernsten Heidenvölker unter dem Sammelnamen Gog im Lande Magog gegen Israel und somit gegen die Gottesherrschaft.

Es ist nutzlos, Vermutungen aufzustellen, welches geschichtlich bekannte Volk hier wohl gemeint sein könnte. Wahrscheinlich existiert es heute überhaupt noch nicht. Die Namen sind symbolisch aufzufassen. Daß Hesekiel Ländernamen nennt wie Rosch, Mesech und Thubal (Hes. 38, 2. 3; 39, 1), darf uns nicht irritieren, da die Propheten Fernstes immer erst durch Näheres schauten. Die angeführten Namen (Magog, Thubal, Mesech, 1. Mose 10, 2) sind als Japhetiten bekannt. Rosch heißt soviel wie Großkönig, nämlich von Mesech und Thubal. Gog und Magog sind zum Symbol für die Nationen geworden, die selbst durch die Segnungen des messianischen Friedensreiches nicht umgewandelt worden sind, so daß sie eine Beute des aus seinem Kerker befreiten Verführers werden.

Ohne totalen Zerbruch der adamitischen Ursünde, der Emanzipation des Ich von Gott, also ohne völlige Offenbarung der Gnade, kann keine Welterneuerung stattfinden. Da gibt es nur einen Weg, nämlich von Gott aus die *Niederschlagung der Rebellion und eine Neuschöpfung*. Der lange Heilsweg der Versöhnung war notwendig zum Erweis der undurchbrechbaren Gerechtigkeit Gottes, und daß das ganze Erlösungswerk aus Gnaden auf diesem Boden der göttlichen Gerechtigkeit durchgeführt wird.

»Und sie steigen hinauf auf die Breite (= Mitte) des Landes und umzingeln das Lager der Heiligen und die geliebte Stadt. Und es kommt Feuer herab aus dem Himmel und frißt sie« (V. 9). Das Ende der Empörung ist ein Feuergericht, wodurch die Nationen erkennen sollen, »daß ich Jahwe bin« (Hes. 38, 23).

Wir erfahren hier gleichsam beiläufig von einer *Wiederherstellung Israels während des Tausendjährigen Reiches*. Israel ist hier nicht mehr die große Hure, aber auch noch nicht die vollendete Braut, die Frau des Lammes (Kap. 21, 9), sondern das Heerlager der Heiligen, d. h. solcher, die abgesondert von den Nationen ein besonderes Zeugnisvolk Gottes auf Erden bilden. Nach Israels Wiederherstellung soll die Wüste in ein Paradies verwandelt werden (vgl. Jes. 32, 15; 35, 1. 2; 41, 17-19; 51, 3). Das sind die Zeiten der Wiederbringung alles dessen, was Gott durch den Mund seiner heiligen Propheten spricht vom Äon an (Apg. 3, 21). Das ist das Erleben des Volkes Israel während des Tausendjährigen Reiches. Auch Jerusalem wird nicht mehr genannt die große Stadt, die geistlicherweise heißt Sodom und Ägypten (Kap. 11, 8), sondern die geliebte Stadt. Es ist aber auch noch nicht die heilige Stadt, das neue Jerusalem.

»Und der Teufel, der sie irregeführt, wird geworfen in den See des Feuers und Schwefels, wo auch das Tier und der falsche Prophet ist. Und sie werden gequält werden tags und nachts bis in die Äonenvollendung« (V. 10). Als Verführer hat der Teufel sein Unheilswerk auf Erden begonnen (1. Tim. 2, 14), als Verführer endet er seinen Lauf. Während das große Völkerheer vom Feuer aus dem Himmel verzehrt wird, wird der *Teufel in den Feuersee geworfen*. Daß das Tier und der falsche Prophet noch im Feuersee da sind, zeigt uns, daß derselbe keine Vernichtung bedeutet, sondern einen Qualzustand, der im Blick auf die Äonenvollendung ein Ziel und Ende haben wird. Der Ausdruck: »tags und nachts« kennzeichnet nicht nur den Wechsel, sondern auch ein Werden, indem jeder Tag wieder eine Nacht und jede Nacht wieder einen Durchbruch des Tages erlebt.

3.6 Das Weltgericht und der grosse Weltbrand

Erst jetzt kann das Weltgericht stattfinden, das Gericht über die Toten vor dem großen weißen Thron Gottes. Die Übersetzung: »jüngstes Gericht« ist ungenau. Es muß heißen: »am Tage des Gerichts« (Matth. 10, 15; 11, 22. 24; 12, 36; Mark. 6, 11) oder: »im Gericht« (Matth. 12, 41. 42). Dies ist das eigentliche Weltgericht, d. h. der Untergang der alten Welt; denn vor dem Angesicht des Richters fliehen Erde und Himmel, der alte Kosmos. Mit diesem kosmischen Gericht ist das Gericht über alle Toten verbunden. *Der große weiße Thron* ist kein anderer als der bisher beschriebene. Die weiße Farbe ist ein Bild der Reinheit und Heiligkeit. Seine Größe wird betont, um anzuzeigen, wie groß und umfassend das Gericht sein wird. Auffallend ist, daß Johannes den auf dem Thron Sitzenden sieht. Der unsichtbare Gott kann von niemandem unmittelbar gesehen werden. Was gesehen werden kann, ist die Erscheinung Gottes in Jesus Christus. Er ist der Richter der Lebendigen und der Toten (Apg. 10, 42) und der Heiland des Kosmos (Joh. 4, 42).

Der erste Teil des Weltgerichts ist *das Gericht über den alten Kosmos*, hier eingeteilt in Erde und Himmel. Das Bild von dem Fliehen der Erde und des Himmels symbolisiert die völlige Auflösung der Ordnung im Sonnensystem und das Schwinden jeglichen festen Haltes. In Kapitel 21, 1 wird das Fliehen als ein Dahingehen beschrieben (Aorist von aperchesthai = weggehen, vergehen). Es ist damit kein völliges Verschwinden, keine Auflösung in ein Nichts gemeint, sondern eine Auflösung der alten Ordnung (Kosmos = Weltordnung, Weltsystem), was auch in dem Satz: »Ein Ort wurde ihnen nicht gefunden« zum Ausdruck kommt. Der Begriff »Ort« symbolisiert einen bestimmten Wirkungskreis. Sie werden also aus ihrer alten Ordnung heraus außer Dienst gestellt, um einer neuen Weltordnung Platz zu machen. Vor dem Angesicht des Richters, vor der Erscheinung der ganzen unverhüllten, in Christus anschaulich gewordenen Herrlichkeit Gottes entflieht der alte Kosmos.

Der zweite Teil des Weltgerichts, unmittelbar verbunden mit der Auflösung des alten Weltsystems, ist *das Gericht über die Toten* (Kap. 20, 11-15). Es handelt sich um alle Menschen außer der Gemeinde, die schon vollendet ist, und den verschiedenen Gruppen der Messiasgläubigen, die vorher schon gerettet sind, und denen, die ihr Teil in der ersten Auferstehung haben. Alle übrigen sind tot. Der Rest der Menschheit ist mit der Auflösung des alten Kosmos umgekommen.

Nun stehen diese Toten angesichts des Thrones. Daß sie stehen, setzt *ihre Auferstehung* voraus. Es ist keine Auferstehung des Lebens, sondern des Gerichts. Sie stehen als Tote vor dem Thron, als nackte, unbekleidete Seelen. Angesichts des Thrones werden sie sich dieser Tatsache bewußt. Das Stehen drückt widerstandslose Bereitschaft aus, *das Gerichtsurteil zu empfangen*. Die ganze Gerichtshandlung ist eine Offenbarung der Gerechtigkeit und Heiligkeit Gottes, indem *Bücher geöffnet* werden. Bücher sind hier Bilder von der genauen Aufbewahrung von Ereignissen, Tatsachen und Worten. Das ganze Leben wird anschaulich und offenbar wie in einem Film, so daß ein jeder sich selbst sehen muß, wie er in Gottes Augen erscheint. *Der Gerichtsmaßstab* sind die Werke, wie sie in den Büchern des Gedächtnisses Gottes aufgezeichnet sind.

Ein anderes Buch, *das Buch des Lebens*, enthält die Namen derer, die nicht in das Gericht des Feuers kommen. Das Auftun dieses Buches hat lediglich den Zweck des Nachweises, daß die vor dem großen weißen Thron zu Richtenden nicht im Buch des Lebens geschrieben stehen. *Das Gerichtsverfahren* ist also positiv und negativ, positiv in der Enthüllung und negativ im Nachweis des Fehlenden.

Wie allumfassend dieses Weltgericht sein wird, wird noch besonders betont: »Und das Meer gibt die Toten, die in ihm sind, sowohl der Tod, als auch der Hades geben die Toten, die in ihnen sind. Und sie werden gerichtet, ein jeder nach ihren Werken« (V. 13). Das Meer ist auch hier Symbol der Völkerwelt, die dann allerdings restlos zu den Toten gehört. Ebensowenig wie das Meer hier als Aufenthaltsort oder

Behälter für die Toten, etwa die im Meer Ertrunkenen, zu denken ist, sind auch die Ausdrücke »*der Tod und der Hades*« Bezeichnungen für Örtlichkeiten, sondern für Machtbereiche. Der Tod als solcher ist der letzte Feind, der entmachtet werden soll (1. Kor. 15, 26; vgl. Jes. 25, 8), und der Hades oder das Totenreich wird in der Schrift ebenfalls als eine Macht dargestellt, die festzuhalten sucht, was ihr einmal verfallen ist. Zum allgemeinen Weltgericht müssen diese Todesgewalten alle ihre Toten wieder herausgeben. Tod und Hades sind vorläufige Zustände, die durch das Endgericht aufgehoben werden, damit durch das Gericht vor dem großen weißen Thron eine neue Zuständlichkeit eintreten kann, die im dritten Teil des Weltgerichts geschildert wird.

Der *dritte Teil des Weltgerichts ist der Feuersee*. Es fragt sich, ob das Bild vom Feuersee soviel wie Vernichtung, Auslöschung der Existenz bedeutet, oder ob der Begriff des zweiten Todes als Gerichtsstufe zu fassen ist, entweder mit dem Ziel der endlosen Verdammnis oder der schließlichen Wiederherstellung. Der Zustand im Feuersee ist ein Gequältwerden mit Feuer und Schwefel angesichts heiliger Engel und des Lammes (vgl. Kap. 14, 10). Jedes Gericht muß aber ein Ziel haben. *Das Ziel des Feuergerichts ist die Äonenvollendung*, die zusammenfällt mit der Neuschöpfung von Himmel und Erde. Da auf der neuen Erde kein Tod mehr sein wird (Kap. 21, 4), hat dieser dann überhaupt aufgehört.

Damit stimmt überein, was der Apostel Paulus in 1. Korinther 15, 26 von dem *Abgetanwerden des letzten Feindes, des Todes*, sagt. Nach 2. Timotheus 1, 10 ist Jesus Christus derjenige, der den Tod abtut, aber Leben und Unvergänglichkeit ans Licht bringt durch das Evangelium. Für »abtun« wird an beiden Stellen das Wort katargein gebraucht, was soviel heißt wie »unwirksam machen«. Wenn der Tod überhaupt vernichtet wird, dann gibt es auch keinen zweiten Tod mehr. Da der Tod an sich selber keine Vernichtung, sondern eine Existenzform ist, so muß der zweite Tod eine positive Bedeutung haben, nämlich der Tod des Todes zu sein, also die endgültige Todesüberwindung bei den bis zum Endgericht Unbußfertigen. So verschlingt Jahwe den Tod endgültig und auf ewig (Jes. 25, 8). Nicht nur der Tod, sondern auch der Hades wird vom Feuersee vernichtet. Aber nicht die Menschen, die in den Feuersee geworfen werden, werden vernichtet, sondern der Tod und der Hades.

In 2. Petrus 3, 10 lesen wir: »Es wird aber der Tag des Herrn kommen wie ein Dieb, an welchem Himmel vergehen werden mit gewaltigem Geräusch, Elemente aber werden im Brand aufgelöst und die Erde und die Werke auf ihr werden verbrannt«, und V. 12: »indem ihr erwartet und beschleunigt die Ankunft des Tages Gottes, dessentwillen Himmel, in Feuer geraten, werden aufgelöst und Elemente im Brand zerschmelzen werden«, und 2. Petrus 3, 7: »Die jetzigen Himmel aber und die Erde sind durch sein Wort aufbewahrt, für das Feuer behalten auf einen Tag des Gerichts und des Verderbens der gottlosen Menschen.«

Dieser *große Weltbrand* muß nach Analogie der Schrift identisch sein mit dem Feuersee, der seinen Anfang damit nimmt, daß Feuer von Gott herniederkommt aus dem Himmel, um die gottfeindlichen Kriegsheere des Gog aus dem Lande Magog zu verschlingen (Kap. 20, 9).[1]

3.7 Der neue Kosmos

Auf den allgemeinen Weltuntergang folgt nicht etwa ein ewiges Nichts, sondern eine Welterneuerung, ein neuer Himmel und eine neue Erde und auf der neuen Erde das neue Jerusalem.[2] Die neue Welt hat das neue Jerusalem zum Mittelpunkt, um den sich alles dreht. Daß die neue Erde unter völlig andersartigen kosmischen Gesetzen steht, erhellt daraus, daß das Meer nicht mehr existiert, also alles Festland ist. Es liegt auch nahe anzunehmen, daß es sich bei dem neuen Kosmos nur um die *Neuordnung unseres Sonnensystems* handelt, welches bei der Urschöpfung aus den Urwassern gebildet worden ist, also um den zum Sonnensystem gehörenden Planetenhimmel. Es heißt deshalb auch nicht »die Himmel«, sondern »der Himmel«. Von diesem Planetenhimmel heißt es: »die Sterne des Himmels fallen in das Land« (Kap. 6, 13); »der Himmel entweicht wie eine Buchrolle« (Kap. 6,

1 In Übereinstimmung sagt Heinz Schumacher: »Durch Gottesgerichte zum Gottesreich«, a.a.O., S. 191: »Ein sehr ernstes endzeitliches Gerichtsgeschehen hat das letzte Bibelbuch vor uns ausgebreitet, aber die Donner der Gerichte werden übertönt, die Schreckensgemälde endzeitlicher Schlachten überstrahlt von der realen Gegenwart des Gekreuzigten und Auferstandenen, der die Seinen in Seiner Gnade und in Seinem Frieden birgt, der auch als Richter stets das weltversöhnende »Lamm« Gottes bleibt und der verheißt: »Ich komme eilends!« Er hält alle Gottesgerichte letztlich in Händen; Er führt das Tausendjährige Reich herauf; Er eröffnet den Weg ins Neue Jerusalem. Den Gemeinden aber ruft Er mit Nachdruck zu: Wer überwindet, wird dies alles ererben! Jedem Dürstenden sagt Er: Komm und empfange das Wasser des Lebens umsonst! In Seine Gnade eingehüllt, rufen auch wir angesichts einer Gegenwart, die auch im Wohlstand letztlich nicht befriedigt, und angesichts einer Zukunft, die Seine Zukunft ist in Gericht und Herrschaft und Heil: Der Du warst und der Du bist und der Du kommst, amen, ja komm Herr Jesus!«

2 Siehe dazu auch Teil IV.

14); vor dem Angesicht des Richters auf dem Thron »flieht die Erde und der Himmel« (Kap. 20, 11). Dieser Himmel steht in geistiger Beziehung in Verbindung mit der Erde. Beide haben eine parallele Entwicklung, und beide bedürfen der Erneuerung.

Das neue Jerusalem, das von Gott aus dem Himmel herabkommt (Kap. 21, 2), ist nicht nur wie eine für ihren Mann geschmückte Braut, sondern es ist die Braut, die Frau des Lammes (V. 9 u. 10). Sicherlich wird auch eine neue Stadt Jerusalem das Zentrum auf der neuen, umgewandelten Erde bilden, von welchem sich die Segnungen über die ganze Erde verbreiten werden. Die Beschreibung in Kapitel 21 ist derart, daß beide Deutungen möglich und wahrscheinlich sind, die materielle, auf eine wirkliche Stadt bezügliche, und die geistige, auf das neue Israel bezügliche. So ist auch im prophetischen Sprachgebrauch der Name Jerusalem oder Zion doppeldeutig, sowohl der Name für die Stadt als auch die Bezeichnung für das Volk.

In der Apokalypse haben wir die Endgeschichte Israels, daher die verschiedenen Namen, welche die einzelnen Phasen dieser Endgeschichte markieren:

die große Stadt,
Babylon,
die Frau,
die Hure,
das neue Jerusalem.

Erst wenn Jahwe seinen Thron dort wieder aufgerichtet haben wird und das erneuerte Israel seine Weltmission wieder aufnehmen und erfüllen kann, bekommt die Stadt wieder ihren symbolischen Namen als neues Jerusalem. Daß es von Gott aus dem Himmel herabkommt, soll andeuten, daß das Heilsresultat in dem Werden Israels nicht das Verdienst des Menschen, sondern allein Gottes Werk ist. Darin ist Israel das Musterbeispiel und der Anschauungsunterricht für die ganze Welt.

Die Zubereitung Israels für die Hochzeit des Lammes, die die ganzen tausend Jahre hindurch gewährt hat, ist nun vollendet. Die vorläufige Umhüllung mit Byssus ist dem vollkommenen Hochzeitsschmuck gewichen. Dieser besteht in der Lichtherrlichkeit Gottes (vgl. V. 9-21). Ehe nun diese beschrieben wird, wird *eine wichtige Belehrung eingeschaltet* (V. 3-4):

»Und ich höre eine große Stimme aus dem Thron, welche sagt: Siehe, das Zelt Gottes bei den Menschen, und er wird bei ihnen zelten, und sie werden seine Völker sein, und er selbst, Gott, wird bei ihnen sein« (V. 3). *Das Zelt Gottes* symbolisiert *die Gemeinschaft Gottes mit den Menschen*, die vollendete Gemeinschaft. Das neue Jerusalem ist das Zelt Gottes. Gott will nicht nur vom Thron aus über ihnen (ep' autus, vgl. Kapitel 7, 15), sondern bei ihnen (met' auton), d. h. in ihrer Mitte zelten.

»Und sie werden seine Völker (laoi) sein«, also nicht mehr bloß Nationen (ethnä). Dies ist die universale Ausdehnung der alten Verheißung auf die Menschen der neuen Erde. Sie alle werden teilhaben an den Segnungen, die von Jerusalem ausgehen. Tränen, Tod, Trauer, Geschrei, Pein – das ist das erschütternde Bild der alten Welt, die dann für immer vorbei ist (V. 4). Das Übel in der Welt, als Gefolge des Todes, wird endgültig überwunden. *Mit dem Tod ist die Ursache alles Übels beseitigt*, und volles, beglückendes Leben aus Gott wird das selige Los aller.

»Und es sagt der auf dem Thron Sitzende: Siehe! Neu mache ich alles. Und er spricht: Schreibe! denn diese Worte sind treu und wahrhaftig. Und er sagt zu mir: Geworden bin ich das Alpha und das Omega, der Ursprung und das Ziel. Ich werde dem Dürstenden geben aus der Quelle des Wassers des Lebens umsonst. Der Überwinder wird dieses ererben, und ich werde ihm Gott sein, und er wird mir Sohn sein. Den Feigen aber und Ungläubigen und Greulichen und Mördern und Hurern und Zauberern und Götzendienern und allen Lügenhaften (Falschen), ihr Teil ist in dem See, der da mit Feuer und Schwefel brennt, welches ist der zweite Tod« (V. 5-8).

Diese *Mahnung* ist als Zwischenrede an die jetzt lebende Menschheit gerichtet und bezieht sich auf den Inhalt der ganzen Apokalypse: *Nur Überwinder werden erben*.

Das Erben ist an die Bedingung des Überwindens gebunden; denn da handelt es sich um Dienst und Beruf im Königreich des Christus. Was das Erbe betrifft, so wird mit »dieses« (tauta) auf die verschiedenen in der Apokalypse erwähnten Berufungen zurück verwiesen. Für die verschiedenen Berufungen gilt die Sohnschaft als Vollendung des Gemeinschaftsverhältnisses mit Gott (vgl. Röm. 8, 15). Der Sohnesstand geht noch über den Kindesstand. Als Kinder (tekna) Gottes sind wir auch Erben (Röm. 8, 17), aber als Söhne (hyioi) sind wir vom Geist Geführte (Röm. 8, 14).

Diese Ermahnung (V. 5-8) soll nahelegen, daß durch das Zukunftsbild von dem neuen Himmel und der neuen Erde und dem neuen Jerusalem das Ziel der Apokalypse erreicht ist. Auf dieses Ziel sollen sich alle Leser innerlich einstellen und *dabei die Warnung des Gerichts ganz ernst nehmen*. Die Kennzeichnung der Achtergruppe, deren Teil in dem Feuersee ist, soll uns zeigen, wer sich nicht zu den Überwindern rechnen darf.

3.8 Das neue Jerusalem

Nun folgt eine ausführliche Beschreibung des neuen Jerusalem als Stadt und als Braut, die Frau des Lammes (Kap. 21, 9-22, 5). Daß es einer der sieben Zornschalenengel ist, der dem Johannes sowohl das Urteil über die große Hure zeigt (Kap. 17, 1) als auch dieses herrliche Gesicht vermittelt, ist bedeutungsvoll und zeigt uns den *Heilswert der Gerichte Gottes*. Der Zornschalenengel ist aus dem Tempel des Zeugniszeltes im Himmel (der vollendeten Überwindergemeinde) herausgekommen und hat seinen Gerichtsdienst ausgeübt, indem er die Zornschale ausgegossen hat. Das ist wichtig zu beachten. Erst muß die Notwendigkeit des Gerichts Gottes über die Sünde voll und ganz erkannt sein, bevor wir imstande sind, die große Herrlichkeit Gottes zu fassen. Die große Gefahr für uns ist die, daß wir das Gericht zu leicht nehmen und zu schnell darüber hinweggehen, um uns an den Herrlichkeiten des neuen Jerusalem zu berauschen. Daß die sieben Schalen voll waren von den sieben letzten Plagen, wird hier noch besonders erwähnt, um den ganzen Ernst der Zorngerichte Gottes zu betonen.

»Und nun komm her! Ich will dir zeigen die Braut, die Frau des Lammes. Und er bringt mich weg im Geist auf einen großen und hohen Berg und zeigt mir die Stadt, das heilige Jerusalem, herabsteigend aus dem Himmel von Gott« (V. 9b. 10).

Beim ersten Schauen in V. 2 hatte Johannes bereits einen allgemeinen Eindruck vom neuen Jerusalem empfangen, aber jetzt sollte er die Einzelheiten und tiefe Symbolik derselben erkennen. Dazu brauchte er eine *neue Schau von einem großen und hohen Berg*. Der Berg ist der Ort der großen Neuorientierung mit dem weiten Horizont und einer alles überragenden Höhe.

Nicht nur Johannes bedurfte derselben, da ihm das Ausmaß des Geheimnisses, wie aus der großen Hure die Frau des Lammes werden kann, in seiner ganzen Größe und Höhe noch unbekannt war, sondern auch wir, die wir uns nicht aus unserer engen und kleingläubigen Erwartung herauswagen mögen in die lichten Höhen und Gottesweiten.

Die Stadt, das heilige Jerusalem, das da aus dem Himmel von Gott herabkommt, ist ein plastisches Bild des neuen Israel, das vor dem

Endgericht über die Toten und dem großen Weltbrand bereits vollzählig zu Gott versammelt ist.

Die Beschreibung der Stadt (V. 11-22) muß nach dem Wert der prophetischen Symbolsprache verstanden werden. Sie hat die Herrlichkeit Gottes und eine große und hohe Mauer und zwölf Tore, ein jedes aus einer Perle, und auf den Toren zwölf Engel, und Namen der zwölf Stämme Israels eingeschrieben. Die Mauer der Stadt hat zwölf Grundfesten und auf ihnen Namen der zwölf Apostel des Lammes. Das Maß der Stadt ist zwölftausend Stadien, wohl im Umfang, und die Länge, Breite und Höhe sind gleich. Die Stadt hat also die Form eines Kubus oder einer Pyramide. Auch die Edelsteine als Baustoffe haben symbolischen Wert.

Eingerahmt wird diese Beschreibung durch den Hinweis auf *das Zeugnis von der Herrlichkeit Gottes*: »die da hat die Herrlichkeit Gottes« (V. 11) und: »Der Herr, Gott, der Allgewaltige ist ihr Tempel und das Lamm« (V. 22).

So haben auch die einzelnen Strukturangaben (Form, Mauer, Tore, Grundfesten, Maße) Bezug auf dieses Zeugnis von der Herrlichkeit Gottes durch die hohe Missionsaufgabe des vollendeten Israel auf der neuen Erde. Israels Beruf ist dann ein neuer Weltmissionsdienst. Die Überwindergemeinde hat ihren himmlischen Tempeldienst vollendet. Nun ist Gott unmittelbar der Tempel des vollendeten Israel für dessen priesterlichen Weltmissionsdienst. Der Herr, Gott, der Allgewaltige wirkt durch das Lamm und durch den vollendeten Missionsdienst Israels das große Wunder der Nationenvollendung. Da werden die Nationen nicht zu dürftigen Vorbildern, sondern direkt zu Gott und dem Lamm geführt. »Und die Stadt bedarf nicht der Sonne noch des Mondes, daß sie ihr scheinen; denn die Herrlichkeit Gottes erleuchtet sie, und ihre Leuchte ist das Lamm« (V. 23).

Auch die alten, kosmischen Lichtspender haben ausgedient. Der Wechsel von Tag und Nacht hat aufgehört (vgl. Kap. 22, 5). In der völlig neuen kosmischen Ordnung des neuen Himmels und der neuen Erde hat auch das alte Sonnensystem keinen Platz mehr. Nach dem großen Weltbrand wird eine neue Erde entstehen, die wahrscheinlich das ganze Sonnensystem in sich vereinigt und demnach eine enorme Größe haben wird. Alles Licht auf der ganzen Erde wird von dem neuen Jerusalem ausgehen. Dieses empfängt das Licht unmittelbar von der Herrlichkeit Gottes. Der total neugestaltete Kosmos ist grundverschieden vom alten Sonnensystem mit den massiven Lichtträgern und dem Dualismus von Licht und Finsternis. Es wird dann alles Licht sein. Die Herrlichkeit Gottes durchstrahlt alles, und das Lamm ist der wahre, einzige Lichtträger. Dies ist nicht nur geistig zu verstehen, sondern geistleiblich.

Zu beachten ist, daß *erst jetzt die Braut erscheint*, während es in Kapitel 19, 7 heißt: seine Frau hat sich bereitet. Es hat demnach den Anschein, als ob die Hochzeit des Lammes mit Anbruch des Tausendjährigen Reiches beginnt und nach dem Tausendjährigen Reich in der vollendeten Ausschmückung der Braut ihren Abschluß findet (Kap. 21, 2). Erst dann ist Israel vollkommen gemacht als Braut des Lammes (Kap. 21,9). Erst jetzt kommt sie aus dem Himmel mit dem neuen Jerusalem hernieder. Während des allgemeinen Weltbrandes ist die Frau, das gerettete Israel, im Himmel; denn alles auf Erden, auch das Jerusalem des Tausendjährigen Reiches mit dem neuen Tempel, wovon Hesekiel Kapitel 40-48 schreibt, geht im Feuer auf. Im neuen Jerusalem, das vom Himmel herabkommt, gibt es keinen Tempel mehr.

Daß die zwölf Namen der zwölf Apostel des Lammes auf den zwölf Grundsteinen der Mauer stehen, zeigt uns den *Zusammenhang der Braut mit der Gemeinde Gottes*. Beide sind verschiedene Körperschaften und dürfen nicht miteinander verwechselt werden. Die Vollendung Israels als Braut des Lammes ist mit das Ergebnis des Dienstes der zwölf Apostel des Lammes. Daher sind ihre Namen auf den Grundfesten der Mauer des neuen Jerusalem. Die zwölf Apostel des Lammes vertreten die Gesamtgemeinde in ihrem Beruf für das Königreich des Christus.

3.9 Israels Königreichsdienst auf der neuen Erde

Die Mission des vollendeten Israel als Braut des Lammes erstreckt sich auf die Nationen, die durch die Gerichte hinweggetilgt wurden und auf der neuen Erde wieder erscheinen. Die Frage, wie diese Menschen überhaupt auf die neue Erde gelangen können, nachdem doch die alte Erde im Feuer untergegangen sein wird, wird nicht direkt beantwortet. Wir sind jedoch gezwungen, aus bestimmten Tatsachen Schlüsse zu ziehen. Über den Zustand der Nationen auf der neuen Erde erfahren wir, daß diese noch der Heilung bedürfen (Kap. 22, 2), daß andererseits aber auch der Tod nicht mehr existiert (Kap. 21, 4); denn sie alle werden teilhaben an den Segnungen, die vom neuen Jerusalem ausgehen. Es sind also *Auferstandene, aber noch nicht Vollendete*. Auffallend ist, daß sie (Kap. 22, 2) noch als Nationen (ethnä =

Heiden) bezeichnet werden, während es in der Verheißung Kapitel 21, 3 heißt: »Sie werden seine Völker (laoi) sein«. Diese Verheißung bezieht sich doch offenbar auf dieselben Menschen. In dem Unterschied dieser zwei Ausdrücke liegt wohl die Andeutung, daß aus den Nationen noch Völker Gottes werden sollen. Nationen sind die Menschen auf Grund der Rasse und Völker auf Grund der sittlichen und religiösen Ordnung. Wie nun die Nationen auf der neuen Erde durch den Königreichsdienst Israels zu Völkern Gottes werden, das wird uns ausführlich geschildert.

Bei der Schilderung der herrlichen Zustände auf der neuen Erde und der Mission des vollendeten Israel könnte die Frage auftauchen, wie das alles überhaupt möglich ist. Darauf erhalten wir mit Johannes eine beglückende Antwort.

»Und er zeigt mir einen Strom Wassers des Lebens, glänzend wie Kristall, ausgehend aus dem Thron Gottes und des Lammes« (Kap. 22, 1).

Der vom Thron ausgehende Strom des Lebenswassers ist die Ursache, daß die ganze Erde in ein Paradies verwandelt wird. Das, was das erste Paradies vorgebildet hat, findet auf der neuen Erde seine Erfüllung. Im ersten Paradies war noch die Schlange, im vollendeten Paradies ist jede Spur des Todes für immer ausgelöscht.

Die Äonenvollendung ist auch die Weltvollendung. Davon zeugt die Apokalypse. Alle Offenbarung, alles Gerichts- und Heilshandeln Gottes hat dieses eine große Ziel, das wahre Leben zum völligen Sieg zu bringen.

In dem Bild vom Tempel in Hesekiel Kapitel 47 ist die sprudelnde Wasserquelle, welche Gesundheit und Lebensfülle für das ganze Land bringt, ja sogar die Wasser des Toten Meeres umwandelt und genießbar macht (Hes. 47, 8), ein Typus für den Strom des Lebenswassers in Offenbarung 22, 1. Das Lebenswasser geht aus vom Thron Gottes und des Lammes. Dieser Ausdruck: »Thron Gottes und des Lammes« kommt nur Kapitel 22, 1 und 3 vor und symbolisiert das ganze Lebensgeheimnis. Gott ist die Quelle des Lebens, das Lamm der Heilsmittler, und der Thron ist das Bild der göttlichen Herrschaft. Nach der Entrückung ist die Leibesgemeinde ebenfalls in dem Thron befindlich zu denken (Kap. 3, 21; 12, 5).

Im neuen Jerusalem ist nicht nur ein Strom des Lebens, der von dort aus sich über die ganze neue Erde ergießt, sondern auch *Holz des Lebens*, d. h. Bäume des Lebens. Das Bild in Vers 2 kann man sich wohl so vorstellen, daß mitten durch das neue Jerusalem sowohl die

Hauptstraße (plateia) als auch parallel zu ihr der Lebensstrom hindurchfließt. In dem Zwischenraum zwischen der Hauptstraße und dem Strom steht Gehölz des Lebens, und ebenfalls ist das jenseitige Ufer des Stromes mit Lebensbäumen bewachsen. Jeden Monat gibt es neue Früchte, und selbst die Blätter haben lebenvermittelnde Kraft. Da die Lebensbäume nur in Jerusalem selbst stehen, so ist anzunehmen, daß den Nationen außerhalb der Stadt die Blätter als Arznei durch den Dienst der in der Stadt Wohnenden dargereicht werden. Daß jeden Monat neue Früchte geerntet werden, hat seine besondere Bedeutung. Da der Mond nicht mehr existiert, gibt es auch keine Kalendermonate mehr, aber das Symbol der monatlichen Ernte ist geblieben. War der Monat ein Zeitmesser für die Wachstumsperioden auf der alten Erde, so ist das monatliche Reifen der Früchte der Lebensbäume, »das zwölfmalige Früchtebringen gemäß einem jeden Monat«, ein Symbol der *Wachstumsperioden in der Vollendungsfülle*. Das Leben in der Vollendung ist kein Stillstand, kein starrer Zustand, sondern ein fortwährendes Strömen und Nehmen aus der Quelle, aus dem wesenhaften Leben Gottes und des Lammes.

»Und kein Gebanntes wird mehr sein. Und der Thron Gottes und des Lammes wird in ihr sein. Und seine Knechte werden ihm Gottesdienst darbringen. Und sie werden sehen sein Angesicht, und sein Name wird auf ihren Stirnen sein. Und Nacht wird nicht mehr sein, und sie bedürfen nicht des Lichts einer Leuchte oder eines Sonnenlichts. Denn der Herr, Gott, wird leuchten auf sie, und sie werden als Könige herrschen in die Äonenvollendung« (V. 3-5).

Die Mission Israels auf der neuen Erde ist eine *Lichtmission*. »Und wandeln werden die Nationen durch ihr Licht« (Kap. 21, 24). Dies ist die Erfüllung einer alten Weissagung, die weit über das hinausgeht, was die Propheten von ferne geschaut haben (vgl. Jes. 2, 3; 60, 3. 5. 11). Wenn es in Jesaja 60, 3 heißt: »Nationen wandeln zu deinem Lichte hin und Könige zu dem Glanz deines Aufgangs«, so lesen wir in Offenbarung 21, 24: »Die Könige des Landes bringen ihre Herrlichkeit in sie«. Unter Königen des Landes erkennen wir in der ganzen Apokalypse nicht die Könige der Nationen – diese werden anders gekennzeichnet –, sondern *die Könige oder Führer des neuen Israel*. Gerade diese haben in der Lichtmission Israels auf der neuen Erde eine besondere Aufgabe. Ihre »Herrlichkeit« (doxa) besteht nicht in irdischen Reichtümern, sondern in dem besonderen Lichtglanz von der Herrlichkeit, die vom Thron Gottes ausstrahlt. »Denn der Herr, Gott, wird leuchten auf sie, und sie werden als Könige herrschen in die Äonenvollendung« (Kap. 22, 5). Das ganze wiederhergestellte Israel wird königlich herrschen über die Nationen, um ihnen das Licht und Leben des neuen Jerusalem zu vermitteln. Doch wird es gewisse Stufen und Gradunterschiede geben, so daß der Titel »König« nur gewissen Führern zusteht.

Der Erfolg der Weltmission Israels wird sein, nicht nur, daß die Nationen wandeln werden durch das Licht, das vom neuen Jerusalem ausstrahlt (Kap. 21, 24), sondern auch, daß die Könige die Herrlichkeit und Ehre der Nationen in die Stadt hineinbringen werden (Kap. 21, 26). Die »Herrlichkeit und Ehre der Nationen« ist natürlich etwas anderes als die Herrlichkeit der Könige des Landes. Deshalb steht hier der Doppelbegriff: »Herrlichkeit (doxa) und Ehre (timä)«. Auf der ganzen Erde wird eine überströmende Fülle von geistigen und irdischen Gütern vorhanden sein, an denen jeder einzelne seinen vollen Anteil erhält. Es wird eine wirklich *edle, reine Kultur* blühen. Da der Tod mit all seinen Folgeerscheinungen wie Krankheit, Schwäche, Altern nicht mehr sein wird, kann sich das Leben ungehemmt entfalten. Es wird eine unbeschreibliche Wonne sein, zu leben ohne Furcht und Sorgen. Und dabei wird der Mensch nicht in ein egoistisches Genießen versinken, sondern man wird nur ein Ziel kennen: alles zu Gottes Ehre zu tun. Deshalb werden die Könige Israels die Herrlichkeit und die Ehre der Nationen in das neue Jerusalem bringen. Das wird *der selige Gottesdienst der Nationen* sein.

Die beiläufigen Bemerkungen in Kapitel 21, 27 und Kapitel 22, 3 u. 5 sind deshalb zwischendurch eingefügt, um den Gegensatz zu früheren Verhältnissen auf der alten Erde zu betonen. Es ist nicht so zu verstehen, als ob es auf der neuen Erde auch noch Gemeines, Greuel, Lüge und Verbanntes geben wird. In die Stadt selber jedoch können nur solche durch die Perlentore eingehen, die im Lebensbuch des Lammes geschrieben sind (Kap. 21, 27b). Es besteht also ein Unterschied zwischen dem Leben der Nationen auf der neuen Erde und dem Eingehen in das neue Jerusalem. Damit wäre für die ein Hoffnungsschimmer vorhanden, die beim Endgericht nicht im Buch des Lebens geschrieben gefunden und in den Feuersee geworfen wurden (vgl. Kap. 20, 15). Mit der Wiederherstellung Israels und der Erfüllung der besonderen Berufung Israels schließt die Reihe der Gesichte in der Apokalypse. Dies ist demnach das Ziel aller vorausgehenden Bilder.

4. Epilog (Kapitel 22, 6-21): Die Bestätigung der Weissagungen in der Offenbarung

Der Epilog ist nicht nur ein Anhängsel als Schluß der Buchrolle, sondern hat seine Bedeutung darin, daß er mit dem Prolog (Kap. 1, 1-8) korrespondiert und mit ihm zusammen ein verstärktes Zeugnis von dem eigentlichen Anliegen der Apokalypse ablegt. Derselbe Engel, der seit Kapitel 21, 9 mit Johannes spricht und ihm das Geschaute erklärt, gibt ihm nun noch das bestätigende Schlußwort über die Sendung der Apokalypse.

Dreimal werden *die Weissagungsworte in der Apokalypse als zuverlässig bestätigt* (Kap. 19, 9; 21, 5; 22,6), und zwar jedesmal in Verbindung mit der *Erfüllung der Hoffnung Israels*. Gerade diese Weissagung bedurfte der kräftigen Beglaubigung, weil die Geschichte des verstockten Volkes den Glauben an die Zuverlässigkeit des prophetischen Wortes zu erschüttern drohte. Es schien so, als ob die Gnadenzeit für Israel ein für allemal vorbei ist. Die Gemeinde sei an die Stelle Israels getreten und habe die Aufgabe, die Israel nicht erfüllen konnte, übernommen. Es fällt auch heute noch vielen sonst so bibelfesten Christen schwer zu glauben, daß *die Gnaden und die Berufung Gottes gerade in bezug auf Israel unbereubar sind* (vgl. Röm. 11, 29). In wunderbarer Klarheit und unmißverständlicher Deutlichkeit zeigt es die Apokalypse, wie durch alle Gerichte hindurch das Berufungsziel Israels doch endlich im neuen Jerusalem erreicht wird. Aus der großen Hure läßt die unfaßbare Gnade Gottes die Braut, die Frau des Lammes werden. Diese Worte sind treu und wahrhaftig. Gott hat diese Weissagung als Gott der Geister der Propheten streng überwaltet, so daß die Geister der Propheten sich den Propheten unterordnen (vgl. 1. Kor. 14, 32).

Der Engel, der Kapitel 22, 16 ausdrücklich als der Engel Jesu bezeichnet wird, der das ganze prophetische Schauen leitet und darüber wacht, daß *die Beziehung der Gemeinde zur Vollendung der Hoffnung Israels* klargestellt wird, hat die Aufgabe, den Knechten Gottes zu zeigen, was in Bälde werden muß. Die Apokalypse ist ein Lehrbuch für Knechte Gottes, um sie zu ihrem Dienst tüchtig zu machen, und zwar dadurch, daß sie dessen Dringlichkeit erkennen. Nur so erfährt ihr Dienst die nötige Zielklarheit und kraftvolle Ausrichtung. Es geht in ihrem Dienst nicht um schöne, »erbauliche« Reden, sondern um geistbevollmächtigte Einführung in den ganzen Heilsratschluß Gottes.

»Und siehe! Ich komme schnell! Glückselig, der da bewahrt die Worte der Weissagung dieses Buches« (V. 7). Dreimal in den Schlußworten spricht Jesus selbst: »Ich komme schnell« (V. 7. 12. 20; vgl. Kap. 3, 11). Dadurch lenkt er die Aufmerksamkeit seiner Knechte auf sich selbst und sein schnelles Kommen (tachy = schleunigst, schnell, ohne Verzug). Dieser *Glaubensblick auf das schnelle Kommen des Herrn* soll uns vor dem müßigen Träumen bewahren und uns zu wortgemäßem, treuem Dienst anspornen. Dieser steht im Bewahren der Worte der Weissagung in diesem Buch. Dadurch gibt Jesus selber nicht nur der Apokalypse ihre Beglaubigung, sondern auch dem Dienst seiner Knechte das rechte Programm. Gerade für die Gemeinde ist die Apokalypse von allergrößter Bedeutung. Zweimal haben wir eine besondere Seligpreisung derer, die die Worte der Weissagung hören und bewahren (Kap. 1, 3; 22, 7).

Johannes muß nach dem gewaltigen prophetischen Erleben erst wieder zu sich selbst, zur Besinnung kommen. Es ist ein Ausdruck höchster Verwunderung, wenn er in einem abgebrochenen Satz sagt: »Und ich, Johannes, der dieses hört und sieht!« Als wollte er damit sagen: Wer bin ich doch, daß ich ein so großes Vorrecht genieße, dieses zu hören und zu sehen. Seinem Gefühl will er sofort Ausdruck verleihen durch Beugung in den Staub und anbetende Huldigung vor den Füßen des Offenbarungsengels, der ihm dieses alles zeigt (V. 8). Es ist der Engel gemeint, von dem in Kapitel 1, 1 die Rede ist und der während der ganzen Schauung gegenwärtig ist. Die Anbetung gilt nicht der Person des Engels, wenn Johannes vor (emprosthen) den Füßen des Engels anbetet. Und doch ist auch diese Geste nicht ganz richtig, so daß der Engel sie abwehrt.

»Und er sagt zu mir: Siehe zu! Nein! Dein Mitknecht bin ich und deiner Brüder, der Propheten und derer, die da bewahren die Worte dieses Buches. Gott huldige anbetend! Und er sagt zu mir: Versiegle nicht die Worte der Weissagung dieses Buches; denn die Zeitwende ist nahe« (V. 9-10).

Das *Nichtversiegeln* besagt, daß eine Offenbarung eines bisher noch nicht Enthüllten nicht mehr erforderlich ist, da jetzt die Zeitwende nahe ist, wo das Geoffenbarte nur noch Wirklichkeit zu werden braucht. Neue Offenbarungen zu den in der Apokalypse gegebenen sind nicht mehr zu erwarten. Die *Grundlinien des Werdens* bis zur Welterneuerung und Weltvollendung sind enthüllt. Nun gilt es, nach denselben den Dienst der Knechte Gottes auszurichten und sich damit abzufinden, daß die gerichtsreife Welt ihrem unentrinnbaren Schicksal entgegeneilt: »Wer Unrecht tut, der tue weiterhin Unrecht, und wer unsauber ist, der sei weiterhin unsauber, und der Gerechte tue weiterhin Gerechtigkeit, und der Heilige, der heilige sich weiterhin« (V. 11). Auf beiden Seiten soll nach Gottes Plan eine Ausreifung erlangt werden.

Es kommt immer mehr zu einer *klaren Scheidung zwischen Ungerechten und Gerechten*. Dabei soll der Blick auf den wiederkommenden Herrn und seinen Lohn ein steter Ansporn zum opferbereiten Dienst sein. »Siehe! Ich komme schnell, und mein Lohn mit mir, zu vergelten einem jeden, wie sein Werk ist« (V. 12). Das Fundament des ganzen Heilswirkens Gottes ist seine Gerechtigkeit, wozu auch seine *Vergeltung nach den Werken* gehört. Insofern besteht keine Differenz zwischen der Heilslehre der Apokalypse und den paulinischen Briefen (vgl. 1. Kor. 3, 12-15; 2. Kor. 5, 10). Das Entscheidende für die Bestimmung des Lohnes für jeden einzelnen sind seine Werke. Garantie für die Durchführung der göttlichen Heilspläne ist der Herr selber. Deshalb beteuert er: »Ich, das Alpha und das Omega, der Erste und der Letzte, der Ursprung und das Ziel« (V. 13). Das ist *der dreifache Charakter Jesu Christi als der Enthüller der Wege Gottes.*

Als Alpha und Omega ist er der wahre Inhalt der Heiligen Schrift von A bis Z; als der Erste und Letzte ist er der Lebendige und Todesüberwinder; als der Ursprung und das Ziel ist er der Mittler der Heils- und Regierungswege Gottes.

Der Dienst der Knechte Gottes muß deshalb christozentrisch sein. »Draußen sind die Hunde und die Zauberer und die Hurer und die Mörder und die Götzendiener und jeder, der da liebt und tut Lüge« (V. 15).

Dies ist eine Ermahnung für die Gegenwart. Dieses Wort ist kein Beweis für einen ewigen Dualismus, als ob es auch noch auf der neuen Erde ein *Draußen und Drinnen* gäbe. Die hier genannten sechs bösen Charaktere sind für den Feuersee bestimmt (Kap. 21, 8), und dieser existiert auf der neuen Erde nicht mehr. Diese ernste Warnung schließt sich an V. 11 an und soll die klare Scheidung bekräftigen, die bei dem schnellen Kommen des Herrn ihren Höhepunkt erreichen wird.

Zum Abschluß der Apokalypse werden die zwei wichtigsten Körperschaften, deren Zubereitung für die Durchführung der göttlichen Heilspläne entscheidend ist, noch einmal besonders erwähnt und zur Totalität in ihrer Bereitschaft angespornt:

die messiasgläubigen Juden und die Überwindergemeinde.

»Glückselig, die da spülen ihre Gewänder, damit ihre Vollmacht sei über das Holz des Lebens und einzugehen auf Grund der Tore in die

Stadt« (V. 14). Diese letzte der sieben Seligpreisungen in der Apokalypse gehört den messiasgläubigen Juden, damit sie sich für ihren besonderen Vollmachtsdienst an den noch nicht zur Vollendung gelangten Nationen zubereiten lassen. Diese Vollmacht erlangt Israel »auf Grund der Tore« (genaue Übersetzung des Dativs Instrumenti), also durch den Perlendienst der vollendeten Überwindergemeinde. Dazu müssen die noch nicht vollendeten Heiligen aus Israel ihre Gewänder (stolai) spülen.

Dieser Dienst des wiederhergestellten Israel ist wohl zu unterscheiden von dem Königspriesterdienst der Gemeinde (V. 16). Auch die gegenwärtig noch auf dieser Erde lebende und werdende Überwindergemeinde erhält eine besonders wichtige Ermahnung (V. 16. 17). Daß es sich dabei um den *Königspriesterdienst der Überwindergemeinde an Israel* handelt, geht eindeutig aus dem näheren Wortzusammenhang hervor, auch aus der Korrespondenz mit dem Prolog der Apokalypse.

»An« die Gemeinden soll die Apokalypse gesandt werden (Kap. 1, 11), und der Inhalt der Buchrolle enthält das, was der Herr »über« die Gemeinden betreffs ihres besonderen Berufs geredet hat. Jesus sagt: »Ich, Jesus, sende meinen Engel (vgl. Kap. 1, 1), um euch dieses zu bezeugen über die Gemeinden (epi mit Dativ). Ich bin die Wurzel und das Geschlecht Davids, der helle Morgenstern. Und der Geist und die Braut sagen: komm! Und der Hörende sage: komm! Und der Dürstende komme, der Wollende nehme Wasser des Lebens umsonst.«

Jesus ist als die Wurzel und das Geschlecht Davids auch der helle Morgenstern, also als der Erfüller des davidischen Bundes auch *der Erfüller der Hoffnung Israels*. Der Ruf von dem Geist und der Braut – von der Erfüllung aus gesehen – ergeht an die Hörenden der Gemeinde, den Geistesruf der vollendeten Braut an die Dürstenden weiterzugeben, zum Wasser des Lebens zu kommen.

Mit diesem *vereinten Ruf von Geist, Braut und Gemeinde* klingt die Apokalypse aus. Der Dienst der Gemeinde fürs Königreich und ihr Dienst der Zubereitung der Braut Israel für ihren weltweiten missionarischen Beruf ist das Ziel der Unterweisung dieses Buches.

Wie groß ist deshalb *unsere Verantwortung der Apokalypse gegenüber!* Aber wie ist das letzte Buch der Bibel im Lauf der Jahrhunderte behandelt, ja auch mißhandelt worden!? Wir begreifen es deshalb wohl, daß eine tiefernste Ermahnung dem Schluß noch hinzugefügt wird.

Mit welchem Ernst und heiligem Respekt das Buch der Apokalypse behandelt werden soll, geht aus der *Strafandrohung* für denjenigen hervor, der etwas zu den Worten dieser Weissagung hinzusetzt oder etwas wegnimmt (V. 18. 19). Es geht zwar nicht um den Verlust der Seligkeit, aber um eine empfindliche Züchtigung für das Hinzusetzen und eine schwere Einbuße am Herrlichkeitsdienst für das Wegnehmen. Die Versuchung, etwas Selbsterdachtes, aus der eigenen Phantasie oder aus der vorgefaßten dogmatischen Lehranschauung heraus, hinzuzufügen, ist sehr groß. Nach dem Gesetz, daß die Strafe dem Vergehen entsprechen soll, können wir den Rückschluß ziehen, daß es sich beim *Hinzufügen* um Übertreibungen der Plagen und Gerichte handelt. Dann wäre es keine unverständliche Härte, sondern als pädagogischer Grundsatz einleuchtend, daß dem Betreffenden, der sich solcher Übertreibungen schuldig macht, gerade die Plagen zugesetzt werden, die er anderen wünscht, und zwar in dem Maße, wie sie in diesem Buch geschrieben sind.

Ein Wegnehmen oder eine Unterschlagung eines Teils ist wohl eine noch schwerere Verfehlung als die des unberechtigten Hinzutuns. Das »Buch der Weissagung«, wie der Ausdruck hier im Unterschied zu »Worte der Weissagung« lautet, ist ein unteilbares Ganzes. Jeder Teil ist wichtig und unentbehrlich. Es sind nicht nur die exegetischen Verfehlungen, ja Vergewaltigungen gemeint, sondern vor allem die parteiische, einseitig kirchlich festgelegte Einstellung, die zu solchen Ungerechtigkeiten dem Inhalt des Buches gegenüber Anlaß gibt. Manchmal geschieht dies, ohne daß es dem Betreffenden zum Bewußtsein kommt, weil es ihm am ehrlichen Forschersinn fehlt. Diesem Vergehen ist die Strafe genau angemessen. Dabei kann es sich – klar erkennbar – nur um den Dienst handeln. Es bleibt trotzdem furchtbar genug, *seine Diensttauglichkeit zu verlieren*. Für Teil steht das Wort meros, was soviel bedeutet wie Dienstanteil, Stellung, Berufung.

Ein drittes und letztes Mal hören wir ganz am Schluß noch *ein feierliches Zeugnis aus dem Mund des Herrn Jesu selber* (vgl. V. 16 u. 18.). »Es sagt, der dieses bezeugt: ja, ich komme schnell.« (V. 20). Damit setzt der Herr gleichsam seine Unterschrift unter das ganze Buch und erklärt dasselbe als sein Zeugnis und fügt die Versicherung seines schnellen Kommens hinzu. Wie wichtig ist deshalb das Lesen, Erforschen und Beherzigen des Inhalts dieses letzten Buches.

Die einzig passende Antwort seitens der glaubenden Gemeinde ist: »Amen, komm, Herr Jesu!«

Mit dem Segen schließt das Buch: »Die Gnade des Herrn Jesu mit allen!« Es ist schließlich alles die wunderbare, wirksame, unverdiente

Gnade, die in diesem Buch trotz des tiefen Gerichtsernstes bezeugt wird, wie wir es wohl in keinem anderen Buch der Bibel finden.

Das Buch der Weissagung ist fertig, ehe die Erfüllung eintritt. Und doch ist dem Geschichtsverlauf kein starrer Zwang aufgenötigt. Die sittliche Freiheit des einzelnen ist gewahrt und die Möglichkeit der Berufsverfehlung offengelassen. Es ist das große heilige Paradox von der göttlichen Absolutheit und der sittlichen Verantwortung des Geschöpfes, welches für die menschliche Vernunft kaum eine annehmbare Lösung zuläßt. Wir aber glauben und beten an, indem wir jeden Gedanken gefangenführen in den Gehorsam des Christus hinein (2. Kor. 10, 5).[1]

1 In Übereinstimmung mit H. Langenberg folgt der letzte Abschnitt des Buches (Teil IV). Er hat die Intention, das bis hierher Dargestellte seelsorgerlich zu vertiefen.

IV

Der Christ versteht sein Leben vom Ziel her

(Erich Lubahn)

1. Daß Jesus siegt, bleibt ewig ausgemacht

Am Ende der Offenbarung durch Johannes steht der sieghafte und absolute Ausspruch: Und der auf dem Thron Sitzende sagt: »Siehe, ich mache alles neu« (Kap. 21, 5).[1] Und zuvor steht: »Der Tod wird nicht mehr sein« (Kap. 21, 4b). – In diesem Zusammenhang spricht Paulus im Hohenlied der Hoffnung: »Der letzte Feind, der aufgehoben wird, ist der Tod«. Mit Tod ist jegliche Trennung von Gott gemeint. In der hebräischen Sprache wird Sterben (muth) und Tod im Sinne von Trennung (mawäth) unterschieden. Aus dieser Sicht sagt Paulus: »Der Tod ist verschlungen vom Sieg. Tod, wo ist dein Sieg? Tod, wo ist dein Stachel?... Gott aber sei Dank, der uns den Sieg gibt durch unseren Herrn Jesus Christus!« (1. Kor. 15, 54b-55. 57).

Der Tod als Trennung von Gott ist die Folge der Sünde (griech.: hamartia, wörtlich = Zielverfehlung). Jesus kam in unsere Welt, um uns von der Sünde und dem Tod, die die zentralen Werke des Teufels sind, zu befreien. Der Sieg Jesu über »Sünde, Tod und Teufel« ist das grundsätzliche apokalyptische Thema der ganzen Bibel. Wer davon etwas abstreicht, schmälert die Liebe Gottes, die sich in Jesus offenbart (Röm. 5, 12. 17. 21; 6, 23; 1. Joh. 3, 8).

Für jeden Christen ist es eine Tatsache, daß Jesus am Kreuz den völligen Sieg über alle Mächte der Finsternis im Himmel und auf Erden errungen hat. Das All i s t in Jesus versöhnt! (Kol. 1, 20). Für mich steht fest, daß diese Versöhnung kein zukünftiges, sondern ein am Kreuz auf Golgatha geschehenes, gültiges Ereignis ist. Das zu begreifen ist kein Ergebnis einer Diskussion, sondern des Glaubens.

Daß es über die Versöhnung auch unbiblische Aussagen gibt, sei nicht verschwiegen. Wer im Sinne eines amerikanischen Universalis-

[1] Für »alles« steht in der griechischen Sprache »panta«. Damit ist alles von Gott Geschaffene, das All gemeint. Da ist nichts ausgeschlossen!

mus meint, daß das, was auf Golgatha geschah, »automatisch« zum Ziel führe, kann sich nicht auf die Bibel berufen. Wer meint, daß die am Kreuz geschehene Versöhnung ein zukünftiges Gericht und eine notwendige Bekehrung jedes einzelnen Menschen überflüssig mache, hat die Bibel nicht auf seiner Seite. Wer als Folge der geschehenen Versöhnung Mission und Evangelisation für überflüssig erklärt oder auch nur vernachlässigt, hat das Wort Gottes mißverstanden! Wer das am Kreuz ein für allemal geschehene Heil erfahren hat, kann nicht schweigen, er muß es weitergeben. Wer das unterläßt, gleicht jenem Knecht, der sein Pfund vergraben hat (Luk. 19, 12-27). Wir wissen, wie der Herr mit diesem Knecht umgegangen ist.

Wir müssen das für alle Menschen und die ganze Schöpfung auf Golgatha geschehene Heil selbst erfahren und annehmen. Ja, das Wort vom Kreuz fordert jeden, der es hört, zu einer Entscheidung heraus. Ohne eine persönliche Entscheidung wird nie jemand das Heil aus Gnaden erlangen!

Wenn dagegen die Meinungen darüber auseinandergehen, ob am Ende der Heilszeiten Gottes, der Äonen, alle Menschen oder nur ein Teil von ihnen das objektive Heil subjektiv angenommen haben werden, sollte dies eine Bruderschaft, die von der Liebe Gottes getragen wird, nicht trennen. Jeglicher Fanatismus – auf welcher Seite er auch immer sei – ist verwerflich!

In dieser Frage spielt der Begriff »Ewigkeit« eine bedeutende Rolle. Die Bibel kennt den philosophischen Begriff Ewigkeit überhaupt nicht. Mehr noch: Nach der Bibel gibt es keine Ewigkeit im Sinne einer endlosen, nicht aufhörenden Zeit. Die Zeit gehört wie Raum und Materie zur Schöpfung Gottes, die in ihrem jetzigen Zustand Anfang und Ende hat.

Wenn die Bibel die Verlorenheit und die Rettung des Menschen als »äonisch« (Luther übersetzt »ewig«) bezeichnet, dann muß unterschieden werden, daß die Verlorenheit immer in der Zeit liegt und die Rettung über die Zeit hinausgeht. Verloren ist, wer von Gott getrennt lebt und damit noch zur Vergänglichkeit gehört. Gerettet ist, wer zu Gott gefunden hat und mit ihm lebt. Gerettete gehören zur Ewigkeit Gottes, sie haben das unsterbliche Leben Gottes. Wer »äonisches« (ewiges) Leben durch den Glauben an Jesus hat, der weiß, daß er aus der vergänglichen Zeit herausgenommen wurde in die Dimension des über allen Zeiten stehenden Gottes. So ist »äonisches Leben« kein Zeit-, sondern ein Qualitätsbegriff. Für dieses Leben gibt es in der menschlichen Sprache kein passendes Wort.

Wir halten fest: Der entscheidende Sieg ist auf Golgatha geschehen. Die Auseinandersetzungen danach zwischen Gott und seinem Gegenspieler, dem Satan, sind Nachgefechte, die aber Gottes Sieg niemals aufheben können. Ich will versuchen, das durch ein Bild deutlich zu machen: Der letzte Weltkrieg wurde – wie es einsichtige Leute sehen – in Stalingrad (1943) entschieden. Danach wurde noch lange gekämpft. Die größten Verluste des Krieges lagen nicht vor, sondern nach Stalingrad. So dürfen wir sagen, daß auf Golgatha die entscheidende Schlacht stattgefunden hat und entschieden wurde. Was wir heute und in Zukunft erleben, sind die tragischen und verlustreichen Nachkämpfe. Dennoch bleibt der erfochtene Sieg unanfechtbar.

Aus diesem Grunde können wir vertrauend mit J. Chr. Blumhardt (1805-1880) bekennend singen:

»Daß Jesus siegt, bleibt ewig ausgemacht.
Sein wird die ganze Welt!
Denn alles ist nach seines Todes Nacht
in seine Hand gestellt.
Nachdem am Kreuz er ausgerungen,
hat er zum Thron sich aufgeschwungen,
Ja, Jesus siegt!«

Die Gemeinde Jesu, die vom Kreuz auf Golgatha und der Auferstehung Jesu herkommt, bekennt mit Philipp Friedrich Hiller (1699-1769):

»Jesus Christus herrscht als König,
alles wird ihm untertänig,
alles legt ihm Gott zu Fuß,
aller Zunge soll bekennen,
Jesus sei der Herr zu nennen,
dem man Ehre geben muß.«

Der durch den Glauben in Jesus den Gekreuzigten gegründete Christ darf den Glaubenskampf getrost und zuversichtlich führen. Er ist von Gott beauftragt, im Namen seines Herrn für Gott und zum Heil der Welt zu arbeiten und zu kämpfen, damit Gott selbst durch ihn zu tun vermag, was er will. Der Glaubenskampf des Christen betrifft nicht nur die Menschen und die sichtbare Schöpfung, sondern auch die unsichtbare Welt, die ebenso zur Schöpfung Gottes gehört.

Gottes Heilsplan läuft in den Zeiten ab. Wenn die Fülle aller göttlichen Zeiten erreicht sein wird, dann wird alles unter dem Haupt Christus stehen, das Sichtbare wie das Unsichtbare (Eph. 1, 10). »Wenn aber alles ihm untertan sein wird, alsdann wird auch der Sohn selbst untertan sein dem, der ihm alles untergetan hat, auf daß Gott sei alles und in allem« (1. Kor. 15, 28).

Das ist die Grundintention der ganzen Apokalypse. Wer sie nicht sieht, bzw. nicht sehen will, kann die Einzelaussagen nicht verstehen. Heinrich Langenberg geht in seinen Erklärungen der Apokalypse absolut und unbeirrt von diesem Ziel und Ende der Wege Gottes aus.[1]

2. *Was geschieht nach unserem Sterben?*

Die Apokalypse[2] geht über alles Irdische und Vergängliche hinaus. Jeder Mensch muß einmal von dieser irdischen Welt Abschied nehmen. Diese Tatsache wird von vielen Menschen verdrängt. Dennoch schlummert in jedem eine Ahnung von einem »Danach«. Die Bibel spricht davon unverblümt: »Es ist dem Menschen gesetzt, einmal zu sterben; danach das Gericht« (Hebr. 9, 27). Im Gericht wird ihm »die Lebensrolle« enthüllt. Davon habe ich als Soldat im letzten Weltkrieg etwas erfahren. Innerhalb von Sekunden mußte ich mit meinem Ableben rechnen. In diesem kurzen Augenblick sauste mein ganzes, bisheriges Leben an mir vorüber, Gutes und Böses. Letzteres machte mir große Not. Da stand das Wort vor meinen inneren Augen: »Es ist schrecklich, in die Hände des lebendigen Gottes zu fallen.« Zwar

[1] Das war übrigens auch die Grundintention der pietistischen Väter. Um so bedauerlicher ist es, wenn heute im Pietismus über diese Frage gestritten wird. Alle meine theologischen Lehrer, die mich während meines Studiums an der Evangelischen Fakultät der Tübinger Universität geprägt haben, gingen in ihren theologischen Beiträgen von der Absolutheit des Sieges Jesu Christi für alle Menschen und alle Kreatur aus. Ich nenne einige in Ehrerbietung und Dankbarkeit: Karl Heim, »Jesus der Weltvollender«, Furche-Verlag, Berlin 1937, S. 219 ff; Adolf Köberle, »Der Herr über alles«, Furche-Verlag, Hamburg 1958, 2. Aufl., S. 101 ff; Walter Künneth, »Theologie der Auferstehung«, Claudius-Verlag, München 1951, S. 252 ff; Otto Michel, mit dem ich bis 1990 gemeinsam »Erienseminare für Theologiestudenten« habe halten dürfen. Siehe ›Theologische Studienbeiträge‹ im Christlichen Verlagshaus, Stuttgart. Der katholischen Theologie ist dieser Blick versagt, da die »ewige Verdammnis« ohne ein Ende dogmatisiert ist. In diesem Sinn befindet sich Martin Luther in der »Bannbulle«, der ewigen Verdammnis. Mit ihm viele evangelische »Ketzer«. Siehe dazu: Walter Nigg, »Das Buch der Ketzer«), Zürich 1949, mit späteren Auflagen.

[2] Die Offenbarung als letztes Buch der Bibel.

glaubte ich damals nicht an diesen Gott; dennoch stand ich vor ihm, besser gesagt: Er stand vor mir. Wundersam wurde ich vom Tod bewahrt. Dies Erleben aber werde ich nie vergessen. Es war u. a. ein Anstoß zu meiner Bekehrung.

Ein Christ wird nach seinem Sterben seinem Herrn so nahe sein, wie er zu Lebzeiten nahe bei ihm gelebt hat. Darum sollte die Mahnung gehört und befolgt werden: »Setzt alles daran, ein Leben zu führen, das Gott gefällt. Sonst werdet ihr den Herrn niemals sehen« (Hebr. 12, 14). Kommt ein Christ durch sein Sterben in das Jenseits, so gibt es dort Orte, die näher oder ferner vom Herrn Jesus sind, je nach der Entwicklung der Heiligung.

Christen werden im »Jenseits« in ihrem Verhältnis zu Jesus da sein, wo sie im »Diesseits« mit ihm gelebt heben. Sie werden aber durch ihr Sterben aller Hüllen und Masken entledigt, so daß die ganze Wahrheit über sie offenbar wird. Erfolgte in ihrem Leben keine Heiligung, so werden sie zwar gerettet werden, doch »wie durchs Feuer«. Paulus sagt: »An dem Tag, an dem Christus sein Urteil spricht, wird sich zeigen, womit jeder gebaut hat. Dann nämlich wird alles im Feuer auf seinen Wert geprüft, und es wird sichtbar, wessen Arbeit dem Feuer standhält.« Im Feuer werden »Gold, Silber, edle Steine« bestehen. Das sind die Früchte des Geistes; sie entsprechen der neuen Kreatur. Jedoch »Holz, Schilf oder Stroh« werden verbrennen (1. Kor. 3, 11 ff). Damit sind die Werke des »alten Menschen« gemeint. Das eine ist Unvergängliches, von Gottes Geist Geschenktes und Gewirktes, das andere ist Vergängliches, vom Menschen selbst (ohne Gott) Gewirktes.

»Feuer« steht im Zusammenhang des Gerichtes für schmerzhaftes, aber zurechtbringendes Wegnehmen. Also gibt es vor dem Richterstuhl Christi nicht nur Lob, sondern auch Tadel.

Ein Verdammungsurteil jedoch gibt es in Christus nicht (Röm. 8, 1). Ist aber der Zweck der Berufung[1] verfehlt, so ist das traurig. Christen sollten daher das auf sie zukommende Gericht und die Heiligung ganz ernst nehmen (Phil. 3, 13 f).

Auch sie gehen nach ihrem Sterben der göttlichen Beurteilung entgegen. In diesem Zusammenhang sagt Paulus: »Wir müssen alle offenbar werden vor dem Richterstuhl Christi, auf daß ein jeglicher empfange, wie er gehandelt hat bei Leibesleben, gut oder böse« (2. Kor. 5, 10).

[1] Siehe dazu auch Teil II/2: »Die heilsgeschichtlich wachsende Berufung der Gemeinde«.

Nach dem Sterben existiert der Mensch gemäß dem Zeugnis der Bibel in drei zu unterscheidenden Zonen: im Totenreich der unseligen Menschen (»Scheol«, »Hades«), im Totenreich der Seligen (»Abrahams Schoß«), im Lebensbereich Jesu Christi.

Daß die einzelnen Zonen noch vielfältig differenziert werden müssen, daß es also graduelle Unterschiede bei den Unseligen, Seligen und denen gibt, die zu Jesus gehören, soll hier wenigstens Erwähnung finden.[1]

Am Familientisch kam ich mit meinen Kindern nach einer Beerdigung auf den Tod zu sprechen. Im Gespräch sagte eines meiner Kinder: »Jetzt verstehe ich die Sache mit dem Tod. Eines Tages wachen wir auf und merken, daß wir gestorben sind.« Diese kindliche Bemerkung war durchaus berechtigt. Es wird für jeden Menschen ein Erwachen nach seinem Sterben geben. Wohl dem, der nicht überrascht und enttäuscht wird!

Ein gläubiger Christ freut sich nur deshalb auf das Sterben und den Tod, weil er über den Tod hinaus eine lebendige Hoffnung und damit einen gewissen Trost hat. Jesus Christus spricht zu den Seinen: »Ich lebe, und ihr sollt auch leben!« (Joh. 14, 19). An Jesu Leben aus Gott, dem ewigen Leben, sowie an Jesu Auferstehungsherrlichkeit sollen teilhaben, die ihr Leben ihm übereignet haben und aus der Kraft des Heiligen Geistes heute bezeugen: »Herr ist Jesus!« (1. Kor. 12, 3; Röm. 10, 9). Mit diesem Zeugnis können wir leben und sterben. Darum geht es bei dem Blick aufs Ziel. Die Apokalypse lehrt uns »glückselig« zu leben und zuversichtlich zu sterben. So vermag der Christ mit Paulus zu sagen: »Christus ist mein Leben, und Sterben ist mein Gewinn. ... Ich habe Lust, aus der Welt zu scheiden und bei Christus zu sein« (Phil. 1, 21-23). Das ganze letzte Buch der Bibel will den gläubigen Menschen vorbereiten, die Gnade Jesu Christi zu leben und die persönliche Begegnung mit Jesus beim Sterben – und dem was ihm folgt – zu erfahren.

[1] Vergleiche Jesu Wort: Joh. 14, 2.

3. *Verführungen wollen uns das Ziel verrücken*

Johannes, »der Seher«, verkündigt uns in der Apokalypse die Endzeit. Aus seiner und aller neutestamentlichen Schreiber Sicht hat die apokalyptische Endzeit mit der Himmelfahrt Jesu begonnen.

Johannes berichtet nicht von Ereignissen in weiter Ferne, sondern »was in Kürze geschehen soll« (Offb. 1, 1). Paul Müller vergleicht das Endzeitgeschehen mit einer Spirale,[1] deren innerster Punkt nach oben gezogen ist, so daß die Spirale Kegelform erhält. Alles hat mit dem Scheiden Jesu von unserer irdischen Welt begonnen. Wann der Höhepunkt der Spirale erreicht ist, hat sich Gott selbst vorbehalten. Das macht Jesus vor seinem Scheiden seinen Jüngern in seinen Zukunftsreden deutlich (Matth. 24, 42-44; 25,13).

Gläubige Menschen wissen von Anfechtungen und Verführungen. Bei Anfechtungen geht es vornehmlich um die Gefahr, in Sünde zu fallen. Die Christen stehen in dieser Welt in vielen Anfechtungen. Das ist normal. Wenn sie der Anfechtung unterliegen, dann sind sie der Sünde anheimgefallen. Darum »wachet und betet, damit ihr nicht in Anfechtung fallet« (Matth. 26, 41).[2]

Gläubige stehen aber nicht nur in Anfechtungen, sie sind auch Verführungen ausgesetzt. Der Widersacher Gottes, der Teufel, will die biblische Lehre verfälschen. Die Christen stehen in der Gefahr, Irrlehren zu verfallen. Darum werden sie durch Gottes Wort aufgefordert, alles, auch wenn es noch so biblisch klingt, zu prüfen (1. Joh. 4, 1; 1. Thess. 5, 21). Kein Mensch ist frei von Irrtümern. Darum haben Christen jede Predigt und jedes christliche Zeugnis zu prüfen. Maßstab der Prüfung ist die Bibel, das Wort Gottes.

Hinter allen Verführungen steht der Gegenspieler Gottes. Satan geht es im Grunde nicht um uns Menschen, sondern um Gott und um seine Gegnerschaft zu Gott. Er bemüht sich, die Gedanken und Wege Gottes mit den Menschenkindern zu durchkreuzen. Weil er Gott nicht direkt angreifen kann, tut er es bei den Menschen, die Gott liebt, besonders bei denen, die sich Gott zum Dienst erwählt hat. Als Menschen, die für Gottes Ehre leben wollen, müssen wir darauf achten, nicht den Verführungen Satans anheimzufallen.

[1] Paul Müller, »Auslegung der Offenbarung«, Selbstverlag, 1973.

[2] Auf das Problem der Anfechtung gehe ich auf den letzten Seiten meiner Ausführungen noch einmal ein: Teil IV/4.5 »Wer zielgerichtet lebt, wird ein Überwinder«.

Satan tut sein Werk unter den Menschen als Teufel, das heißt als »Durcheinanderwerfer«. Der Teufel bemüht sich besonders, Wahrheit mit Lüge zu mischen. Mit offensichtlichen Lügen fängt er kaum einen Gläubigen. Es gehört zu seiner Taktik, biblische Wahrheiten zu mißbrauchen, sie durch kleine, unscheinbare Lügen ihrer Klarheit und Kraft zu berauben.

Der Teufel mischt nicht nur Wahrheit und Lüge, sondern bemüht sich auch, Bibelworte aus ihren Zusammenhängen herauszureißen und mit einem unbiblischen Geist zu vermengen. Diese Taktik des Durcheinanderwerfers hat schon zu manchem Sektierertum geführt. Der Verführer, in der Bibel auch »Schlange« genannt (1. Mose 3), interpretiert die Bibel gegen den Geist der Bibel, den Heiligen Geist. Immer lauert die Schlange darauf, die Bibel zu verdrehen und uns damit den Zugang zu dem Geheimnis des Wortes Gottes zu verschließen.

Dem Verführer steht ein Heer von unsichtbaren Mächten zur Verfügung. Solange wir in dieser Welt sind, haben wir es ständig mit ihnen zu tun (Eph. 6, 12). Sie bemühen sich darum, daß die Menschen das Ziel ihres Lebens verfehlen (Kol. 2, 18).

Gläubige Menschen sollten wissen, daß sie auf dem Weg sind (Eph. 4, 4-6) »zur Einheit des Glaubens und der Erkenntnis des Sohnes Gottes« (Eph. 4, 13). Das Ziel der Gläubigen ist die Wiederkunft Jesu. Wir sollen »bewahrt werden unversehrt, unsträflich auf die Ankunft unseres Herrn Jesus Christus« (1. Thess. 5, 23). Jeder, der den Wunsch hat, »bei dem Herrn zu sein allezeit« (Phil. 1, 23; 1. Thess. 4, 17), lebt auf dieses Ziel in der Endzeit zu.

Endzeitliche Verführungen wollen die Gläubigen auf falsche Wege bringen. Mir scheinen die folgenden sieben Verführungen besonders aktuell zu sein.[1]

3.1 Die Überbetonung von Zeichen und außerordentlichen Wundern

Jesus warnt seine Jünger, wenn er sagt: »Mancher falsche Christus und falsche Propheten werden aufstehen und große Zeichen und Wunder tun, so daß, wenn es möglich wäre, auch die Auserwählten verführt würden« (Matth. 24, 24). Satan weiß um das Bedürfnis des Menschen

[1] Siehe zu den sieben Verführungen ausführlicher und konkreter: »Auf der Suche nach der unsichtbaren Wirklichkeit – Die Notwendigkeit der Geisterunterscheidung«, a.a.O., S. 105 ff.

nach Zeichen und Wundern und sucht es zu befriedigen. Das »Tier aus der Erde« wird »große Zeichen« tun (Offb. 13, 11-14).

Lassen wir uns von Zeichen und Wundern nicht zu schnell beeindrucken! Sie allein sind kein Beweis für das Handeln Gottes. Wenn wir Zeichen und Wunder miterleben, wollen wir uns fragen, aus welchem Geist sie geschehen.

Gott gab einst Mose ein Wunderzeichen, um sich vor Pharao zu legitimieren. Ein Stab wurde zur Schlange (2. Mose 4). Verführerisch taten die Weisen und Zauberer Pharaos dasselbe (2. Mose 7, 10-13). Woran können wir erkennen, daß das eine Zeichen von Gott und das andere vom Satan ist? Die Bibel berichtet, daß der Stab des Propheten die Stäbe der Zauberer verschlang (2. Mose 7, 12). Daran wurde deutlich, wer das eine Wunderzeichen bewirkte und wer das andere.

Religiöse Menschen unserer Tage stehen in der Gefahr, wundersüchtig zu werden. Diese Gefahr ist dann besonders groß, wenn man beim Wunder selbst und bei denen, die es tun, stehenbleibt. Gottes Wunder sind immer Mittel zum Zweck. Allgemein können wir sagen, daß Zeichen und Wunder von Gott zum Glauben an ihn führen oder den Glauben kräftigen und Gott verherrlichen. Verführerische Zeichen und Wunder führen von Gott weg. Wenn Gott handelt, dann geht es nicht um eine Attraktion, nicht um die Befriedigung sensationslüsterner religiöser Menschen, sondern um Gottes Ehre und um das Heil des Menschen. Es gibt »allerlei lügenhafte Kräfte und Zeichen und Wunder« (2. Thess. 2, 9). Allein dieser biblische Hinweis sollte uns kritisch sein lassen.

3.2 Die Ausschaltung von Willen und Verstand

Paulus fordert auf, sich zu verändern durch die Erneuerung des Sinnes (Röm. 12, 2). Mit »Sinn« ist unser Denken schlechthin gemeint. Der Verstand des nicht wiedergeborenen Menschen ist in geistlichen Dingen verfinstert. Durch Buße kommt der Mensch zu einer neuen Ausrichtung seines Lebens, auch zu einem »neuen Denken«. Gott will den Menschen niemals zu einem Automaten machen! Er sucht Nachfolger mit Willen und Verstand. Wenn Gott im Leben eines Menschen die Bekehrung wirkt, dann schließt das nie den Willen des Menschen aus, sondern bezieht ihn ein (Phil. 2, 12 f).

Es gibt eine verführerische Passivität. So ist z. B. das fernöstliche Meditieren eine Übung der Passivität. Jegliche Meditation ohne Gottes Wort, ohne die Bindung an den Herrn Jesus Christus, kann in die

Irre führen. Auch das Meditieren über einem aus dem Zusammenhang gerissenen Bibelwort ist gefährlich. Die Bibel selbst leitet uns dazu an, über das Wort Gottes nachzusinnen (Ps. 1; 119) und damit anhand der Bibel mit Verstand und Willen zu arbeiten.

Durch das gläubige Hören des Wortes Gottes (Röm. 10, 17) ist der Mensch für das Handeln Gottes empfänglich. Daraus folgt die Hingabe an den Herrn zu konkretem Tun, an dem der ganze Mensch mit Verstand, Willen, Gefühl und Gewissen beteiligt ist.

Der Satan hat es auf die Ausschaltung des Verstandes und Willens abgesehen. Gott dagegen sucht aus Liebe zum Menschen ein Liebesverhältnis. Liebe ist nur auf der Ebene der Partnerschaft möglich. Gott wirbt darum um den Menschen und erwartet von ihm den freiwilligen Glaubensgehorsam.

3.3 Krankenheilungen ohne Einschränkung

Es besteht kein Zweifel, daß Jesus viele Kranke geheilt hat, weil er als Messias handelte. In seiner Person war das Reich Gottes da (Luk. 17, 21). Auch die Apostel heilten Kranke (Apg. 3, 1 ff; 9, 32 ff). Offensichtlich aber sind in der spätapostolischen Zeit Krankenheilungen in den Hintergrund getreten. Man kann aus der Apostelgeschichte und den Briefen der Apostel allgemein feststellen, daß mit der Verdeutlichung der Botschaft vom Kreuz – der Gnadenbotschaft zur Sammlung der Gemeinde Jesu Christi – die auffälligen Krankenheilungen abnahmen. Diese Entwicklung ist ohne Zweifel gottgewollt. Dennoch hat die Gnadengabe der Krankenheilung nie aufgehört, in der Gemeinde praktiziert zu werden.

Weil die Entwicklung nach dem Zeugnis der Bibel von außen nach innen, vom Sichtbaren zum Unsichtbaren geht, gilt für heute der biblische Grundsatz: Keine Krankenheilungen als Massenheilung in Massenversammlungen und als spektakuläres Ereignis, sondern: Krankenheilungen als individuelles Geschehen in der Gemeinde.

Wir warten noch »auf unseres Leibes Erlösung« (Röm. 8, 23). Gewiß ist am Kreuz auch unser Leib erlöst worden, doch werden wir die Frucht dieses Teils der Erlösung erst mit unserer Auferstehung in ihrem ganzen Umfang ernten (1. Kor. 15). Bis dahin dient auch Krankheitsnot »zum Besten« (Röm. 8, 28). Es ist eine Verführung, zu behaupten, in allen Fällen könne Krankheit durch Glauben geheilt werden. Johann Christoph Blumhardt (1805-1890), der die Gnadengabe der Krankenheilung besaß, hat einmal gesagt: »Ich habe noch keinen

Satz gehört, der meinem Herzen mehr wehgetan hätte als der: ›Wer nicht gesund wird, der glaubt eben nicht recht‹«.

Wenn Gläubige krank sind, dann sollten sie nach Jakobus 5, 13 ff die Ältesten rufen, daß sie über ihnen beten. »Das Gebet des Glaubens wird dem Kranken helfen, und der Herr wird ihn aufrichten«. Wie die Hilfe aussieht, überläßt der Glaubende seinem Herrn!

Eine todkranke Frau hat mich einmal gebeten, ihr entsprechend diesem Wort des Jakobusbriefs zur Heilung die Hände aufzulegen. Im vorbereitenden Gespräch mußte ich ihr sagen, daß ich erst dann bereit sei, die Hände aufzulegen, wenn sie im Glauben bereit sei, den Wunsch nach Heilung an Gott abzutreten. Er könne heilen oder Kraft zum Tragen der Krankheit geben. Das Gebet des Glaubens »wird helfen« (es steht nicht da: »wird heilen«!). Dazu ja zu sagen, war freilich für die Frau keine leichte Sache. Aber sie rang sich im Glaubensgehorsam dazu durch. Gott half in diesem Fall durch Heilung. Er hätte aber auch helfen können, indem er jener Frau die Kraft vermittelt hätte, mit der Krankheit zu leben und im Glauben zu sterben. – Wo das Wort Gottes verkündigt wird, darf die Krankenheilung nicht im Vordergrund stehen.

3.4 Botschaften und Kundgebungen

Im religiösen Bereich versteht man heute unter »Kundgebungen« Botschaften aus der unsichtbaren Welt. Zu mir kam vor Jahren eine Frau und überbrachte eine angebliche »Botschaft von Gott«, die einer »Prophetin« diktiert worden war. Die Botschaft war so unbiblisch, daß ich der Überbringerin auf den Kopf zusagte, daß hier eine Verführung böser Mächte vorliege. Die Überbringerin löste sich später von der Prophetin, weil ihre Nerven total ruiniert waren und ihr Geist fast irre wurde.

Gott schenkte einst den Bibelschreibern Offenbarungen, die sie nicht als Stenographen wortwörtlich zu Papier brachten, sondern so, wie sie mit ihrem Naturell des Herrn Wort empfangen und verstanden hatten. So ist es der eine Herr, der den Aposteln Paulus, Johannes und Petrus das Wort Gottes anvertraut hat. Jedoch verbergen die verschiedenen Schriften keineswegs das Naturell der Schreiber. Sie schrieben die Offenbarungen nicht mechanisch.

Wer heute das Evangelium bezeugt, hat dies in treuer Bindung an das Wort Gottes zu tun, wie es uns in der Bibel anvertraut ist (1. Kor. 4, 1 f). Es ist ein Zeichen endzeitlicher Verführung, wenn jemand Kundgebungen und Botschaften empfängt, deren Inhalt über die

Schrift hinausgeht oder sogar im Gegensatz zur Schrift steht. Die Bibel warnt vor Eingebungen böser Mächte (1. Tim. 4, 1 f; 2. Petr. 2, 1). Auch brauchen wir keine Eingebungen, die mit der Schrift übereinstimmen, denn sie bergen die Gefahr der Selbstverherrlichung in sich. Alles Dämonische und Ichhafte tritt selbstsicher und hochmütig auf. Jeder »Botschafter an Christi Statt« (2. Kor. 5, 20) weiß sich an die Bibel gebunden und sucht nicht nach Quellen außerhalb der Heiligen Schrift.

3.5 Wahrsagen statt Weissagen

Beides sieht, vordergründig betrachtet, ähnlich aus. Jedoch stammt das eine von unten, von bösen Mächten, und das andere von oben, von Gott.

Die Weissagung gehört zu den erstrebenswerten Gnadengaben der Gemeinde Jesu (1. Kor. 14, 1). Überall, wo das Wort Gottes den Menschen trifft, geschieht heute Weissagung. Bei ihr geht es sowohl um ein »Hervorsagen« (Jesus offenbarte durch Weissagung der Frau am Jakobsbrunnen ihre Sünden, Joh. 4, 5 ff) als auch um ein »Vorhersagen« (z. B. Matth. 24). Jede biblische Weissagung dient dem Menschen zur Besserung, zur Ermahnung und zur Tröstung (1. Kor 14, 3). In jeder biblischen Verkündigung in der Gemeinde rechnet ein Verkündiger der frohen Botschaft damit, daß er weissagt, indem Gottes Geist einzelne Menschen in ihrer Existenz persönlich trifft.

Böse Mächte können auch hervor- und vorhersagen. Zwar sagen sie nicht Gottes Wege voraus (das tut Gott allein), aber sie wissen, was sie mit dieser Welt insgesamt und im einzelnen vorhaben. Sie wollen zerstören, sie suchen Gott an seinem Werk zu hindern, sie wollen durch Wahrsagen Menschen an sich binden. So ist es durchaus möglich, daß ein Unglück, eine böse Tat, ein Krieg durch Wahrsagen im voraus bekannt gemacht wird. Dies geschah zu allen Zeiten und nimmt in unseren Tagen als endzeitliche Verführung zu.

Jegliche Wahrsagerei verängstigt den Menschen und verstockt ihn für Gott. Alle von Gott geschenkte Weissagung will den Menschen zum Heil führen und verherrlicht den Namen Gottes.

3.6 Ehelosigkeit als besondere Heiligkeit

Nach der Bibel werden »in den letzten Zeiten«« verführerische Geister »gebieten, nicht ehelich zu werden« (1. Tim. 4, 1-3). Ehe wie Ehelosigkeit sind für den Gläubigen eine Gabe Gottes (1. Kor. 7, 7). Aus der Gabe des einen oder anderen Standes ein allgemeingültiges

Gesetz zu machen, entspricht nicht dem Geist des Evangeliums. Wo die Ehelosigkeit und die geschlechtliche Enthaltsamkeit in der Ehe als besondere Heiligkeit gepriesen wird, ist der Verführung zu sexueller Unreinheit bis hin zum Ehebruch das Tor geöffnet. Die von den verführerischen Geistern angepriesene Frömmigkeit führt zur »Heuchelei« und zu einem »Brandmal im Gewissen« (1. Tim. 4, 2).

3.7 Satanische Nachahmungen Gottes

Wo der Geist Gottes wirkt – sei es, daß er Menschen zum Glauben erweckt oder sie im Glauben fördert –, da ist der Satan als Gegenspieler Gottes mit einer gefährlichen Waffe zur Stelle: mit der Nachahmung. Gottes Heiliger Geist bringt Menschen in Bewegung. Daraus wächst bleibende Frucht. Doch wo Gottes Geist schafft, versucht Satan eine Gegenoffensive zu starten, die nicht selten zu Katastrophen führt. Jede geistliche Segnung ist auch ein Eingriff Gottes in die Welt Satans. Das löst in der unsichtbaren Welt eine Bewegung aus, durch die die Gesegneten in die Auseinandersetzung mit der dämonischen Welt hineingezogen werden. Der Satan und sein Heer können fromm auftreten und sich als »Engel des Lichts« verstellen (2. Kor. 1, 14). Wenn zum Beispiel »geistliche Erfahrungen« hochmütig und fanatisch machen, dann ist dabei Satan am Werk. Es gibt wohl nichts Göttliches, das Satan nicht nachahmen möchte, um dadurch die Menschen zu verführen.

Auch satanisch verführte Menschen versuchen Gott nachzuahmen. Solche Menschen erheben absolute Ansprüche und verlangen unkontrollierbar die Unterordnung der anderen. Wenn sie von anderen Ehre erwarten, die allein Gott gebührt, dann sollten wir ihnen nicht folgen. Wenn zum Beispiel ein christlicher Ehemann in Verdrehung eines Bibelwortes von seiner Frau sklavische Unterordnung verlangt und das für ihn bestimmte Wort »Liebet eure Frauen, wie Christus die Gemeinde liebt« (Eph. 5, 22 ff) unterschlägt, dann erhebt er sich über die göttliche Autorität.

Es gibt kaum einen Menschen, der nicht in der Gefahr steht, seine Macht zu mißbrauchen. Wieviel Elend ist schon durch Mißbrauch der Macht in unsere Welt gekommen! Wo Macht mißbraucht wird, wird göttliche Autorität satanisch nachgeahmt. Diese endzeitliche Verführung nimmt heute erschreckend zu.

Als besten Schutz gegen endzeitliche Verführungen möchte ich drei Punkte nennen:

- Forschen in der Bibel, um Gottes Gedanken zu verstehen.
- Bruderschaft zur persönlichen Ergänzung, Korrektur, Ermunterung und Ermahnung.
- Ein ungeteiltes Ja zur Heiligung.

Johannes geht im Zusammenhang der Verführungen besonders auf Antichristusse (1. Joh. 2, 18) und falsche Propheten (1. Joh. 4, 1; Offb. 16, 13) ein.

Antichristen sind Menschen, die sich an die Stelle unseres Herrn Jesus und an die Stelle Gottes setzen. Heinrich Langenberg hat den Mut, in diesem Zusammenhang Martin Luther zu zitieren, der den katholischen Papst als Antichristus und Mohammed (570-632) als falschen Propheten bezeichnet.[1] Beides ist heute sehr aktuell und wird von vielen Menschen verdrängt. Immer, wenn sich Menschen, Religionen und christliche Gruppierungen absolut und unfehlbar setzen, dann sollten wir skeptisch sein. Nach Martin Luther beginnt dann die Sektiererei. Die Apokalypse will uns davor bewahren.

4. Nur Überwinder leben zielgerichtet

Heinrich Langenberg hat in seinen Ausführungen viel von der »Überwindergemeinde« geschrieben.[2] Ich versuche zum Schluß dies auf den einzelnen anzuwenden; denn die Offenbarung will den Menschen persönlich ansprechen. Siebenmal heißt es in den Sendschreiben (Offb. 2 u. 3): »Wer überwindet«. Nur Überwinder leben zielgerichtet; sie werden das Ziel nicht verfehlen.

Am Anfang des Jahres wünschte mir jemand, daß alles so weitergehen solle wie bisher. Die Wirklichkeit richtet sich jedoch nicht nach den Wünschen der Menschen. Deshalb mußte ich jenen Glückwunsch mit dem Hinweis beantworten, daß unsere Zeit apokalyptisch geladen sei, ähnlich der spannungsgeladenen Stille vor einem gewaltigen Gewitter. Wir erleben noch die Ruhe vor dem Sturm. In anderen Ländern gewittert es bereits. Die weltweite Großwetterlage deutet auf eine umfassende Katastrophe hin. Wer als Christ auf die in der Bibel genannten Zeichen der Zeit achtet, zieht daraus für sein persönliches Leben Konsequenzen.

1 Teil I/3 »Überblick über die Geschichte der Deutungen der Offenbarung«.
2 Siehe Teil II.

Ist eine Katastrophe hereingebrochen, lebt der Mensch in einer Ausnahmesituation. Wie er sich dann verhält, wird von seiner innersten Haltung bestimmt. Christsein sollte sich besonders in solchen Ausnahmesituationen bewähren. Wer die biblische Apokalyptik im Auge hat, besonders die Offenbarung durch Johannes im Herzen bewegt, wird zu einem apokalyptischen, d. h. zielgerichteten Leben herausgefordert. Wie sieht das aus?

4.1 Zielgerichtet lebt, wer mit Jesus verbunden ist.

Johannes hat die Apokalypse (Offenbarung) durch den erhöhten Herrn empfangen. Der erhöhte Herr ist Jesus, der Gekreuzigte, der Auferstandene und zum Thron des Vaters Aufgefahrene. Dieser Herr Jesus spricht viermal im letzten Buch der Bibel: »Ich bin das A und das O« (Offb. 1, 8. 11; 21, 6; 22, 12). Vier symbolisiert die Zahl der Schöpfung. Gott der Vater tut alles, was seine Schöpfung betrifft, durch seinen Sohn: Er schuf sie durch ihn (Kol. 1, 16), er versöhnte sie durch ihn (Kol. 1, 20), und er vollendet sie durch ihn (Eph. 1, 10). Durch Jesus hat der Vater das All geschaffen, durch Jesus hat er das All versöhnt, und durch Jesus wird er es vollenden.

Wer vom Anfang und vom Ende weiß, der bekommt Einblick in das, was dazwischen ist. Wer mit Jesus weiß, woher er kommt, und weiß, wohin er geht (Joh. 8, 14), dessen Schicksal wird von Jesus bestimmt. So wird die Geschichte des Lebens zur Heilsgeschichte. Freuden und Leiden sind von Jesus zum Heil bestimmt. Katastrophen werden zu Marksteinen auf dem Weg zum Ziel. Gerade sie machen den, der treu an der Hand Jesu lebt, für das ewige Ziel Gottes bereit. Katastrophen sind dann keine Strafen, die wir verdient haben, sondern Züchtigungen aus der Liebe Gottes (Hebr. 12, 6). Das erfährt der, der mit dem Anfänger und Vollender des Glaubens (Hebr. 12, 2) verbunden ist. Der Glaubende lebt zielgerichtet, indem er in den Katastrophen, in den sogenannten Schicksalsschlägen, die Liebe seines Herrn erkennt. Wer außerhalb dieses Glaubens lebt, kann dies nicht, weil er den Erschütterungen seines Lebens keinen Sinn abgewinnen kann. Der glaubende Christ hat eine Hoffnung auch für die Welt, denn er weiß, daß Jesus nicht nur für ihn A und O, Anfang und Ende ist, sondern auch für sie. Weil er das weiß, kann er mit Zuversicht für alle Menschen und Obrigkeiten fürbittend eintreten (1. Tim. 1, 2 f).

4.2 Zielgerichtet lebt, wer Gottes Ziel vor Augen hat

Wir leben weder für den Tod noch für das Totenreich noch für die Hölle; wir leben nach Gottes Willen für seinen Himmel! So gesehen ist unser irdisches Leben nur ein Durchgangsstadium, ein vergänglicher Vorhof des unvergänglichen Himmels. Wer sich nicht von Gott an der Hand Jesu geführt weiß, lebt statt im Vorhof des Himmels im Vorhof der Hölle. Das Leben des Menschen kann darum himmlisch oder höllisch sein.[1] Unser alltägliches Leben ist zumeist gemischt. Entscheidend aber ist das Vorherrschende, die Tendenz. Wer entschieden mit Jesus lebt, dessen »Wandel ist im Himmel« (Phil. 3, 20).

Unser Ziel ist Gott selbst. Die reinen Herzens sind, »werden Gott schauen« (Matth. 5, 8). Aber wer ist reinen Herzens? Die Bibel sagt, daß es die Menschen sind, die völlige Vergebung durch das Blut Christi erfahren haben und keine Sünde in ihrem Leben dulden. Es sind Menschen, die ganz und entschieden mit Jesus leben. Im Hohenlied der Hoffnung (1. Kor. 15) schildert Paulus dieses gewaltige Ziel Gottes. Wer es erreicht, für den ist Gott »alles in allem« (V. 28).

Gottes Ziel hat der im Auge, der sich nicht von vergänglichen Zielen bestimmen läßt. Einerseits ist es so leicht, in den Himmel, zu Gott zu kommen, nämlich an der Hand Jesu. Andererseits ist es so schwer, dorthin zu gelangen, weil andere Hände uns ergreifen und führen wollen. Wer sich in seinem Leben von Zeitlichem und Vergänglichem bestimmen läßt, wird nicht gleichzeitig von Jesus bestimmt. Da gilt ein Entweder-Oder. Jesus sagt: »Niemand kann zwei Herren dienen. Entweder er wird den einen hassen und den anderen lieben; oder er wird dem einen anhangen und den anderen verachten. Ihr könnt nicht Gott dienen und dem Mammon« (Matth. 6, 24).

Wer sich auf den Himmel und Gott einstellt, sollte sich fragen, ob und wo er sich noch auf einem falschen Weg in einer falschen Lebensführung befindet. Wer zielgerichtet lebt, geht entschieden an der Hand Jesu, ohne sich von fremden Händen verführen zu lassen, zum Himmel, zum Vater!

[1] Siehe dazu meine Schrift: »Der Mensch zwischen Gut und Böse – Himmel und Hölle«, Evang. Buchhilfe, Vellmar 1998, 3. Aufl.

4.3 Zielgerichtet lebt, wer die Gegenwart in ihrer Beziehung zum Ziel erkennen lernt

Das Schicksal jedes Menschen ist ein apokalyptisches Zeichen. Im himmlischen Licht lernt der Christ, für harte Schicksalsschläge wie Unglück, Krankheit, Schwierigkeiten in Ehe, Familie und Freundschaft, Lieblosigkeit, Unverstand und Mißverstehen unter Glaubensbrüdern Gott zu danken. Alle schwierigen Ereignisse sind Mittel der Zubereitung für den Himmel. Wir müssen es lernen, uns nicht mehr dagegen aufzulehnen oder sie um jeden Preis wegbeten zu wollen. Wir sehen hinter dem Teufel und allen seinen Werken unseren Herrn.[1] In diesem Zusammenhang sprach Luther von »Gottes Teufel«. Gott benutzt alles Böse zum Guten!

Der Mensch kann zweierlei Haltungen haben: Ich Unglücklicher, daß mir das passiert ist! Oder: Ich Glücklicher, der ich getrost bin, obwohl mir das passiert ist. Ob ich glücklich oder unglücklich bin, hängt nicht von meinem Schicksal ab, sondern von meiner inneren Haltung und wie ich mein Schicksal empfinde.

Unser Herr ist seinen Leidensweg bis zum Kreuz in dem Bewußtsein gegangen, daß sein Vater ihn führte, der nie einen Fehler macht. So darf auch jeder Christ lernen, sich in allem, was ihm begegnet, von Gott geführt zu wissen. Um des Zieles willen legt Gott jedem Christen ein Maß des Leidens auf (Kol. 1, 24), über das Paulus sagt: »Ich halte dafür, daß dieser Zeit Leiden der Herrlichkeit nicht wert sei, die an uns soll offenbar werden« (Röm. 8, 18). Glaubensmenschen haben das in ihrem Leben erfahren und bezeugt. Die schönsten Glaubenslieder hat uns Paul Gerhardt geschenkt, als ihn der Herr auf schweren Wegen führte. Jedes Leid hat etwas mit dem Ziel, der Herrlichkeit Gottes zu tun: »Aus jedem Körnlein Erdenleid wird eine Garbe Herrlichkeit« (Karl Geyer).

Alles Leid ist Liebesfeuer;
halten wir ihm glaubend still,
wenn das Herz ihm auch in scheuer,
banger Furcht entfliehen will.
Wer durch heil'ges Leid gereinigt,
hat an Gottes Fülle teil,
wird mit ihm im Geist vereinigt
und erfährt Sein volles Heil.

[1] Vergleiche Hiob 1, 21; 2, 10.

Alles Leid ist Liebesfeuer,
das aus Gottes Herzen quillt.
Wer ihm kostbar ist und teuer,
wird verklärt in Christi Bild.
In der Trübsal Läut'rungsflammen
Gottes Odem uns umweht,
bricht das eigne Ich zusammen,
daß der neue Mensch ersteht.

Alles Leid ist Liebesfeuer.
Selig, wer sich dankbar beugt
und mit Freuden um so treuer
von der Glorie Christi zeugt!
Ihm erschließen sich im Leiden
Wonnen jener wahren Welt,
unermeßne Herrlichkeiten,
die uns Gott bereitgestellt.

Adolf Heller (1895-1973)

Wenn wir auf schweren Wegen unseren Herrn nicht festhalten, wenn wir uns sogar seiner Führung widersetzen, geht ein uns zugedachter Segen verloren. Leid führt nicht »automatisch« zur Herrlichkeit. Wir wollen es bejahen lernen; das ist die Haltung des Glaubens.

Wichtig ist dabei, sich nicht im Vorläufigen zu verlieren. Alles, was uns in dieser Welt umgibt, möchte uns so gefangennehmen, als wäre es das Ewige, das Bleibende. Wie leicht können wir uns an Geld und Gut, an Menschen und Äußerlichkeiten verlieren! Doch alles in dieser Welt ist vorläufig, ist Durchgangsstadium zum Bleibenden. Ja, erst im Blick auf das Ziel Gottes bekommt das Vorläufige einen Sinn. Wenn wir das Ziel aus dem Auge verlieren, dann wird das Vorläufige zum Selbstzweck. Immer wenn Vergängliches zum Selbstzweck wird, verliert es seinen göttlichen Wert. Es ist also Sünde, sich im Vorläufigen zu verlieren, weil wir dadurch Gott verlieren.

Jeder Christ ist von Gott gefunden worden; das macht sein Christsein aus. Wer von Gott gefunden wurde, ist verantwortlich, Gott bei allem und allezeit zu suchen. Dabei kann ihm das Irdische eine Hilfe oder ein Hindernis sein. Ein Hindernis ist es, wenn wir über den Gaben Gottes den Geber, Gott selbst, vergessen oder zu kurz kommen lassen.

Jeder Mensch wirkt auf andere. Jeder teilt die Gesinnung seines Herzens anderen mit. Es gibt von Sünde gezeichnete Gesichter, es gibt aber auch von Gott geprägte Gesichter. Jeder Mensch bewegt sich in der einen oder anderen Richtung. Ich bin dankbar für Menschen, denen man das Ewige abspürt. In ihrer Nähe fühle ich mich wohl.

Laßt es uns lernen, ewigkeitsbezogen zu leben, indem wir die Gegenwart in ihrer Beziehung zum Ziel erkennen lernen!

4.4. Zielgerichtet lebt, wer sich von Gott verwandeln lässt

Ein Zweck unseres Christseins ist die Verwandlung. Darauf ist ewigkeitsbezogenes Leben gerichtet. Aus einem Christen soll ein Christ werden. Das scheint ein Widerspruch zu sein. Was ist gemeint? Wie ein eben geborenes Kind ein ganzer Mensch ist, so muß sich doch durch Wachstum der Mensch erst entwickeln. Im Christsein ist das ähnlich. Wer durch den Glauben die Begnadigung Gottes in Jesus angenommen hat, ist ein Christ. Nun soll er durch Wachstum werden, was er ist. Wachstum ist ein Prozeß der Verwandlung, der Metamorphose. Was da geschieht, kann uns die Natur lehren, besonders in der Entfaltung eines Schmetterlings aus einer Raupe. Zunächst ist der Schmetterling nur keimhaft in der Raupe enthalten. So ist das neue Christenleben in unserem zeitlichen Leben verborgen. Nun hat jeder Christ zeit seines Lebens eine Mitverantwortung am Werden. So wie ein Schmetterling sich erst dann entpuppt und in die Lüfte schwingt, wenn er ausgewachsen ist, so wird ein Christ erst dann vollendet, wenn er sein altes, unter der Macht der Sünde stehendes Leben überwunden hat. Vollendet zu werden, ist die Verantwortung des Menschen zeit seines Lebens (Phil. 3, 12 ff).

Was geschieht in der Verwandlung? Gott hat einen Prozeß in Gang gesetzt, in dem das Alte (der Mensch in Adam) vergeht und das Neue (der Mensch in Christus) zunimmt. Das meint Paulus, wenn er sagt: »Ist jemand in Christus, so ist er eine neue Kreatur; das Alte ist vergangen, siehe, es ist alles neu geworden!« (wörtlich: Das Alte vergeht, das Neue ist im Werden; 2. Kor. 5, 17.) Das ist der Weg des Glaubenden in seiner Heiligung. Alle Ermahnungen des Apostels Paulus sprechen den neuen Menschen an; auf dem Boden der Gabe des neuen Lebens fruchtet die Ermahnung. Wer das neue Leben noch nicht hat, wer also noch nicht bewußt Christ ist, bei dem werden diese Ermahnungen als gesetzliche Frömmigkeit mißverstanden. Oft gibt es auch bei wirklichen Christen solche gesetzlichen Mißverständnisse. Wir müssen uns vorsehen, daß wir als Christen nicht vom Weg der Gnade und des Glaubens abweichen.

Wer in der Verwandlung lebt, ist auferstanden und geht seiner Auferstehung entgegen. Paulus sagt, daß Christen in Christus auferstanden *sind* (Kol. 2, 12; Eph. 2, 6). Sie tragen in sich ein völlig neues Leben, göttliches Leben. Dieses Leben trägt alles keimhaft in sich, was das vollendete Leben zeigen wird. Wie nach einem Zeugungsakt neues Leben unter dem Herzen der Mutter ist, so hat der Christ das neue Leben durch Bekehrung und Wiedergeburt in sich. Das neue Leben enthält verborgen alles, was nach der Reifung sichtbar wird. In diesem Sinn ist der Christ in seinem irdischen Leben bereits auferstanden. Alles, was in der erhofften, zukünftigen Auferstehung einmal sein wird, ist schon im Leben des glaubenden Christen vorhanden. Wenn wir Christen unsere allgemeine Auferstehung erleben, wird es wohl für viele eine »Frühgeburt«, noch nicht die »erste Auferstehung« (Offb. 20, 5. 6) sein. Darum wird uns Christus noch vollenden müssen. Es »wird eines jeglichen Werk offenbar werden; der Tag wird's klarmachen. Denn mit Feuer wird er sich offenbaren; und welcherlei eines jeglichen Werk sei, wird das Feuer bewähren« (1. Kor. 3, 13 – hier ist der Zusammenhang sehr wichtig). Darum »müssen wir alle offenbar werden vor dem Richterstuhl Christi« (2. Kor. 5, 10).

Wie wichtig ist deshalb, die göttliche Verwandlung ganz ernst zu nehmen!

4.5. Wer zielgerichtet lebt, wird ein Überwinder

Dem Überwinder werden sieben köstliche Verheißungen gegeben. (alle in Kap. 2 und 3 der Offenbarung).[1] Wer gehört als Christ zu den Überwindern?

Überwinder ist, wer nicht mehr sein egoistisches Ich in den Mittelpunkt seines Denkens und Lebens stellt, sondern ohne Vorbehalt Jesus als den Herrn. ER hat im Leben des Überwinders das Sagen. Überwinder stellen sich bei all ihren persönlichen Wünschen unter den Grundsatz des Glaubens: »Nicht mein, sondern dein Wille geschehe« (Luk. 22, 42). So betete Jesus kurz vor seiner Kreuzigung. Sein Gebet begann mit den Worten: »Vater, willst du, so nimm diesen Kelch von mir.« Kein Mensch kann sich je in einer größeren Notlage befinden als Jesus. Er legt alles in die Hand seines Vaters. Als der Apostel Paulus in einer gro-

[1] Siehe dazu Teil II/6: »Die Verheißungen für die Überwindergemeinde«.

ßen Notlage »mit den Fäusten Satans geschlagen wurde« (2. Kor. 12, 7), bat er seinen Herrn auch um Hilfe. Jesus antwortete: »Laß dir an meiner Gnade genügen; denn meine Kraft ist in den Schwachen mächtig« (V. 9). Paulus wurde »der Pfahl im Fleisch« (V. 7) nicht genommen. Er diente zu seiner Demütigung, um dadurch seine Brüder besser verstehen und ihnen helfen zu können (V. 10).

Nur wer seine egoistischen Triebe losläßt, wird sein göttliches Ich, seine von Gott gewünschte Identität erlangen. In diesem Zusammenhang sagt Jesus: »Wer sein Leben finden will, der wird's verlieren; und wer sein Leben verliert um meinetwillen, der wird es finden« (Matth. 10, 39). Es gibt also ein verderbliches Ich und ein durch Jesus neues Ich. Das neue Ich finden wir, wenn wir unser jetziges Leben ganz an Jesus binden (Joh. 11, 25 f; 14, 19). Überwinder trachten danach, in jeder Lebenslage durch Selbsterkenntnis zur nüchternen Gotteserkenntnis zu gelangen. Das ist ein Grundsatz: Ohne Selbsterkenntnis gibt es keine Gotteserkenntnis.[1] Am deutlichsten stellt Paulus seine persönliche Selbsterkenntnis im Römerbrief Kapitel 7 dar. Dort sagt er am Schluß: »Ich elender Mensch! Wer wird mich erlösen?« (V. 24). Im Zusammenhang geht es um die Befreiung von dem Gesetz der Sünde und des Todes (7, 21-8, 4).

Die Selbsterkenntnis ist eine Aufgabe für das ganze Leben. Wer seinen Egoismus überwindet und um Selbsterkenntnis ringt, steht unter der Verheißung: »Gott läßt es dem Aufrichtigen gelingen« (Spr. 2, 7) und »Dem Demütigen gibt er Gnade« (1. Petr. 5, 5; Jak. 4, 6).[2]

Überwinder ist, wer jegliches Materielle, und damit alles Vergängliche, nicht an die erste Stelle seines Lebens stellt, sondern Gott. In diesem Zusammenhang sagt Jesus den Seinen: »Trachtet am ersten nach dem Reich Gottes und nach seiner Gerechtigkeit, so wird euch das Übrige (gemeint ist das Materielle) zufallen« (Matth. 6, 33; vgl. Röm. 14, 17).

Das Materielle und Vergängliche gilt es zu überwinden und damit zu beherrschen.

Überwinder ist, wer sich unter keinen Umständen das Ziel verrücken läßt (Phil. 3, 14; Kol. 2, 18). Als Christen sind wir durch den

[1] Dieser Zusammenhang wird deutlich, wenn wir nach einer Konkordanz unter den Stichworten »erkennen« und »Erkenntnis« die Bibelworte nachschlagen, die insbesondere bei Paulus zu finden sind.

[2] Siehe dazu die Sicht einer Dipl.-Psychologin, die als Redakteurin bei dem Wissenschaftsmagazin »Psychologie heute« arbeitet: Ursula Nuber, »Die Egoismusfalle«, Kreuz-Verlag, Zürich 1993.

Glauben auf dem Weg (wie Luther sagte: Nicht im Sein, sondern im Werden).

Paulus »jagte dem Ziel nach«. Dabei geht es um die »Vollendung« (Phil. 3, 12 – so wörtlich im Text). Als Auferstandene bei dem Herrn zu sein, ist das Ziel bzw. sollte das Ziel eines Christen sein.

Überwinder ist, wer um des Zieles willen um jeden Preis der Heiligung nachjagt. Ohne sie wird niemand den Herrn schauen (Hebr. 12, 14). Der Beweis, daß ein Christ seine Rechtfertigung angenommen hat, ist seine Heiligung. Gerechtfertigt ist der Christ, wenn er »durch die enge Pforte« (Matth. 7, 13; Luk. 13, 24) hindurchgeht und nun »auf dem schmalen Weg« (Matth. 7, 14) vorwärtsschreitet. Dieser Weg ist die Heiligung. Wer sich als Christ mit der Rechtfertigung begnügt und nicht die Konsequenzen zieht, der vertritt – wie es Dietrich Bonhoeffer vielfach sagte – »eine billige Gnade«.

Wer überwindet, führt »den Kampf des Glaubens« (1. Tim. 6, 12; Hebr. 12, 1; Phil. 1, 27 u. a. m.) bis zum Sieg. Bei diesem Glaubenskampf sollen wir am Sieg Jesu über Sünde, Tod und Teufel teilnehmen.[1] Darum geht es in der ganzen Offenbarung des erhöhten Herrn Jesus Christus durch seinen Apostel Johannes.

Jesus sagt: »Ich werde kommen und euch zu mir nehmen, damit auch ihr da seid, wo ich bin!« (Joh. 14, 3 f; Offb. 2, 11. 17). Jesus schließt seine Verheißung für die Überwinder mit den Worten: »Wer den Sieg erlangt, dem gebe ich das Recht, mit mir auf meinem Thron zu sitzen, so wie ich als Sieger nun mit meinem Vater auf seinem Thron sitze« (Offb. 3, 23). Eine gewaltige Verheißung für die Überwinder! Jeder Christ sollte sich gründlich fragen, ob er zur »Überwindergemeinde« gehört. Das ist der Schwerpunkt Heinrich Langenbergs in seiner Erklärung der Offenbarung.[2]

1 Dieses Thema erfordert ein ganzes Buch. Ich gehe ausführlich darauf ein in: »Auf der Suche nach der unsichtbaren Wirklichkeit …«, a. a. O.

2 Siehe Teil II »Das Grundthema der Offenbarung: Die Gemeinde Jesu Christi als Überwindergemeinde«.

Ergänzende Literatur zum Buch

Heinrich Langenberg: »Die prophetische Bildsprache der Apokalypse – Erklärung sämtlicher Bilder der Offenbarung«, 1999, 3. Auflage
Heinrich Langenberg: »Biblische Begriffskonkordanz«, 8. Auflage
Heinrich Langenberg: »Das hörende Herz«, 1994, 3. Auflage
Alle drei Bücher im Ernst Franz Verlag.

Weitere Schriften und Erklärungen neutestamentlicher Bücher von Heinrich Langenberg sind zu beziehen von: Schriftenmission Langenberg, 22417 Hamburg, Wilstedter Weg 35, Telefax 040 / 537 807 37.

Karl Layer: »Israel – ein Lehrbuch für Christen«, 1998, 2. Auflage, Ernst Franz-Verlag
Karl Layer: »Ja, komm, Herr Jesus«. Die letzte Bitte der Bibel. 48 Seiten, geheftet, Christliches Verlagshaus, Stuttgart

Erich Lubahn: »Lebendige Hoffnung – Apokalyptik als zentrales Thema der Theologie«, 1996, 3. Auflage
Erich Lubahn: »Heilsgeschichtliche Theologie und Verkündigung«, mit Beiträgen von Otto Michel, 1993, 6. Auflage
Erich Lubahn: »Auf der Suche nach der unsichtbaren Wirklichkeit – Die Notwendigkeit der Geisterunterscheidung«, 1998, 3. Auflage
Alle drei Bücher im Christlichen Verlagshaus Stuttgart.

Erich Lubahn: »Zwischen Gut und Böse – Himmel und Hölle«, 1998, 3. Auflage, Evangelische Buchhilfe, Vellmar b. Kassel.
Die 24seitige Schrift wird kostenlos abgegeben.